AF885191

*Para Manuel Marín,*
*que aumentó la belleza y la luz de mi hogar*
*enseñándome a colgar cuadros*
*y lámparas con tacos del 8*

# Incompletos

Ciencias Humanas y Sociales

**Biografía**

José Carlos Ruiz (Córdoba), profesor en la Universidad de Córdoba, terminó sus estudios de filosofía becado en la Universidad Sorbona de París y se doctoró en Filosofía Contemporánea. Se ha especializado en pensamiento crítico y su aplicación en los diferentes procesos formativos. Sus investigaciones se centran en la filosofía de la cultura, el análisis de la sociedad hipermoderna y la aproximación de la filosofía a lo cotidiano. Es autor del bestseller internacional *El arte de pensar* (2018), con más de 75.000 ejemplares vendidos, de *De Platón a Batman: manual para educar con sabiduría y valores* (2017), *El arte de pensar para niños* (2019), *Filosofía ante el desánimo* (Destino, 2021), *Incompletos* (Destino, 2023) y *Una mujer educada* (Destino, 2025), entre otros. En el 2022 recibió la Bandera de Andalucía de las Ciencias Sociales y las Letras. Colabora como asesor filosófico en diferentes medios de comunicación y en la Cadena SER en la sección semanal «Más Platón y menos WhatsApp».

@srjosekarlos

@donjosekarlos

# José Carlos Ruiz

# Incompletos

*Filosofía para un pensamiento elegante*

DESTINO

PEFC Certificado

Este libro procede de bosques gestionados de forma sostenible

PEFC

PEFC/14-38-00305 www.pefc.es

La lectura abre horizontes, iguala oportunidades y construye una sociedad mejor.
La propiedad intelectual es clave en la creación de contenidos culturales porque sostiene el ecosistema de quienes escriben y de nuestras librerías.
Al comprar este libro estarás contribuyendo a mantener dicho ecosistema vivo y en crecimiento.
En **Grupo Planeta** agradecemos que nos ayudes a apoyar así la autonomía creativa de autoras y autores para que puedan seguir desempeñando su labor.
Dirígete a CEDRO (Centro Español de Derechos Reprográficos) si necesitas fotocopiar o escanear algún fragmento de esta obra. Puedes contactar con CEDRO a través de la web www.conlicencia.com o por teléfono en el 91 702 19 70 / 93 272 04 47

© José Carlos Ruiz, 2023
© Editorial Planeta, S. A., 2022
Ediciones Destino, un sello editorial de Editorial Planeta, S. A.
Avda. Diagonal, 662-664, 08034 Barcelona (España)
www.edestino.es
www.planetadelibros.com

Adaptación de la cubierta: Booket / Área Editorial Grupo Planeta
Imagen de la cubierta: © Francesco Ciccolella
Primera edición en Colección Booket: febrero de 2024
Segunda impresión: octubre de 2024
Tercera impresión: marzo de 2025

Depósito legal: B. 20.434-2023
ISBN: 978-84-233-6465-7
Impreso en España

# ÍNDICE

PANTALLA TÓTEM



HUIDA

# PRO-LOGOS

**Síndrome** (2.ª acepción *Diccionario de la lengua española*, RAE):

2. Conjunto de signos o fenómenos reveladores de una situación generalmente negativa.

Si nos remontamos a la etimología de la palabra *síndrome* encontraremos que proviene del griego *syndromē* ('reunión, conjunto de circunstancias'), que a su vez se puede desglosar en el prefijo *syn-*: con ('confluir, conjuntar, a la vez'...), y *dromos*: carrera ('camino, calle, lugar'...). Originariamente aparece en griego bajo el significado de 'tumulto' (carrera que confluye en un punto, multitud tumultuosa), si bien, en Aristóteles, hallamos alguna utilización de este con connotaciones médicas. Pero será Galeno, en el siglo II, el que le otorgue la relevancia que hoy posee y deje testimonio escrito de la misma en reiteradas ocasiones. Para nuestra exposición partiremos de una interpretación que presenta el síndrome no tanto como una enfermedad, sino como el conjunto de síntomas y también de fenómenos que caracterizan una determinada situación de la actualidad.

**Indigencia:**

1. Falta de medios para alimentarse, para vestirse, etc.

Proviene del latín *indigens*, *-entis*, que a su vez procede de la derivación del verbo *indigere* (interpretación paralela con *indigeo*): 'carecer, tener falta de algo'; que posee la raíz del verbo *egeo*: 'estar necesitado, estar falto de.'

**Mental:**

1. Perteneciente o relativo a la mente.

Etimológicamente, *mental* proviene de *mentalis*, que significa 'relativo al pensamiento'; *mens* ('mente') más el sufijo *-al* ('relativo a').

# POR EL ESTRECHO CAMINO DE LA FELICIDAD

# 1

# INDIGENCIA MENTAL

## Introducción

Los tiempos en los que la felicidad era una búsqueda secundaria, la consecuencia de una vida virtuosa, o un encuentro afortunado, parecen haber terminado. Simplificando, podemos anotar que antes del periodo globalizador (prepantalla) se tenía conciencia de que la felicidad era una exploración dentro del camino de la vida. No poseía una categoría propia, independiente, cerrada, definida ni radical. Buscar no implicaba necesariamente encontrar. El sujeto preglobalizador apenas ponía ahínco en la indagación de la felicidad *per se*, porque no aspiraba a que esta se percibiera como un objetivo al margen de su construcción vital. Esto facilitaba una relajación en torno a la responsabilidad de cada uno a la hora de evaluar su modelo de felicidad, y ayudaba a sobrellevar la existencia de manera más laxa. La vida preglobalizada de muchos de nuestros padres/madres/abuelos estaba centrada en labrarse una existencia digna, y era durante este proceso donde se producían los encuentros con la felicidad. Las generaciones que nos precedieron se esforzaron por mejorar y reforzar los resortes que impulsaban su vida, pero, a diferencia de nosotros, para ellos, la palabra *felicidad* no colonizaba cada rincón de la estructura social (medios de comunicación, publicaciones, instituciones...). Es con la llegada de la globalización, la psicología positiva, la hiperconexión y la omnipantalla cuando el interés por esta palabra crece. Basta acudir al motor de búsqueda Google para hacernos una idea de esta evolución:

*Fuente*: Google Trends.

Aristóteles configuraba la felicidad a partir de un estatus mínimo y se extendía a una vida virtuosa. Comida, casa, tiempo libre y la edificación del futuro eran las preocupaciones principales. A esto se le unía que la felicidad se podría entender como el natural desarrollo de las potencialidades de cada uno. En la Grecia clásica, la filosofía parecía tener claro que la felicidad no era un objetivo, sino una consecuencia: «Para Aristóteles la auténtica felicidad (eudemonía) radica en el vivir y el actuar, siendo la actividad del hombre bueno por sí misma buena, agradable y feliz».[1] El libro que Aristóteles dedica a su hijo Nicómaco, la *Ética a Nicómaco*, comienza hablando de felicidad; es decir, para el filósofo griego, la felicidad está inserta en la ética, es indisociable, y la ética está estrechamente relacionada con el comportamiento humano, más en concreto con la actividad: «Cuál es la meta de la política y cuál es el bien supremo entre todos los que pueden realizarse. Sobre su nombre, casi todo el mundo está de acuerdo, pues tanto el vulgo como los cultos dicen que es la felicidad, y piensan que vivir bien y obrar bien es lo mismo que ser feliz».[2]

El vivir bien del periodo preglobalización no implicaba necesariamente las ideas de placer y deseo que hoy rigen la contemporaneidad. La relación felicidad-placer se proyectaba más allá de lo sensorial, carnal o material. De hecho, pensadores que se ocuparon de las cuestiones éticas tenían claro que llevar una vida digna y virtuosa no entrañaba hacer algo placentero, pero el resultado de su acción sí podía conducirte a la felicidad. Kant así lo apunta: «Virtud y felicidad conjuntamente constituyen la tenencia del sumo bien en una persona, y por cuanto un reparto de felicidad en justa proporción con la moralidad constituye el sumo bien de un mundo posible [...], esa consciencia tenida por un ser racional respecto del agrado de la vida que le acompaña sin interrupción durante toda su existencia es la felicidad».[3]

Pero con la globalización (omnipantalla) asistimos a un cambio de paradigma en lo referente a la concepción de la felicidad, una felicidad que ya no cumple con los parámetros preglobalizadores y que ha modificado su esencia, variando tanto el continente como el contenido, transformándose en posfelicidad. Una posfelicidad que será el principal indicio del síndrome de indigencia mental que por momentos nos afecta. El prefijo *pos-* (pos-felicidad) tiene como única intención la de recalcar que la felicidad, para aquellos que padecemos o hemos padecido este síndrome, no tiene nada que ver con el modelo preglobalizador. Esta posfelicidad impulsa al sujeto a la hiperactividad, no dejando espacio para la reflexión, la contemplación o el deleite. *Pos-*, desde esta perspectiva, implica que esa felicidad preglobalización, entendida como un elemento que formaba parte de la edificación de la identidad, se desvanece, para transformarse en una posfelicidad placebo, que cumple la función de estímulo y sugestión.

El sujeto que denominaremos «hipermoderno» (tomando prestado el término al filósofo Lipovetsky)[4] está más expuesto que nunca a su entorno, y sus defensas son más débiles. Como consecuencia, tenemos que hacer frente a dos cuestiones que nos repercuten de modo directo: por un lado, nos vemos afectados por transformaciones sociales y disrupciones tecnológicas que presentan nuevos ecosistemas volátiles, como internet, que pueden llegar a ser muy hostiles. Por otro lado, el periodo globalizador ha modificado algunos ambientes de influencia directa (familia, educación, relaciones personales...) que nos inducen a una serie de cambios (epigenéticos), empujándonos a expresarnos de maneras muy diferentes al modo en el que lo hacían nuestros antepasados, reconfigurando los mecanismos de la vergüenza y eliminando de nuestro acervo la palabra *discreción*. Para el sujeto hipermoderno, el ser no se limita al «hacer», sino que precisa mostrarse sin reserva alguna. Carece de la elegancia que ofrece el recato.

Este sujeto hipermoderno se ha malnutrido en lo referente a los afectos e identidades de su círculo más próximo. En su formación se ha estado alimentando con una dieta tan alta en emociones «positivas» y atiborrada de ambiciones que ha terminado generándole una salud psicológica precaria, unas protecciones intelectuales débiles y una identidad insatisfecha, donde, por cada oquedad que cubre, surgen otras nuevas que aumentan la sensación de incompletud.

A esto se le une la pandemia de COVID-19, que ha potenciado la fragilidad mental, especialmente en jóvenes y niños (esta crisis mundial ha provocado un incremento de hasta el 47 por ciento en los trastornos de salud mental de los menores).[5] Según la Organización Mundial de la Salud, los trastornos depresivos graves y de ansiedad han aumentado un 25 por ciento, y la Asociación Española de Pediatría está preocupada por el incremento de los casos de depresión, ansiedad y alteraciones de la conducta alimentaria en niños.[6] Pero igual o más preocupante es el hecho de que en «2020 se produjeron en España 3.941 defunciones por suicidio o lesiones autoinfligidas, la mayor cifra en las últimas cuatro décadas»,[7] o que el suicidio sea la primera causa de muerte no natural entre los jóvenes de 14-29 años. Las personalidades de perfil inconsistente crecen en todos los sectores de la población, «no hay que olvidar que la mayor proporción de suicidios ocurre entre los adultos de 40 a 59 años y que, en la última década, también ha aumentado la proporción de suicidios en los mayores de 80 años».[8]

Se provoca una quiebra de aquella identidad que se solía heredar de sus ambientes más próximos, a favor de una metaidentidad barnizada desde el exterior (*influencers*, *tiktokers*, *coaches*...) que posee una fuerte carga de lo «virtual» y, por ende, un enorme potencial de viralización. Las estadísticas apuntan a que la falta de una pedagogía de la mirada, unida al aumento de horas que pasamos delante de pantallas, pueden ser elementos de primer orden a la hora de fragilizar la personalidad de este sujeto, especialmente en los más pequeños.[9] Todo ello facilita un nutrido caldo de cultivo para el desarrollo de un individuo que, llegado a su extremo, se confiese indigente a la hora de activar los resortes necesarios para hacer frente a sus problemas vitales.

Este síndrome de la indigencia mental lo configura un conjunto de síntomas y/o fenómenos que confluyen de tal manera en el individuo hipermoderno que terminan provocándole una carencia a la hora de usar cabalmente los mecanismos mentales que se ocupan del pensamiento. Al mismo tiempo que percibe esta insuficiencia para analizar críticamente su realidad, es consciente de la relevancia que supone usar correctamente su capacidad analítica, su pensamiento crítico. Se sabe incompetente para salir por cuenta propia de esta situación.

Este sujeto tiene episodios de lucidez en los que descubre que ha dejado de controlar los resortes que orientan su vida y, por momentos, acude a agentes externos, alejados de su órbita más cercana, con la intención de que estos lo ayuden a recuperarlos. Es entonces cuando se declara indigente mental, cuando toma conciencia de que, por sí mismo, no es capaz de utilizar correctamente el pensamiento crítico y opta por la única opción posible: la heteronomía (el otro, lo exterior, lo ajeno...). En algunos casos, esta heteronomía se manifiesta en un consumo masivo de libros de auto-ayuda, en la asistencia a talleres y charlas motivacionales, en las visitas a clínicas de psicología...; en otras ocasiones, se autoinculpa y se refugia en la ingesta de ansiolíticos y antidepresivos que lo asistan a recuperar el ánimo para emprender de nuevo la conquista de la posfelicidad.

De manera sutil, y bajo el amparo de un sofisticado aparato de seducción masiva, la indigencia mental presenta un cuadro cada vez más uniforme que se expande por doquier, independientemente de la educación y clase social que se tenga.

Si bien el abanico de elementos que lo perfilan es complejo y puede ofrecer variaciones dependiendo del individuo, podemos extraer una serie de parámetros que configuran a este sujeto hipermoderno. Cuestiones como el empobrecimiento del lenguaje oral y escrito[10] en pos de una comunicación cibernética más visual, directa y emotiva, que estimula una «filosofía emocional del lenguaje»; o la modificación del estatus del «otro», entendido este como objeto de consumo —otrofagia (consumo del otro)—, al que se le otorga una existencia intermitente (el otro solo existe en el momento que interesa, después será ignorado). A esto se le suma la alteración de la categoría (recategorización) del espacio, difuminando la materialidad de lo físico, y poniéndolo en valor según su emotividad, donde los lugares (reales o virtuales) cobran relevancia en función de su capacidad de emocionarnos. Lo mismo le sucede al tiempo, o la supremacía del movimiento y la potencia (*dýnamis*), que se convierten en entidades relevantes a la hora de regular nuestra vida. Todos estos cambios se orientan bajo un nuevo enfoque de una posfelicidad literal, translúcida y geolocalizada, que usa como metodología el asedio (que analizaremos más adelante), elimina el obsoleto paradigma de la búsqueda a través de una vida virtuosa, y empuja a este sujeto a un proceso interminable de conquista de la posfelicidad.

A pesar de toda esta comodidad y cercanía que pretenden facilitar y motivar el desarrollo máximo de su potencial, el sujeto hipermoderno no se libra de los mecanismos del miedo, que amplían su campo de acción a través de la imagen (pantalla-tótem), o del vértigo que le supone haber obviado los referentes morales cercanos. Todo ello lo sitúa en una etapa del posdeber. Esta falta de rigor moral, y claridad a la hora de actuar virtuosamente, le confiere nuevos miedos que se desdoblan cuando se trata del cuidado de la identidad, duplicando así su foco de atención y preocupación en torno al yo real y al avatar digital.

Todas estas confluencias han logrado conformar un sistema que ha mermado el elemento reflexivo del sujeto. Configuran una vida sin tranquilidad, carente de calma, huidiza del sosiego, llegando por momentos a manifestarse como burda, sin elegancia, sin criterio propio. A lo largo del libro analizaremos algunos de estos cambios que dificultan la constitución de una existencia y un pensamiento elegantes que parecen agonizar sin visos de solución.

## Genética de la felicidad

En el sujeto hipermoderno, la noción de felicidad ha sufrido uno de los estrechamientos más significativos del siglo XXI, hasta el extremo de reorientarla hacia la posfelicidad. Por una parte, el término *felicidad* se ha empoderado en lo referente a su influencia[11] y grado de impacto; por otra parte, ha experimentado un reduccionismo al perder la riqueza que le proporcionaba la intimidad del sujeto. La felicidad era una cuestión más individual y subjetiva que propiamente colectiva. Esto se debía, entre otros motivos, a que no existían cuantificadores ni instituciones encargadas de gestionarla de manera directa. En la hipermodernidad, sin embargo, la felicidad se ha convertido en un sujeto *mainstream*, alcanzando lo que aquí hemos denominado «posfelicidad». Asistimos a un intento global de sistematizar y tipificar esta posfelicidad. Davies lo expresa así: «A medida que los datos estadísticos se van acumulando en esta área, otro tanto sucede con el sector de la economía de la felicidad, interesado en sacar rendimiento a tales datos, y establecer una cuidadosa descripción de aquellas regiones, forma de vida, tipos de empleo o forma de consumo que generan el mayor bienestar mental. Las cuestiones sobre el estado de ánimo, antaño consideradas subjetivas, ahora están siendo analizadas por medio de datos objetivos. Nuestras esperanzas están siendo estratégicamente canalizadas hacia esta búsqueda de la felicidad, en un sentido objetivo, mesurable y aplicable».[12]

Cuando la subjetividad más íntima se expone, se despliega aquella noción que el psicólogo Lacan acuñó como «extimo».[13] La *extimidad* es el proceso de exteriorización de la intimidad, y es una de las manifestaciones más características de la evolución que está experimentando el concepto de posfelicidad. El ámbito personal, lo íntimo, va perdiendo privacidad y, por momentos, se expone de manera obscena. No es menos significativo el fenómeno contrario, la *intimización* de lo exterior. Bajo la indigencia mental tratamos de presentar cualquier acontecimiento externo con una cuidada narrativa, procurando mostrar los eventos como una extensión de nuestro yo íntimo. Lo exterior se apropia de la intimidad, cohabitando y reorientando su discurso, y debilitando la frontera que existía entre ambos. Pero al abandonar la piel protectora de lo íntimo, asumimos, de manera inconsciente, mayor riesgo de contaminación.

Otra de las consecuencias más significativas es la flexibilización del proceso que separaba lo privado de lo público, difuminando la linde entre ambos. El contorno existente entre lo privado y lo público, donde había una segregación entre la contención emocional (las emociones solían circunscribirse al ámbito de lo privado) y la manifestación (asociada al espacio público), también se ha roto. Aquellas proclamas de «no llores en público», «no muestres tus emociones», «sé discreto»... han perdido vigencia. Para la socióloga Eva Illouz, el convenio que había entre una esfera pública, no emocional, y una esfera privada, preñada de emociones, se ha disuelto. El yo privado nunca tuvo una representación tan pública ni estuvo tan ligado a los discursos y valores de las esferas económica y política[14] como lo está ahora. Percibimos la presión por preservar las emociones en nuestra intimidad como una coacción social que hay que superar, de manera que la vida pública, incluida la política, exhibe y potencia nuestro ámbito emocional, llegando, por momentos, a evitar cualquier tipo de decoro.

Esto provoca el auge de la competencia emocional, que condiciona de manera directa la percepción de la felicidad. El apogeo de lo emocional a lo largo y ancho del panorama social se convierte en un recurso muy útil para persuadirnos de la posibilidad real de lograr una «felicidad común» en el recinto privado, un modelo de posfelicidad que se podría resumir diciendo que todo el mundo puede ser feliz y de la misma manera.

Dentro de este nuevo contexto se encuentran las denominadas «*emodities*», resultado de la fusión entre *emotion* ('emoción'), y *commodities*[15] ('objeto de consumo'). Para Illouz, el consumo (*commodities*) fortalece la expresión y la experiencia de las emociones, a la vez que las propias emociones se transforman en objetos de consumo (*commodities*). La *emodity* es el fruto combinado de consumo y emoción. En nuestra cultura de consumo, al convertir las emociones en un producto de uso prioritario se potencia la creación de una necesidad enfocada en alcanzar esa anhelada excelencia emocional que se pregona a los cuatro vientos y que no es otra cosa que la posfelicidad.

En este progreso de la posfelicidad, la permeabilidad con la que se configura la intimidad provoca que lo exterior penetre hasta sus entrañas, lo que permite que el individuo fraternice con la exterioridad de la posfelicidad y la presente sin mesura, sin pudor. El sujeto hipermoderno hace suyo lo exterior de manera íntima. En este posicionamiento personal y social de las emociones, estas se constituyen en un elemento más de la configuración general, llegando a presentar «nuevas jerarquías de bienestar emocional, entendido como la capacidad de lograr formas social e históricamente situadas de felicidad y bienestar».[16] Estas nuevas graduaciones, este imperio de la emoción, este desmoronamiento de la dialéctica íntimo/público ponen de manifiesto que se ha producido un cambio radical (de raíz) en los esquemas interpretativos vitales del indigente mental.

Hay sujetos cuyas defensas intelectuales son fuertes, están entrenadas con múltiples y variadas vivencias que los han inmunizado, lo cual les ha facilitado una jerarquización vital, y, por mucho bombardeo mediático y sobreexposición a la posfelicidad, apenas perciben algún síntoma leve que modifique su *statu quo*. En el otro extremo tenemos a las personas que han vivido en una sobreprotección ante los aspectos más corrosivos del ambiente (padecimiento, dolor, esfuerzo...), imbuidos de una retórica de «emociones positivas», y que configuran una parte importante de su identidad en torno al asedio de esta posfelicidad.

Para esta investigación necesitamos destacar dos nociones que, adaptadas a nuestro objeto de estudio, serán referentes para comprender la evolución que está experimentando la felicidad contemporánea: mutación y epigenética. Ambas son esenciales para vislumbrar las variaciones que ha sufrido el concepto de felicidad en su transición hacia la posfelicidad, en relación con dos etapas: el periodo preglobalización, por un lado, y la etapa globalizadora, por otro.

La mutación implica cambio sustancial, cese y novedad, algo que deja de ser y algo que comienza a ser. Entre mutación y mutación, el organismo que sobreviva será aquel que logre adaptarse al medio. Pero no todas las mutaciones persistirán. Sabemos que las mutaciones que perduran en la descendencia se heredan cuando afectan a las células reproductivas. Esta mutación se considera una mutación germinal y es la que se transmite al linaje, se traspasará de generación en generación. Pero existe una alteración somática, un tipo de mutación que solo afecta a las células del individuo y que no se transfiere más allá de él.

Desde esta perspectiva entiendo la felicidad como una categoría inorgánica que, sin mutaciones ni grandes variaciones históricas, ha transmitido su herencia procedente de una evolución estable. Al mismo tiempo, intentaremos explicar los cambios que han provocado que la felicidad se transforme, bien por mutación, bien por influencia del ambiente (epigenética), en el nuevo registro de posfelicidad.

En este proceso evolutivo hacia la posfelicidad tenemos que contar con otro factor del acervo biológico. Nos referimos a la epigenética, que hace referencia a los elementos externos que modifican el modo en el que los genes se manifiestan. El término procede de Waddington[17] y es de mediados del siglo XX, si bien será en el XXI, con los avances en el proyecto del genoma humano, cuando realmente cobre relevancia. En la epigenética, el ambiente («lo exterior») puede condicionar al gen, de modo que si se logran las mismas condiciones en las que el gen surge, se podría mantener un proceso exacto de clonación. La importancia de la epigenética reside en las condiciones ambientales que condicionan la expresión del gen. La epigenética implica que hay cambios que se pueden heredar, tanto en el modo en el que se organiza como en el que se estructura el ADN, pero sin que cambie la secuencia genética. El ADN no altera su secuencia, pero estas variaciones, sin embargo, sí cambian el modo en el que este se expresa.[18] Esta concepción es fundamental porque concluye que no solo los genes influyen en el organismo, sino también otros factores externos.

La epigenética es la disciplina que explica que los factores ambientales, sociales, las experiencias personales, los acontecimientos... pueden modificar la expresión de un gen. Los genes cambian su manera de expresarse, pero sin mutar su genética. Hasta hace poco se pensaba que la transmisión genética era un proceso neutro, pero ahora sabemos que puede estar condicionado por cómo el medio (el ambiente) provoca al gen. Esta provocación hace que el gen cambie el modo en el que se pronuncia y transmite, con las posibles consecuencias que esto puede acarrear para el resto del organismo. Por primera vez se sabe que existe una incidencia causal, unas causas, que pueden modificar la actuación de nuestros genes. El entorno, por lo tanto, es capaz de condicionar el comportamiento de este gen, añadiendo o restándole *etiquetas* químicas. Así se explicaría por qué dos gemelos con el mismo ADN desarrollan enfermedades distintas, o por qué un organismo que se clona no termina siendo exactamente igual que el original. Esto sucede porque, aunque el gen sea el mismo, no se han logrado reproducir las condiciones epigenéticas originales de ese gen, de ahí las variaciones existentes entre organismos que tienen la misma genética.

Tomando prestada una perspectiva biológica, trataremos de comprender cómo han ido mutando y modificando su expresión tanto las categorías como los conceptos que más han contribuido al tránsito de la felicidad hacia una posfelicidad, teniendo en cuenta los cambios estructurales, culturales, tecnológicos... que lo han provocado, bien por medio de mutación, bien por influencia epigenética.

Si algo caracteriza a esta posfelicidad, al contrario de lo que sucedía con la felicidad, es una mayor influencia medioambiental y una mayor exposición a las transformaciones, lo que evidencia su lasitud.

## Felicidad comunitaria

Entre los múltiples cambios que el periodo globalizador ha provocado, uno de los más significativos y que más ha afectado al concepto de felicidad se centra en la concepción del otro. El otro como categoría englobaba el sentido de la comunidad, se entendía como esencia de la polis, se expresaba como sujeto de empatía, alguien que movilizaba nuestras emociones, nuestro *pathos*, sin necesidad de aspavientos. Era un sustento, un complemento del yo que poseía una presencia constante. No es algo nuevo. Platón, en su libro *La República*, cuenta la historia del anillo de Giges. Giges era un pastor que un día, mientras pastaba su ganado, encuentra una enorme grieta abierta en el suelo. Se aventuró a entrar movido por la curiosidad, y se topó con un enorme caballo de bronce que tenía en su interior el cadáver desnudo de un hombre de tamaño superior a la media. En aquel cuerpo sin vida destacaba un anillo de oro con una piedra preciosa que brillaba en uno de los dedos del difunto. Giges cogió el anillo, se lo puso y se marchó. Poco después, acudió a la reunión mensual de pastores donde todos daban cuentas al rey sobre el estado de su ganado. Allí sentado, sucedió que había girado el anillo, dejando la piedra preciosa mirando hacia la palma de la mano, y se hizo invisible. Los que estaban presentes hablaron como si él no estuviese. Entonces descubrió que aquel anillo tenía el poder de invisibilizar a su portador con el simple gesto de girarlo. Aprovechó este poder para pedir cita con el rey, matarlo y yacer con la reina, para apoderarse a continuación del trono. Platón usa esta historia para demostrar que, por muy justo que sea un hombre, si se desentiende de la mirada del otro, si sabe que no existe evaluación externa de su conducta, podrá imponer su criterio sin necesidad de aprobación alguna o de juicio en torno a sus acciones, y obrará impunemente. La existencia del otro, el ser del otro, y el ámbito de la comunidad son de vital importancia no solo en la configuración de la identidad, sino también en la expresión de la misma.

El periodo preglobalizador contenía un germen educador en el sentido más primigenio de la palabra. Era una educación que partía de la voz latina *educare*, cuyo significado[19] es alimentar, nutrir, criar..., e implicaba a familia, escuela, medios de comunicación..., necesarios para esta tarea. Desde esta perspectiva, el proceso educativo cimentaba el núcleo de la categoría «social» en los encargados de la crianza; la comunidad sabía que el mantenimiento del grupo pasaba por la educación del sujeto de cara a la polis, al colectivo. Los otros eran un complemento pedagógico necesario y referencial en cualquier fase de formación; de hecho, solía suceder que la autoridad que se le concedía a la familia en los procesos educativos se extendía a los vecinos, al conductor del autobús o al maestro/a. Esto implicaba que una niña que salía de su casa aceptaba que su vecino la amonestara en público si la veía arrojando un papel al suelo, o bien que la conductora del autobús le pidiese que se levantase de su asiento si entraba una persona mayor. Los «otros» completaban al sujeto.

En la Grecia clásica la felicidad se enfocaba como eudemonía (un *daimon* bueno), que implicaba ser virtuoso, es decir, la ética era un elemento esencial para alcanzar la buena vida y el objetivo de la felicidad. El otro estaba presente, era un componente cardinal, tal y como Aristóteles defenderá: «Sobre su nombre, casi todo el mundo está de acuerdo, pues tanto el vulgo como los cultos dicen que es la felicidad, y piensan que vivir bien y obrar bien es lo mismo que ser feliz».[20] El bien y la felicidad se aunaban en un comportamiento virtuoso, lo que entrañaba tener presente la figura del otro.

Junto a esta referencia que vincula ética y felicidad, encontramos en el estagirita (Aristóteles) una segunda apreciación de la felicidad que, de modo indirecto, implica el concepto de colectividad: la búsqueda de la felicidad como elemento común. En su libro *Ética a Nicómaco*, Aristóteles sostendrá que la eudemonía es aquello que cualquier ser humano quiere alcanzar, pero al ser el hombre social por naturaleza se precisa de esta como una condición *sine qua non*. El bien de la polis siempre permaneció por encima del individuo porque es un bien superior y, por lo tanto, una felicidad superior: «Pues aunque sea el mismo el bien del individuo y el de la ciudad, es evidente que es mucho más grande y más perfecto alcanzar y salvaguardar el de la ciudad; porque procurar el bien de una persona es algo deseable, pero es más hermoso y divino conseguirlo para un pueblo y para ciudades».[21]

Esta unificación de moral y felicidad, de comunión entre el individuo y el grupo, también fue la piedra angular desde la que pivotaban las distintas categorías vitales con las que se constituían la mentalidad y la identidad de los ciudadanos. La filosofía clásica griega está plagada de ejemplos al respecto. Basta recordar el razonamiento de Sócrates en el diálogo de Platón titulado *Critón*, cuando este se muestra dispuesto a sacrificar su vida en aras de un comportamiento virtuoso y respetuoso con la ley.

## Otrofagia

Para el sujeto hipermoderno estos tiempos han terminado. La relación entre felicidad y virtud se ha disipado, la prioridad del colectivo ante el individuo se está demonizando, y asistimos a una progresiva instrumentalización de la figura del «otro». La categoría de la «otredad» se ha visto modificada en beneficio de la categoría de la identidad. Para el indigente mental, su identidad contiene la categoría del otro, lo ha engullido. Al haber absorbido al otro, inevitablemente se agranda su identidad, si bien esa ingesta no siempre es un principio adecuado de nutrición (se puede caer en la egolatría). El otro solo será nutritivo para el ego cuando se presente como un complemento. A este respecto son destacables las palabras del filósofo Javier Gomá[22] afirmando que solo cuando el otro sea tratado como un igual, al tiempo que se considere distinto, único, insustituible y sujeto de pleno derecho, este podrá recuperar su categoría de dignidad. La alteridad se ha convertido en una cuestión de intermitencia. Si el otro se percibe como un objeto de consumo propio, por la simple escala evolutiva, pierde dignidad, puesto que se entiende bajo el enfoque primitivo de «presa accesible», cuyo fin principal es saciar el apetito del ego.

Somos testigos de una exposición del ego que se exhibe con la intención de agitar las ondas en busca del otro para que muerda el anzuelo. Triunfan aquellos cuyas seductoras añagazas contienen indicios de verosimilitud. Una vez que el sujeto logre apresar su atención, recibido el *like*, el ego lo engullirá de manera instantánea, apresurada, sin el más mínimo deleite, porque se embarcará en la búsqueda de la siguiente víctima. Es una vuelta al primitivismo de caza y supervivencia. Es un proceso sin refinamiento alguno, sin fruición, sin elegancia.

En esta constante cacería e ingestión otrofágica se produce un aumento del volumen del ego que no siempre es síntoma de crecimiento nutricional. El ego se agranda, bien porque se ensancha con grasas saturadas, sabrosas al paladar, pero de efectos contraproducentes para la salud, provocando una progresiva obstrucción de las arterias; bien porque aumenta virtualmente su propia percepción en forma de recompensa emocional tras la asimilación del otro, cosa que ocurre cuando el avatar (el yo digital) es celebrado (*likes*, seguidores, comentarios generosos...) por la cibercomunidad.

La intención del ego a lo largo de esta búsqueda de consumo emocional es zamparse al otro, pero este no siempre aparece cuando uno lo desea. Su intermitencia nos lo muestra, por momentos, como un individuo que se manifiesta como exponente de sus propias potencialidades, ajeno a nuestro control. Hay momentos en los que el otro se presenta como objeto inasequible que no vale de nutriente al ego, es decir, cuando necesitamos ser percibidos para alimentarnos, pero el otro nos ignora o nos contraría. Este último caso, en el que su presencia se descubre en forma de rechazo hacia el yo, cuando nos ataca públicamente la identidad (*haters*), es especialmente indigesto. Con el fin de protegernos, activamos los mecanismos de aislamiento (función de bloqueo en la *app*), que extirpan la posibilidad de que el otro se convierta en un agente externo, fuera de mi alcance, que me pueda mermar o dañar. Una vez exterminado/bloqueado el otro como realidad independiente de mí, como entidad autónoma, el siguiente paso será redefinir todas las categorías para adaptarlas a los intereses de mi identidad.

## Intermitencia y virtualidad del otro

El sujeto hipermoderno no lucha contra el otro por la supervivencia; el otro ha dejado de ser enemigo, incluso ha perdido peso específico y se somete a una *presencialidad intermitente*. Un enemigo se configura como alguien cuyo potencial se presupone y se teme. Implica otorgarle un estatus de semejanza o de superioridad, y dotarlo de una entidad continua, lo que conlleva que no se puede bajar la guardia. Sin embargo, para este individuo, el otro es ocasionalmente, y se revela como sustento del yo o como amenaza puntual. Bajo esta incapacidad mental para comprender la riqueza y el potencial que el otro le puede ofrecer, prefiere reforzar sus sesgos, convirtiéndose en su propio enemigo, y aceptando que sus peores temores pasan por no desarrollar el supuesto potencial que cree tener.

La consigna de este individuo es desplegar su capacidad productiva al máximo. Esta finalidad ha contribuido, como analizaremos más adelante, al nuevo paradigma educativo centrado en el verbo latino *educere*, cuyo significado es «conducir desde dentro hacia fuera», «extraer». En esta *extracción*, que tiene como objetivo expandir al máximo las competencias que posee un sujeto (evaluación por competencias), el otro ocupa un segundo plano. El protagonismo del proceso educativo se centra en el individuo, no en la comunidad, y la actividad se encamina al desarrollo de sus aptitudes enfocadas a la mejora de sí mismo. El sujeto globalizado se entiende como una potencialidad en proyección (extraer siempre el máximo potencial). Hemos abandonado la intención educativa preglobalizadora *educare* ('nutrir, conducir, guiar'), en la que los otros (maestros, familia, vecinos, medios de comunicación) eran los protagonistas y conductores de la educación. Los cambios sociales, que en la nomenclatura biológica podemos definir como «el ambiente», han influido en la genética educativa, al causar una modificación que se explica desde la epigenética del propio concepto *educar*; es decir, el ambiente (epigenética) se ha encargado de alterar el modo en el que entendemos la educación. Esto provoca que, llegado el momento, este sujeto solo reconozca como autoridades aquellas que le animan al desarrollo de su potencial, y deje en un segundo plano a ese vecino que le reñía, o a la conductora de autobús que le interpelaba a ceder su asiento.

Para este individuo, el otro no es oposición ni realidad permanente, sino entidad intermitente que cobra significado solo cuando le atiende (presta su atención) o le menciona. El otro es si logro que me perciba, de lo contrario no es. Estamos asistiendo a una atomización del otro que se somete a la categoría de percepción cuántica. En la mayoría de las ocasiones, solo existe cuando es pensado/percibido por mí.[23] A diferencia de los tiempos preglobalización, en los que el otro estaba siempre presente como cimiento de la identidad propia, en la globalización, el sujeto hipermoderno concibe la figura del otro de manera discontinua. Esto merma toda posibilidad de elegancia en la construcción de la identidad desde lo colectivo, emponzoñando la figura del ciudadano, que no pasa por sus mejores momentos, especialmente si tomamos prestadas las palabras del filósofo Javier Gomá: «Un ciudadano elegante es, pues, el que ha instruido su corazón de manera tal que siente una inclinación natural por una sociabilidad civilizada sin expectativa de premio y una repugnancia paralela por los comportamientos incívicos sin temor al castigo, y obra lo correcto en cada caso, incluso cuando nadie lo observa, sin mira de retribución, solo por el respeto debido a sí mismo y a su dignidad».[24]

La presencia material del otro influía directamente en la sensación de continuidad. Incluso cuando el otro no estaba presente, se percibía cercano. Pero la introducción de lo virtual/digital en la cotidianeidad provoca que su materialidad ya no sea necesaria. Uno de los elementos consustanciales y primordiales del ser humano, su volumen, su corporeidad, se evapora bajo el manto de lo digital. Su ausencia es exponencialmente superior a los tiempos previrtuales. En la globalización, el otro se puede activar y desactivar a placer; la virtualización de su figura, amparada en el auge de lo digital, ha provocado una huida hacia delante del ego. El otro, por primera vez en la historia, es una virtualización realizada, una encarnación mental. Ya no experimentamos la realidad virtual como ficción. La digitalización, la inteligencia artificial y los macro-datos (*big data*) posibilitan que lo virtual no solo configure, sino que además se perciba como pragmático. Este pragmatismo posibilita que podamos representar y escoger aquellos elementos del otro que nos interesan, fragmentándolo en el detalle y obviando el resto del conjunto. Seleccionamos lo que nos concierne de él y anulamos todo lo demás.

La consecuencia de esta segmentación selectiva del otro es la depreciación de su dignidad. La dignidad implica integridad, aceptando al otro como un todo complejo. El sujeto hipermoderno focaliza al otro por partes, eliminando su continuidad. Lo continuo posee la cualidad de no ser interrumpido. Sin embargo, la interrupción configura muchas de las narrativas de este individuo contemporáneo. La interrupción se juzgaba como una falta de respeto: interrumpir era poco elegante. Pero hoy carecemos de continuidad. Lo continuo implica permanencia, y lo que permanece es percibido como algo carente de dinamismo, exento de novedad. En la construcción de su propio relato, la falta de elegancia del indigente mental provoca que las interrupciones se conciban como elemento de estímulo.

## El potencial del Yo

Aparte del impulso sexual, Freud, en su obra *Más allá del principio del placer*[25] y posteriormente en *El malestar en la cultura*,[26] postuló dos pulsiones más que caracterizaban al sujeto, el eros y el tánatos, que condicionaban el concepto de felicidad. Para el pensador austríaco existían tres fuentes de sufrimiento que obstaculizaban la consecución de la felicidad. Por una parte, el propio cuerpo, que estaba condenado a la decadencia, lo que generaba dolor y angustia. En el periodo tecnoglobalizador, este primer elemento ha visto mermada su capacidad de violentar la estabilidad mental del sujeto desde el momento en el que se adoptan políticas de salud preventiva, y los progresos que se generan en la investigación médico-química han atenuado el dolor.

El segundo elemento amenazante era el mundo exterior. Al igual que el cuerpo, el mundo exterior ha perdido categoría intimidatoria para un sujeto que cada vez pasa más tiempo virtualizando la realidad (navegando por la red) que experimentándola. A esto se le une el efecto psicogeográfico que percibe las distancias bajo el paradigma de la proximidad. Todo se aprecia cercano y la consecuencia es que se suaviza la dialéctica externo/interno, ajeno/propio, y ello provoca un efecto narcótico en torno a lo cotidiano.

El tercer elemento eran las relaciones con los otros seres humanos. Este último, si bien sigue teniendo vigencia, ha visto modificado el concepto de relación. Para evitar la amenaza de sufrimiento que suponían las relaciones personales en el periodo preglobalizador (traiciones, decepciones, engaños...), el frágil sujeto hipermoderno ha encontrado en la virtualización de las relaciones (relaciones sociales virtuales) un escudo protector y preventivo para el dolor. Con la tecnoglobalización, el tiempo invertido en las relaciones sociales presenciales se ha visto reducido en el plano físico y se ha encaminado hacia una configuración mental que implica intentar controlar al otro en el ámbito de lo virtual. Con el fin de evitar posibles amarguras, este individuo se inclina por la seguridad que le ofrece la aldea digital a la hora de entablar relaciones sociales.

Para Freud, estos tres elementos eran los causantes de que el sujeto optase por rebajar sus pretensiones de felicidad. «No nos extrañe, pues, que, bajo la presión de tales posibilidades de sufrimiento, el hombre suele rebajar sus pretensiones de felicidad (como, por otra parte, también el principio de placer se transforma, por influencia del mundo exterior, en el más modesto principio de la realidad); no nos asombra que el ser humano ya se estime feliz por el mero hecho de haber escapado a la desgracia.»[27]

Este último componente, las relaciones sociales, se ha

visto modificado por los cambios en la concepción del otro. El filósofo francés Baudrillard, cuando el periodo globalizador todavía no había alcanzado la velocidad de vértigo que ahora tiene, ya hablaba de la producción del otro: «Con la modernidad, entramos en la era de la producción del otro. Ya no se trata de matarlo, de decorarlo, de deslucirlo, de rivalizar con él, de amarlo o de odiarlo; se trata fundamentalmente de producirlo. Ya no es un objeto de pasión, es un objeto de producción».[28]

Lo que no atisbó Baudrillard por aquel entonces es que el otro se sometería a una presencia discontinua (intermitencia) para un yo cuya única preocupación se enfoca hacia sí mismo. En el apogeo del periodo globalizador, cada uno se enfrenta a la solitaria realidad que importa: la producción del yo. Baudrillard postulaba la necesidad de potenciar la alteridad, donde el otro se pueda presentar como alguien diferente a mí. Pero con la virtualización de una realidad que acapara gran parte de la atención del sujeto, la presencia del otro se somete a la voluntad de un yo cuyo principal objetivo es agrandarse a los ojos del otro. El único «otro» que moviliza al yo hipermoderno es aquel que le ayuda en el impulso de sí mismo. La única producción que le interesa se centra en la proyección de su propia evolución hacia la concepción idealizada de sí. El otro se experimenta principalmente como el «otro-para-mí».

El yo real se ilusiona y entra en una dinámica cuya finalidad es engendrar un yo ideal que percibe como factible. La consecuencia es un hiperdinamismo (hiperactividad) que, para autores como Byung-Chul Han,[29] termina provocándole una extenuación y un cansancio que le vacían. Esta fatiga y depresión del yo que postula el pensador coreano no están tan condicionadas por la positividad que se adentra en el sujeto como por evidenciar, una vez iniciado el proceso, su falta de potencial. El potencial («tienes mucho potencial», «desarrolla tu potencial», «descubre tu potencial») es una de las bases emocionales de la hipermodernidad. Se presenta como dinámico y adaptativo, de modo que la persona termina asumiendo que la adquisición de cualquier cualidad personal es una mera cuestión de ejercicio (ejercitarse).

## Invisibles

En la sociedad aparentemente más diáfana que ha existido, la voluntad de este sujeto también puede provocar que el otro evolucione hacia una irrelevancia tal que se vuelva translúcido, llegando, por momentos, a ser invisible. Esta invisibilidad viene condicionada por diversos factores ambientales (epigenética) que provocan una nueva forma de comprensión del otro: «La invisibilidad es el resultado de un proceso complejo en que confluyen la movilidad, la volatilidad, la fragmentación y las fusiones, la multiplicación de las realidades inéditas y la desaparición de bloques explicativos, las alianzas insólitas y la confluencia de intereses de difícil comprensión»[30] (Innerarity).

Una de las principales consecuencias de esta invisibilidad implica la irrelevancia de la discreción. La transparencia del otro elimina la indiscreción del yo, desaparece nuestro sentido del pudor, y el recato se convierte en un valor en desuso. Zaoui lo determina del siguiente modo: «¿Cómo conseguir hacerse discreto en estas sociedades donde casi todo, desde el mundo de la empresa hasta el mundo del arte, pasando por la televisión y las redes sociales, nos recuerda que ser es exclusivamente ser percibido?».[31]

En la hipermodernidad, ser discreto es restar entidad al yo. Significa que asumimos y percibimos la constante continuidad del otro como si del periodo preglobalización se tratase. En estos casos, el otro se expone como virus que amenaza la salud del organismo. Su continuidad implicaba la existencia de una evaluación externa hacia el sujeto que a veces incomodaba, pero que ayudaba al correcto desarrollo de una sociabilidad cortés. Tener al otro siempre presente en nuestro ideario, estuviese o no dentro de nuestro campo visual, dotaba al sujeto de un sentido del pudor y del recato que ayudaba a construir comunidad. Lo pudendo es aquello que es digno de causar vergüenza o pudor, de ahí proviene la necesidad de taparse, de ocultarse. Así lo expresaba Merleau-Ponty: «El hombre no muestra ordinariamente su cuerpo, y cuando lo hace, es bien con temor, o bien con la intención de fascinar. Le parece que la mirada ajena que recorre su cuerpo lo roba, o, por el contrario, que la exposición de su cuerpo le va a entregar al otro sin defensa, que el otro será reducido a la esclavitud. El pudor y la impudicia tienen, pues, su lugar en una dialéctica del yo y del otro».[32] Esta idea de Merleau-Ponty bien podría desarrollarse desde la perspectiva de una vida elegante, una elegancia cuya cautela evita ese temor, o ese intento de fascinación que tanto se promociona.

Pero en los tiempos actuales se invierten los términos, y el ocultamiento, en lugar de ser un signo de respeto hacia la mirada del otro, se convierte en un elemento de sospecha. El individuo hipermoderno pretende presentarse como un sujeto que exhibe su desnudez, utilizándola como cebo para la atención del otro.

Este otro transparente también ha logrado eliminar la mismidad. Ya no se contempla al otro como un semejante. Como bien apunta Saborit, el otro se convertirá en un objeto de nostalgia: «Lo habitual será hablar con nostalgia de un pasado en que se disponía de un aparato simbólico con el que filtrar y clasificar los distintos seres humanos que nos salían al encuentro, asignándoles la casilla de la mismidad o de la otredad».[33] En la hipermodernidad, estas casillas se someten a una intencionalidad superior: la del adiestramiento del otro.

## Libido

Nada mejor que ejemplificar ese adiestramiento por medio del sexo. Para este sujeto, la ingestión del otro se presenta bajo múltiples formas, y entre estas la sexualidad es una de las más significativas. Solo cuando la libido del yo aparece, cuando explota nuestro instinto sexual, el otro hace acto de presencia bajo dos representaciones. La primera se produce cuando facilita el acto sexual onanista (masturbación) por medio de la pornografía, donde el otro acata su papel de estímulo visual inmediato e impersonal. Esta pornografía ha evolucionado de aquel proceso de *simulación encantada* en el que Baudrillard mantenía que el porno era más verdadero que lo verdadero, llegando a convertirse en el colmo del simulacro.[34] A esto se le suma que la normalización del porno, su diversificación y expansión están provocando que se materialice en la realidad (en la vida real) por medio de una imitación, de una ficción autentificada, donde la realidad se ve sometida a un proceso de *ficcionamiento*. El yo consumidor de porno, en su fase madurativa hacia la egolatría, representa el sexo real por medio de la emulación del porno. En su acto sexual consume y usa al otro como actor complementario de una función (pornográfica), a modo de obra de teatro, que pretende encarnar para sí mismo. No es de extrañar que aumenten los registros fílmicos (grabaciones caseras), donde el sujeto puede recrearse visualizándose tantas veces como desee. Sus relaciones sexuales se convierten en procesos imitativos de su consumo pornográfico, porque olvida que la principal característica de la pornografía es la ficción. El otro, desde esta perspectiva, cumple su destino de dar paso al yo (ego) mientras se encarna, cual acto teatral, en su rol sexual. En este traspaso imitativo del porno de la pantalla a la vida real, el otro se percibe como mero nutriente del ego que nunca termina de ser satisfactorio debido, entre otras razones, a las altas expectativas que asume el consumidor de pornografía.[35]

La otra percepción del otro se manifiesta en un simulacro de conexiones sociales por medio de aplicaciones (*app*) consignadas a encajarnos con el «semejante» para tener una relación sexual sin necesidad de personificarlo en su totalidad. El número de usuarios de aplicaciones destinadas para que el otro se manifieste solo desde una dimensión (complemento sexual) crece exponencialmente.[36] Estas relaciones sexuales que el yo busca a través de la monodimensionalidad de la persona son la extensión de este reduccionismo del otro entendido como objeto de consumo unívoco y monocromático. El yo atomiza al sujeto hasta reducirlo al calificativo que le interesa, en el momento que le interesa. El otro forma parte de una redimensión encaminada hacia la mínima porción de identidad que pudiera concederse a una persona, después de lo cual el otro vuelve a desaparecer. No se precisa investigar, no se requiere conocimiento, no se demanda tiempo de análisis, todo queda reducido a la intención sexual, pero disfrazado de características personalizables que se rellenan a modo de exposición: edad, intereses, aficiones, demandas..., expuestas bajo el amparo de la pantalla, bajo la protección de lo digital.

## Desubicados y sin raíces

Los tiempos hipermodernos están regidos por una globalización sentimentalista que vive bajo el sesgo de lo inmediato, donde la muerte se presenta en forma de olvido, y, por extensión, el pasado solo se puede recapitular desde una perspectiva histórica, evitando cualquier subjetividad. Apenas existe regulación temporal del pasado, la línea que marcaba las distancias (años, décadas, siglos) se ha desdibujado. Lo que sucedió hace cuarenta años posee una carga emocional similar a lo que pasó hace doscientos años. Da igual lo acaecido porque, sea lo que sea, pasa a formar parte del mismo cajón: el pasado. Un cajón que ha visto reducida su amplitud por el devenir de una turbotemporalidad que provoca que cualquier acontecimiento ocurrido, indistintamente de su distancia temporal con el presente, se introduzca en el compartimento de un pasado lejano, sin apego.

Para el sujeto actual, el otro ha mutado, el pasado ha mutado y la identidad ha mutado. Son tres entidades que no volverán a ser como antes. El otro se ancla a la independencia del yo, el pasado ha perdido su influencia en el presente, desgajándose, y la identidad ya no toma sus nutrientes de los alimentos que encuentra en el comercio local (familia, escuela, amigos...). Esta nueva dieta no solo le provocará a la identidad un cambio epigenético en su expresión, sino que, además, terminará incidiendo en las mutaciones futuras. Ante este panorama, de lo único que tenemos certeza es de la evolución, bajo el paradigma de la mutación y de la epigenética, de las categorías que han estado catalogando y ayudando a clasificar y a esclarecer nuestras vidas hasta hace muy poco tiempo. En su lucha por la supervivencia, asistimos a una alteración de nociones que afecta a la concepción contemporánea de la categoría esencial: la vida.

En este «darwinismo categorial» sobrevivirán aquellos conceptos que sepan redefinirse y adaptarse a los tiempos hipermodernos. La diferencia con otros periodos históricos se focaliza en el proceso de mutaciones. Antes de la globalización, las categorías poseían una evolución más o menos lineal, que iba añadiendo y restando cualidades en función del pausado marchar del tiempo, y también del lugar. Por poner un ejemplo, la historia era una categoría que acompañaba el devenir personal de cada sujeto, que ayudaba a su configuración, de manera que el relato familiar se transmitía de generación en generación, se ponía en valor la identidad histórica familiar, donde sus integrantes se encargaban de realizar esta narrativa a las progenies más jóvenes (revisión en comunidad del álbum de fotos, historias de abuelos en la posguerra, celebraciones familiares donde se contaban los mismos chascarrillos...). Era una categoría que se mantenía estable. El ambiente de proximidad (la epigenética) cumplía un papel importante. Su esencia apenas variaba, y cada parcela o zona geográfica, cada lugar, por poner un caso, podía usar categorías personalizables para organizar su mundo. Las raíces eran profundas y estables, lo que implicaba crecer dentro de una continuidad y proximidad con los nuestros. Los mecanismos de supervivencia que funcionaban en cada microcosmos eran particulares. Nuestras señas de identidad (barrio, colegio, pueblo, ciudad, provincia, acento...) eran, en parte, sólidas y predecibles debido a la continuidad de las categorías que configuraban nuestras vidas.

La ubicación (el lugar) y el tiempo se encargaban de pulir los conceptos con los que nos enfrentábamos al mundo. No en vano, Ortega y Gasset postulaba la necesidad de tener en cuenta las circunstancias en la biografía de una persona, de ahí la importancia de re-conocer (revisar) esas cuestiones que no podemos elegir en la vida (lugar de nacimiento, nivel cultural, social y económico de nuestros padres, el tiempo histórico en el que nacemos). «Yo soy yo y mi circunstancia [...]. Esto es precisamente lo que el lema citado manifiesta [...]. Mi vida consiste en que yo me encuentro forzado a existir en una circunstancia determinada

[...]. Vivir es haber caído prisionero de un contorno inexorable»[37] (Ortega y Gasset).

En cada lugar, en cada comunidad, ya fuese un pueblo, una ciudad, un país, se realizaba una personalización sutil de nociones como la felicidad, el éxito, la belleza... En estos microcosmos, los cambios no eran significativos y las palabras, los sustantivos y por extensión las categorías eran objeto de respeto siempre dentro de un contexto. Los conceptos estaban contextualizados y se circunscribían a un determinado ámbito sin tener aspiración de universalidad. El objetivo de las categorías preglobalizadoras se centraba en organizar de manera eficaz la visión del mundo que poseía una determinada comunidad, y en ofrecer herramientas para orientar la vida. La idea de globalizar estas categorías que conformaban sus vidas no tenía predicamento.

Pero las categorías hipermodernas han necesitado una mutación abrupta para seguir existiendo o, más bien, para seguir poseyendo cierta relevancia. Esto ha supuesto un cambio radical en su propia esencia. Así ha sucedido con la categoría temporal, que ha experimentado el peso del ambiente (epigenética). El presente se ha ensanchado no solo como identidad temporal, sino que también cobra relevancia desde el plano de la acción, simbolizado en el estar presentes plenamente, el *mindfulness*. Esto implica que se ha despegado de su línea temporal del pasado, pero dejando conectada una pequeña porción con el futuro. Ahora, más que nunca, el pasado es historia, ha roto la continuidad que lo conducía al presente. Los cambios en la globalización son tan significativos y múltiples que no necesitan referentes del pasado porque son cada vez más disruptivos, cambios que producen interrupciones tan bruscas que rompen con todo lo establecido anteriormente: internet, criptomonedas, redes sociales... Se ha insistido tanto en que nos enfrentamos a nuevos retos (cambio climático, realidad virtual, metaverso, etc.) que el sujeto hipermoderno ha pensado que la experiencia de vida de sus antepasados no es válida para encarar el devenir del siglo XXI.

La propia disrupción ha sufrido un cambio importante al elevar su estatus y alcanzar una posición prioritaria en el ideario colectivo. Antes de la globalización, la disrupción se percibía desde el comedimiento, incluso desde el miedo. El hecho de introducir en las rutinas algún elemento innovador que cambiase el hacer tradicional se experimentaba con un sano escepticismo inicial, que requería pruebas y análisis posteriores para saber si la novedad era efectiva. No en vano, cuando algún mecanismo novedoso aparecía en el mercado, como, por ejemplo, la olla exprés, o un nuevo modelo de coche, los primeros acercamientos se hacían desde una sana curiosidad, pero alejados del entusiasmo y pleitesía que hoy día configura cualquier novedad. Las amas de casa no creían que aquella olla fuera capaz de hacer, en apenas treinta minutos, un cocido que, en circunstancias normales, les llevaba cuatro horas de preparación. Esto implicaba algo importante: la novedad tenía que ganarse el estatus de ser mejor que lo anterior, lo que requería una aproximación a la misma desde una expectativa de prueba. Una vez probado, si el invento mejoraba lo presente, se incorporaba a la vida. Ahora, la disrupción se expresa bajo una aureola de positividad que la presenta como la nueva panacea que todo lo resuelve. Cualquier innovación, especialmente si es disruptiva, se percibe como buena en sí, por el simple hecho de innovar.

No es de extrañar que estemos asistiendo a un progresivo desarraigo con las generaciones anteriores desde el momento en el que el acercamiento hacia lo nuevo se encuentra en las antípodas de sus configuraciones identitarias, lo cual provoca un aumento de la brecha generacional. El individuo se descuelga de la línea temporal de sus antecesores y elimina a estos de sus referencias.

El mismo fenómeno se ha repetido con el espacio y, más en concreto, con la ubicación. La ubicación ya no tiene la misma relevancia que poseía en el periodo preglobalización, donde era determinante para comprender la idiosincrasia de las personas. La ubicación conservaba una entidad y una categoría transcendental de cara a contextualizar adecuadamente a las personas, los acontecimientos o las particularidades. Se era de pueblo o de ciudad, de provincias o de capital, de aldea o de urbe. Ahora vivimos tiempos ubicuos y desubicados a la vez. Cualquier mutación se expande por doquier y al instante, de modo que el territorio donde se ha producido apenas tiene relevancia. Si una categoría social muta en un lugar determinado, y esta mutación es efectiva y productiva para la sociedad hipermoderna, su nueva genética se transmitirá a toda velocidad, *urbi et orbi*, y será asimilada casi al instante por la comunidad globalizada. No importa de dónde sea el reguetón, de dónde provenga el veganismo o la zumba, lo que es relevante es su capacidad y velocidad de expansión.

Lo mismo ha ocurrido con temas como el lenguaje inclusivo, o con la llegada de la psicología positiva, que han expandido su área de influencia a la velocidad de la luz, abarcando gran parte de los sectores de la sociedad, tanto profesional como personalmente (autoayuda), con el consiguiente triunfo como categorías.

En 1997, Martin Seligman es elegido presidente de la American Psychological Association (APA), y el tema central de su mandato fue «la psicología positiva: "El estudio de las emociones positivas y de ciertas actitudes mentales como el optimismo, la felicidad, la realización y la fluidez"».[38] En apenas unos años, a base de presupuestos elevados y publicaciones en revistas científicas, trató de mostrar la vinculación entre el optimismo y la felicidad con una serie de consecuencias muy favorables para el mundo laboral. La gran acogida que tuvo su tesis en los medios de comunicación catapultó estos conceptos (emociones positivas, optimismo, felicidad) a una nueva categoría al servicio de la construcción de la identidad.

El peso ontológico de la nueva mutación ya no encuentra resistencia alguna contra la que competir. La mutación que sobrevive es la que posee en potencia una velocidad instantánea capaz de navegar con la ligereza de la luz, sin encontrar elementos de fricción. Frente a las categorías preglobalizadoras, que conllevaban un proceso de lucha progresiva por ir asentándose, las categorías globalizadoras se deslizan a nivel cuántico, y se actualizan o perecen dependiendo de su uso. Son categorías que están y no están al mismo tiempo, porque la relevancia del continuo espacio-tiempo ha pasado a un segundo plano. Ya no se pretende que se eternicen; todo lo contrario: la única intención es la delimitación del presente inmediato y, con suerte, del presente continuo. Al sujeto hipermoderno solo le interesan las categorías en el momento de pensarlas, y estas solo cobran realidad en la medida en que se adaptan a sus intereses. Las tendencias son un claro exponente de esta nueva mentalidad: aparecen, eclosionan globalmente y se olvidan, no se perpetúan. Categorías como continuidad, estabilidad, perdurabilidad... están encontrando serias dificultades para expandirse con éxito en la aldea global. A modo de ejemplo, ya casi nadie compra un reloj de oro para dejarlo como legado a sus hijos, como herencia perdurable. Ahora queremos relojes personalizables y cambiantes, con diversidad de opciones para modificar la esfera, y con la mayor variedad posible de correas.

## Ideologías moribundas

Esto explicaría por qué las ideologías están en fase moribunda. La ideología es una categoría del pasado que no ha logrado mutar para adaptarse a los nuevos tiempos. La diversidad del abanico político, por el contrario, ha sabido sensibilizar sus mensajes desubicándolos del amparo de las ideologías y otorgándoles una nueva categoría política: el pragmatismo emocional. Al perecer la ideología, por falta de actualización, la política ha encontrado su juego de supervivencia a través del mensaje emocional y el razonamiento pragmático. Esto no es óbice para que exista un reducto ideológico que constituye una representación política extrema, encargada de alzar constantemente la bandera de la vieja categoría de la ideología. Para ello se sirve de una de las emociones más rescatadas de la hipermodernidad: la nostalgia. El último fortín que les queda a las ideologías para sobrevivir pasa por el uso emocional de las mismas. Estos nostálgicos de la ideología son los que temen al potencial del otro, a la energía de la otredad, y prefieren el estatismo de la ideología. Para ellos, la mutación que ha supuesto la globalización les ha provocado desorientación y miedo. Su organismo no ha estado receptivo al cambio y no han adquirido la suficiente confianza en el desarrollo de sus potencialidades, de modo que han tomado la decisión de abrazar una categoría del pasado, la ideología, y su misión es tratar de mantenerla con vida el máximo tiempo posible porque de ello dependerá su propia supervivencia. Están en un constante empeño por actualizar el pasado, temerosos del presente continuo.

# DE LO DISTINTO HACIA LO DISTINGUIDO

# 2

# VIVE CON ELEGANCIA

> La elegancia es la sobriedad en plenitud.
>
> ORTEGA Y GASSET

> La vida elegante es, en una amplia acepción del término, el arte de animar el reposo.
>
> BALZAC

## FORMATO

La existencia se ennoblece cuando se vive con elegancia, y el deleite se amplifica cuando somos testigos de ella. La elegancia, si acudimos al diccionario de la RAE, aparte de la cualidad de elegante, es una «forma bella de expresar pensamientos», sin más. Bajo esta interpretación, la elegancia es un compendio de tres elementos: la hermosura, la idea y el modo en el que esta se manifiesta. Una idea bella mal expresada pierde atractivo. De igual manera, una expresión bien construida, pero pobre en contenido, no alcanzará la categoría de elegante. La esencia de la elegancia parte de su expresión. No precisamos ser elegantes, incluso podemos mostrarnos burdos, toscos o rústicos, pero reconocer a primera vista la elegancia allá donde esta se manifieste.

No son buenos tiempos para la elegancia. Ni la forma de expresión de las ideas ni el formato facilitan su devenir. La elegancia precisa de un formato inocuo, discreto y, a ser posible, poco transcendente. Los contextos en los que se configura la elegancia son comedidos, se encuentran en un segundo plano. Se puede percibir la elegancia en un Aston Martin DB5 de 1964 (el coche de James Bond) cuando se detiene a tu lado en el semáforo. Se puede apreciar al mirar una butaca Chesterfield Queen Anne en el *hall* de un hotel, o al conducir en el valle de Tarn por el viaducto de Millau (Francia), diseñado por Foster y Virlogeux. Los formatos, en los tres casos, acompañan, pero no determinan. La elegancia de estos objetos no se perturba en demasía a causa de sus formatos. Son configuraciones reales en las que se engloba lo elegante. Quizá por ello estemos perdiendo elegancia, especialmente cuando el formato digital acapara gran parte de las miradas. Lo digital es plano y los contenidos que en la pantalla se depositan se ven en la obligación de readaptarse a su lenguaje si quieren ser percibidos. Sacrifican la posible sutileza de su contenido por el formato. La omnipantalla impone la narrativa por encima del contenido. Esto implica que lo elegante pierda su esencia porque se contamina. El hiperconsumo de lo digital limita al sujeto el acceso a un pensamiento elegante.

## Contemporáneo-simultáneo

Otro de los motivos que debilitan la elegancia es la complejidad de los tiempos hipermodernos, especialmente cuando tratamos de sentirnos contemporáneos. Lo que acontece es de tan vasta magnitud que es harto difícil ser actual. Agamben, haciendo referencia al París del siglo XIX, comenta que al describir la elegancia de una dama se decía: «*Elle est contemporaine de tout le monde*» ('ella es contemporánea de todo el mundo').[1] Desde esta perspectiva, el reconocimiento de la elegancia conlleva un acuerdo del colectivo en el que todos comparten criterio. Que la elegancia sea identificada bajo el sesgo de lo contemporáneo implica la existencia de un hilo de comunidad que participa no solo del reconocimiento, sino también del anhelo de elegancia.

Lo contemporáneo es aquello que coincide dentro de una línea temporal, pero en la hipermodernidad esa línea temporal se ha roto, y todo lo que sucede ocurre a la par en el tiempo. Los *hashtags*, las tendencias, las noticias... eclosionan y se atomizan uno tras otro, sin dejar tiempo a reconocerse en lo contemporáneo. Para el indigente mental, lo contemporáneo es lo simultáneo y, por lo tanto, inconexo.

La simultaneidad comporta que una cosa se realiza al mismo tiempo que otra, pero no se superponen ni fusionan, cada una se ejecuta en su propia burbuja. El sujeto hipermoderno no se reconoce en lo contemporáneo porque eso implicaría someterse al relato de otro. En su ilusión de singularidad e hiperindividualismo, este individuo prefiere mostrarse desde lo simultáneo. Lo simultáneo es aquello que acontece a la vez, es decir, lo simultáneo se define por la acción, no por el reconocimiento. Esta necesidad hiperactiva de «hacer» simultáneamente, de hacer «a la par que» (publicar cuando otros publican, viajar a los mismos sitios y en el mismo momento, sumarse a la tendencia) frente al sosiego del «ser», extermina en este individuo toda posibilidad de elegancia.

Un sujeto elegante es aquel dotado de «gracia, nobleza y sencillez». Bien podrían haber usado aquella orientación de Séneca cuando ilustraba a Lucilio diciéndole que «la transparencia y la sencillez dicen bien con la bondad».[2] Esto supondría que confluyesen en el individuo cualidades innatas (nativas, según Ortega y Gasset), como la gracia, unidas a otras que poseen un peso pedagógico, como la nobleza moral y la sencillez. Estas últimas son de una importancia vital, especialmente cuando se interpela al plano de la ética, porque la elegancia puede ir asociada a una moral digna de admiración, de manera que, llevada al límite, el sujeto elegante logre alcanzar el grado de dandi, que no es otra cosa que un individuo «que se distingue por su extrema elegancia y buenos modales». Apenas quedan dandis.

La nobleza en la elegancia, referida a un sujeto, significa anteponer la sencillez al ego. El reconocimiento de una persona elegante, o su manifestación, se registra cuando lo percibimos sin atisbos de egolatría, cuando no nos percatamos de ningún gesto o señal que nos contraríe. La elegancia implica la admiración de esa sincera naturalidad que el sujeto manifiesta, el encanto de una imagen franca, no forzada, sin aditivos, tranquila, capaz de irradiar sosiego. Vicente Verdú hacía una analogía entre el gimnasio y el *spa*, situando la elegancia en el lugar destinado a la relajación: «El gimnasio procura la belleza del ánimo a través de trabajar la prestancia del cuerpo, mientras que el *spa* trata el sistema linfático para embellecer la elegancia del gesto. En el gimnasio se acentúan las sensaciones táctiles y en el *spa* se trata de desproveernos de ellas. Gracias a insistir sobre la musculatura, el gimnasio menciona repetidamente el yo, mientras que el *spa*, por su parte, procura diluirlo, desguazarlo».[3]

Desde esta perspectiva, lo elegante carece de tensiones, su expresión se manifiesta con humildad. Al diluir el yo, se abraza lo sutil. Lo elegante es sencillo, no exhibe esfuerzo alguno. De igual manera, lo elegante rehúye lo pesado, se muestra, más allá de lo esbelto, ligero. Una ligereza que no cansa, ni por defecto ni por exceso. Al no presumir ni redundar, al no repetirse, evita el cansancio del observador. No nos cansamos de observar la elegancia.

## Estética de la elegancia

Aparte de la cualidad ética, lo elegante posee una innegable cualidad estética. Conlleva de manera implícita la armonía, una armonía que se expresa a través de un halo de serenidad, porque lo elegante transmite calma (una fiesta elegante, una comida selecta, música exquisita). No busca perturbar ni agitar, carece de pretensiones hacia lo externo. Desde esta perspectiva, lo elegante no manifiesta emociones de manera literal, no espolea sentimentalmente al sujeto, no exacerba estados de ánimo.

Es una cualidad que se puede asociar a cualquier faceta. Nadia Comăneci, la gimnasta 10, en su elegancia no aparentaba sufrimiento; Zinedine Zidane, en su juego, era grácil y sencillo, con expresión elegante; Roger Federer no pierde nunca su elegante compostura; Jeremy Irons, Audrey Hepburn, Jackie Kennedy y Anthony Hopkins desprenden elegancia. Son ejemplos de sujetos que recelan de las expresiones emocionales definidas y perfiladas, que huyen de lo histriónico. La elegancia, en el plano emocional, pasa por no definir en exceso los rasgos de la emoción que se siente; es decir, cuando se está cabreado, no se precisan aspavientos, muecas, gritos y desaires que exhiban a la perfección el cabreo. Lo mismo sucede cuando se está alegre: no se manifiesta con carcajadas a mandíbula batiente y gritos de alegría.

## SERENIDAD

La elegancia estética demanda un ejercicio de control y contención a la hora de construir una narrativa. Esta exigencia de contención emocional es la que priva al sujeto hipermoderno de ser elegante. Su identidad emocional domina su estética. Cualquier sentimiento que descubre debe acompañarse de la mayor literalidad expresiva posible. El individuo hipermoderno se debe a su expresividad. Se hará notar desde la estética de su emoción, y cuando está feliz, publicará *stories* bailando, celebrando y acompañándolas con música alegre. Cuando está indignado, despotrica a los cuatro vientos, revelando su enfado de manera literal. Y cuando está preocupado o triste (basta ver las publicaciones donde se manifiesta la pérdida de un familiar querido), precisa hacerlo público. Rehúye la serenidad.

Es un sujeto que concibe la calma desde la angustia, una calma entendida como una «suspensión angustiosa» que, según Manuel Machado, ya se manejaba en los tiempos de Lope de Vega: «Para un contemporáneo de Lope o de Calderón la palabra *calma* tenía un sentido diametralmente opuesto al que hoy le damos. Significaba exactamente: "suspensión angustiosa", "dolorosa inquietud". Para un español del gran siglo "estar en calma" no era estar tranquilo, sereno, sosegado. Era, por el contrario, "estar en vilo", como suele decirse; sentirse angustiado, afligido, inquieto, en todo caso».[4]

La elegancia es serena. Lo sereno es lo sosegado, lo que está claro, despejado y sin nubes. Implica que no existe turbación alguna. Si acudimos a la analogía, la serenidad del cielo despejado se podría extrapolar a la serenidad del alma, sin nubes en el corazón, con el pensamiento claro. El sujeto sereno despeja las nubes del alma. Entre sus acepciones, el sereno era la persona que por las noches rondaba las calles velando por la seguridad. La serenidad es seguridad. La elegancia se evidencia, mostrando una seguridad que evita la vacilación.

La persona serena se contrapone a la que está bajo los efectos del alcohol. El alcohol, en su origen etimológico, al parecer proviene del árabe *al-kuhúl*, que hacía referencia al antimonio, una sustancia química que, al disolverse, se utilizaba como cosmético, a modo de maquillaje, para agrandarse los ojos y alargar las pestañas. A fin de cuentas, el alcohol es un cosmético de la realidad, la nubla, al tiempo que modifica la sensibilidad del sujeto. La indigencia mental comparte alguno de estos efectos etílicos. El individuo hipermoderno deposita una parte importante del peso de su conocimiento en el órgano de la vista, situando a la pantalla como punto de fuga de su realidad. Una de las consecuencias de este proceso es la intranquilidad. La pantalla es dinámica, no descansa, se configura desde el movimiento y carece de serenidad, al tiempo que maquilla y disfraza lo real. Es un espacio sin elegancia. Su objetivo es gustar/entretener, frente a la elegancia, que tiene por costumbre cautivar. Lo elegante perdura en el ideario del sujeto, se queda anclado en la estética del gusto, porque lo elegante es distinguido. El sujeto actual se esfuerza por presentar algo distinto usando los mismos códigos narrativos que consume, mientras que la persona elegante se eleva de lo distinto a lo distinguido. La narración elegante toma en consideración al otro desde el máximo respeto, lo trata con cortesía, provocando en él un miramiento que lo distingue. Lo distinto es una variación de la normalidad, lo distinguido implica una elevación ante esta.

La elegancia se desprende. Se deja caer para separarse del resto y evidenciar su distinción. Al desprenderse alivia el peso y se muestra grácil. Evita cargarse de elementos que obstaculicen su ligereza. Por el contrario, para el individuo hipermoderno, en lugar de desprenderse, su obsesión es la de prender lo máximo posible. Su objetivo es atrapar todo lo que se manifiesta, asir lo contemporáneo, desde el *trending topic*, o la última metodología pedagógica, pasando por la nueva paleodieta, o por el lugar de moda para ir de vacaciones. *Atrapar* significa coger a quien va deprisa, pero también implica caer en una trampa (*trappe*). En la hipermodernidad, el sujeto que atrapa se convierte en custodio de lo que atrapa, y por lo tanto se autoesclaviza. La consecuencia es la privación de su propia libertad (prender a un sujeto), cayendo en la trampa. En la hipermodernidad, todo va deprisa, y el apetito de contemporaneidad de este individuo le incita a que parte de su existencia se proyecte en ese atrapar.

La elegancia, en su etimología (*eligĕre*), está emparentada con la elección, y el sujeto elegante es aquel que sabe elegir. Cualquier elección implica arrancar del resto, ser selectivo, pero, sobre todo, escoger bien. De ahí que la elegancia requiera tiempo. Precisa analizar las opciones, pero no todas las opciones. La persona elegante ha ido configurando su estética del gusto de tal manera que ha descartado muchas opciones (ofertas) que considera antiestéticas. Este descarte libera tiempo a la hora de analizar las opciones restantes. Es alguien que no toma en consideración toda la oferta existente. En su experiencia, ha ido eliminando aquello que no era digno de su elección y ha logrado construirse un armario de elementos básicos, que sabe combinar adecuadamente, para cada contexto que se le presenta. Por el contrario, el indigente mental carece de tiempo para elegir. Lo que prende, lo que ase, lo que atrapa se convierte en su prisión. Vive cautivo de su propia necesidad de aprehenderlo todo. Vive sin distinción.

## Cosmética y emulación

Una vida sin distinción, desde la perspectiva de la elegancia, es una vida antiestética. Frente a ella, se encuentra la cosmética. En lo ordinario, lo cosmético es aquello que se usa para la higiene o belleza del cuerpo. En su raíz, lo *kosmētikós* es lo referido al adorno. Una vida elegante es una vida adornada. Adorno y orden comparten esencia, aquello que adorna aporta orden, cada cosa se encuentra en su lugar. A esto se le suma una cualidad no siempre reconocida, la atracción. Lo elegante atrae por su belleza. En la *Ilíada*, Hera, la esposa de Zeus, tiene la intención de seducirlo y diseña un plan donde se describen detalladamente los preparativos de la diosa referidos a sus rituales de belleza. Lo primero que Hera hace es darse un baño de ambrosía para despojarse de toda inmundicia. A continuación, se unge con aceite perfumado. Se peina la melena trenzando bucles. Se envuelve en un traje que le había tejido Atenea, diosa de la sabiduría. Se coloca los pendientes, tres colgantes y un velo blanco. Se calza unas hermosas sandalias y, una vez terminado el proceso, sale en busca de Afrodita para pedirle un poco del amor y del deseo con el que ella era capaz de embaucar a mortales e inmortales. Afrodita se desabrocha la correa del pecho, que era el atributo que usaba para seducir, y se la entrega a Hera.[5] Así acaba el proceso de acicalarse (ataviarse, según algunas traducciones), donde Hera se adorna, se ordena (usan la palabra *Kosmos*, orden). Es un orden donde intervienen Atenea y Afrodita, es decir, en lo cosmético hay sabiduría (Atenea) y belleza (Afrodita) combinadas. Y, finalmente, Hera logra su propósito. Al verla, Zeus siente una atracción irrefrenable y terminan copulando.

Sobre la base de lo real, manteniendo la esencia de Hera, lo único que se hace es adornarla, ponerla en orden. Esta fidelidad a la esencia implica respeto a lo real (cosmos-ética). Pero al sujeto hipermoderno no le importa la esencia, se desentiende del *ethos* del asunto. En lugar de ordenar lo real, lo manipula. Sea con bótox, con cirugía estética, con filtros de Instagram o de TikTok, su objetivo no es la cosmética, sino la emulación. Emular implica imitar las acciones del otro tratando de igualarlas o, si es posible, superarlas. La vida bajo la indigencia mental se convierte en emulación. El adjetivo *aemŭlus*, base del verbo *emular*, significa «rival», pero también «envidioso». En los tiempos actuales, la imitación se normaliza, pero en su fase álgida de ansiedad, la envidia hace acto de presencia y su objetivo asciende a la emulación. No quiere limitarse a imitar lo que consume, sino que pretende superarlo. En informática, un emulador es un *software* que funciona como si se estuviese utilizando un terminal, permite usar programas (o videojuegos) en una plataforma distinta a donde fueron diseñados. Es un paso más allá de la simulación. Si bien este individuo pasa gran parte de su tiempo simulando, es decir, reproduciendo el comportamiento del otro, su máxima aspiración pasa por convertirse en un emulador, un sujeto cuyo objetivo no es solo reproducir o imitar comportamientos, sino emular estilos de vida al completo. Su interacción en redes sociales es un proceso mimético que por momentos se sale de esta imitación buscando emular lo que consume. No quiere reducirse a copiar a los *influencers*, sino que además quiere emularlos buscando el mejor camino para viralizarse. Cuando este individuo entra en modo emulador, no se limita a hacer ayuno intermitente, practicar *mountain bike*, correr maratones o subir vídeos de TikTok, sino que quiere mostrar su superioridad y pericia en cada uno de estos sectores. A la vez que se exhibe, quiere presentarse como un *expertise*. Su capacidad de elegir, su elegancia, se debilita desde el momento en el que su afán se reduce a ser mejor que la imitación.

## Tiempo y sencillez

Junto a esta cualidad, hemos dicho que lo elegante reclama sencillez, pero es una sencillez estética. Todos los ejemplos citados anteriormente presentan sencillez. El revés de Federer parecía sencillo, al igual que el control de balón que demostraba Zidane, o las actuaciones de Anthony Hopkins. Desde esta perspectiva, lo sencillo es aquello que parece fácil. Fácil implica que se deja hacer (*facilem*), que es hacedero. La elegancia provoca un efecto de admiración que, unido a su aparente facilidad, posibilita al sujeto que la observa su aprehensión. La clave de la elegancia es su apariencia de naturalidad, de ahí el encanto que desprende. Esta apariencia de naturalidad, de facilidad y de sencillez genera que lo elegante se rodee de un halo de encantamiento, capaz de hechizar a cualquier persona.

Lo elegante prescinde del sentir temporal. Puede permitirse el lujo de ignorar la categoría del tiempo. Su manifestación se separa de la valoración de un periodo, de una época, y se centra en el momento de la contemplación. No busca aspiración de eternidad, no ambiciona proyectarse en el porvenir y tampoco se adhiere a lo efímero. Simplemente se evidencia, sin pretensión de manipular la duración. Por el contrario, el tiempo del individuo hipermoderno se manifiesta en forma de una eclosión que se produce una vez pulsado el *like*, publicado el *post*. Al tener que dispersarse en múltiples focos, carece de control temporal en su vida. Séneca afirmaba que unos tiempos se nos arrebatan, otros se nos sustraen y otros se nos escapan.[6] Este sujeto no se encuentra en ninguna de esas tres vicisitudes. No hay agentes externos que le obliguen a ir en contra de su organización temporal; de hecho, la tendencia es la opuesta. La idea es responsabilizarlo de su propio tiempo, desregulando la estructura temporal clásica. El teletrabajo, la flexibilidad del horario laboral, la conciliación familiar-laboral lo sitúan ante la ingente tarea de dominar su temporalidad.

La consecuencia es tan abrumadora que el resultado es el desparrame de su tiempo. Es un tiempo que se esparce sin orden y en diferentes direcciones, imposibilitando así cualquier tipo de elegancia. El indigente mental es un sujeto que se derrama, esparciéndose sin autocontrol. *Derramar* en su origen implica lo que se separa del *ramus*, de la rama, alejándose de lo que configura su esencia, y perdiendo así las raíces que lo nutren. Al no tener un tronco de referencia, deambula de un lugar a otro sin criterio propio, sin elección personal, sin elegancia.

## Hipercultura-infracultura

Este deambular sin rumbo genera una espiral de hiperacción donde lo ordinario se apodera de su proyecto vital. Lo ordinario es aquello que pertenece al orden, lo que está regulado, lo común. Carece de grado o distinción. En el universo del individuo hipermoderno no existen jerarquías, todo se regula desde la misma intensidad, se salta de una actividad a otra, de una acción a otra, sin pretensión de continuidad. Su desgaste es constante desde el momento en el que carece del hábito de la elegancia, de saber elegir. Pone el mismo ímpetu en hacer la lista de la compra perfecta, estudiando nutrientes, carbohidratos, kilocalorías, grasas saturadas, que en elegir la actividad extraescolar más productiva para sus hijos o en preparar el último TikTok que es tendencia. La consecuencia es la configuración de una cultura decadente que Ortega definía como aquella que era incapaz de aspirar a un porvenir. El resultado de su proyección social no es otro que la evanescencia: «Cultura decadente no quiere decir cultura despreciable, sino solo cultura adjetiva, cultura llamada a morir exenta de inmanente porvenir. Hay ciertos valores en ella a los que no puede aspirar ninguna cultura sana y ascendente».[7]

La cultura del sujeto hipermoderno no busca perpetuarse, quiere imponerse. Es un modo de entender la cultura, a diferencia de la cultura anterior, que no aspira a ser un sustantivo. No quiere autorrealizarse y ser reconocida. Su deseo implica convertirse en verbo, en acción. Las canciones, los libros, las películas, las series de televisión, los vídeos de YouTube, las *stories* de TikTok o de Instagram... quieren eclosionar y cegar al sujeto, pretenden fagocitar al consumidor bajo la experiencia temporal y concreta del consumo instantáneo: haz, publica, experimenta, comparte, consume y ejecuta acciones. Su cultura se constituye en el hacer y consumir exhibiendo. Su pretensión es abarcar lo total durante un breve periodo de tiempo. Una vez transcurrido, ese producto cultural quedará desechado, en pos de uno nuevo cuyo objetivo no varía.

Esta filosofía cultural es tan manifiesta, se evidencia de manera tan burda que carece de elegancia. La exhibición que acompaña a sus expresiones culturales (publicaciones en redes sociales) se convierte en un elemento imprescindible cuyo objetivo es verificar la hipercultura. Lo que no se exhibe entra en el plano de la infracultura. La hipercultura busca el consumo masificado efímero, un objetivo que precisa de la exhibición mediática. Cualquier elemento es legítimo de viralizarse, desde un vídeo de 45 minutos donde aparece alguien comiendo, sin más, pasando por un gato cazando mariposas, la reacción personal ante el anuncio de un diagnóstico de cáncer, la muerte de una madre, o una pedida de matrimonio en un restaurante... Este individuo no evalúa la conveniencia de lo publicable, no enjuicia si los contenidos son apropiados o no más allá de su potencialidad de viralización.

## Íntimo e indiscreto

Su falta de elegancia se manifiesta en la indiscreción. La elegancia es discreta. La discreción es la sensatez para formar juicio y tacto para hablar u obrar. El sujeto elegante habla y actúa con tacto, pero sobre todo muestra cordura en su argumentario.

Para el individuo hipermoderno lo privado no tiene interés porque no aspira a lo global. Por el contrario, lo íntimo se revaloriza desde el momento en el que se convierte en un valioso contenido que exhibir. La exhibición implica situar en el exterior lo que uno tiene desprendiéndose de ello. Lo importante no es la posesión. No es solo un consumidor de una cultura de masas, más bien sus propósitos pasan por masificar la expresión cultural efímera. No aspira a que exista un conocimiento por parte del otro sobre aquello que elabora, sino que se conforma con la verificación de su obra en forma de visualizaciones. La búsqueda del impacto bajo la figura de la tendencia necesita amplificar lo máximo posible la expresión. La hipercultura quiere consumir/producir algo que eclosione y termine (la última canción de Rosalía, el último premio Planeta, la última serie de Netflix...).

Cuando se convierte en actor cultural, su intención no varía. Ansía que sus productos (fotografías, *stories*, canciones, vídeos) se consuman en masa y en un breve periodo de tiempo (tendencia), sin dejar lugar al reposo. Esta llamada de atención incesante carece de la sutilidad de la elegancia. La elegancia, al abstraerse de la categoría temporal, no eclosiona, no es efímera. Es percibida por el otro como un continuo, no se desvanece.

## Ansiedad

La elegancia no precisa reconocimiento, al contrario que la hipercultura, que necesita testimoniar todo lo que hace. El sujeto contemporáneo adolece de una autonomía evaluadora afianzada. Su puesta en valor es heterónoma, proviene siempre del exterior. Es incapaz de valorar por sí mismo debido a su cobardía. Para evaluar se requiere valentía, valor, especialmente si se emite un juicio negativo. La consecuencia es que desaparece el botón del *dislike*, se omite el botón del «no me gusta», se permite el anonimato del *hater* para dejar una vía de escape a esa cobardía.

A cambio, su ejercicio se fundamenta en el anuncio. Anunciar conlleva dar una noticia, presentar lo nuevo (última publicación en redes sociales). Es un proceso que implica la presencia de testigos capaces de manifestarse. La peor reprobación que el anunciante pueda tener es el silencio del testigo, la inexistencia de testimonios. La indiferencia transforma a este sujeto en masa. La masa hipermoderna está compuesta por el conjunto de anunciantes cuya manifestación no logra la diferencia. Esta falta de diferenciación genera ignorancia. La masa es lo que se ignora. Para Ortega y Gasset, «masa es todo aquel que no se valora a sí mismo —en bien o en mal— por razones especiales, sino que se siente "como todo el mundo" y, sin embargo, no se angustia».[8] Aquella sensación de angustia era lo que te diferenciaba a la hora de categorizarte como masa. El desasosiego de no querer sentirse como el resto se percibía como un estímulo que conducía al sujeto hacia la singularidad.

Sin embargo, en la hipermodernidad, la angustia es una manifestación de ansiedad, y esta, la ansiedad, es uno de los síntomas distintivos de este sujeto hipermoderno. La ansiedad o el desasosiego ya no se perciben como estímulos. En la raíz de la angustia se encuentra «lo angosto», lo estrecho. El sujeto actual concibe la cultura hipermoderna desde la estrechez y solidez de unos códigos narrativos inflexibles. Sus anuncios deben cumplir los cánones establecidos para evitar la cultura de la cancelación. Fuera de estos códigos, apenas posee elementos donde elegir, lo que limita la posibilidad de elegancia.

Por el contrario, la primera parte de la definición de Ortega y Gasset, «aquel que no se valora a sí mismo», sigue vigente. Su cobardía le impide ponerse en valor. Todos los anuncios públicos del yo, su exhibicionismo, buscan la aprobación del testigo. Su aparente egolatría es una muestra de angustia que precisa de la validación del otro. Ahora la angustia pasa por no ser reconocido.

A esto se le suma que la validación no se percibe desde una perspectiva notarial. El individuo ha perdido la posibilidad de ser notario de su realidad. El notario es la persona que deja testimonio de los acontecimientos de los que es testigo. Pero en los anuncios no hay acontecimientos, hay simulaciones.

Lo que importa no es lo que acontece, sino los datos que generan los anuncios. La relevancia se posiciona del lado del fedatario, el que cree en la fidelidad (*fides*) de los datos (*data*). Internet es la nueva fedataria de la cultura hipermoderna. No precisa del acontecer, solo del anunciar.

Los anuncios (*nuntia*) son mensajes que se convierten en la fuente de nutrición, a modo de *big data*, que alimenta a los fedatarios actuales (Apple, Facebook, Amazon, BlaBlaCar, Netflix...).

Los datos no son elegantes, especialmente cuando se convierten en cifras. Al parecer, la palabra *cifra* proviene del árabe hispánico *sifr*, que significaba inicialmente «vacío». El metadato interpreta las interacciones del sujeto con la pantalla, pero no con la realidad. Son interacciones singulares y aisladas que terminan derivando en estadísticas, en cifras que se presentan en el vacío, fuera del plano de lo real, en un espacio aséptico e independiente del modelo vivencial. Serán los datos los que orienten gran parte de la vida de estos sujetos, que entienden que la misión del dato no es otra que la de dar (*dare*) orientación.

## Lo verosímil

El peso de esta orientación suele recaer en la omnipantalla, un instrumento que media con el sujeto haciendo uso de lo digital. No es casualidad que *digital*, *dígitos* y *dedos* tengan la misma raíz. Para escritores como Balzac, el uso de los diez dedos implicaba que la vida pivotaba sobre el eje del trabajo, una vida ocupada y carente de elegancia. Esta vida ocupada trabajando provoca a lo sumo compasión en la mirada del otro: «El tema de la vida ocupada no tiene variantes. Al hacer uso de sus diez dedos, el hombre abdica de todo destino; se vuelve un medio y, pese a toda nuestra filantropía, solo los resultados obtienen nuestra admiración. Por todas partes, el hombre anda extasiándose ante unos montones de piedras y, si se acuerda de los que las han apilado, es para agobiarlos con su compasión».[9]

El acto de tocar la pantalla concede verosimilitud, tanto a lo digital como a los dígitos. En la indigencia mental el criterio suficiente es la verosimilitud, no la verdad. Y los datos son los que ofrecen mejor apariencia de verdad. Aportan seguridad en la orientación, se cierran a interpretaciones y presentan un universo claro y conciso. Los datos se convierten en productos y los productos se reducen a datos. Se potencia el mensaje de que toda conducta es susceptible de reducirse a datos y, por lo tanto, convertirse en un producto. Esta filosofía del dato conlleva un proceso de deshumanización transcendental que parte del *big data* y continúa en el algoritmo, y la operativa de este dirige el quehacer del sujeto hipermoderno. Es decir, de la interacción de un sujeto en el plano digital se recopila una información que, a través de un algoritmo, invade el plano de lo real y lo condiciona. No es de extrañar que lo importante pase por la producción y el procesamiento de estos datos digitales, desde el momento en el que son los encargados de configurar el peso de la realidad. El *big data* no se limita a convertirse en un exponente liberal que genera grandes beneficios económicos, sino que, poco a poco, se configura como el hacedor de la construcción social.

Desde esta perspectiva, el liberalismo cala profundamente en estas personas porque se mueve más allá del plano económico, alcanzando una esfera normativa. Como apuntará Wendy Brown,[10] en el neoliberalismo toda conducta es una conducta económica ya que solo poseemos una dimensión: la económica. Esto posibilita que cualquier faceta que afecta a lo humano acabe impregnándose de lo económico, ya se hable de salud, de educación o de política. Se transforman todos los dominios humanos en productos. Lo que dejamos pasar por alto es que la esfera política, consustancial a un sujeto que necesita del otro para sobrevivir, es natural; pero la esfera económica precisa de una intervención ex profeso.

Para la profesora Brown, el hombre económico neoliberal no nace, sino que se hace. La consecuencia de esta reducción a la esfera de la economía supone aceptar que el desarrollo de este sujeto está a expensas de un contexto muy volátil, donde existe la posibilidad de crisis económicas, de burbujas que estallan sin avisar y de riesgos persistentes.

Esta constante inestabilidad imposibilita la adquisición de elegancia. Las fluctuaciones del mercado se proyectan en la vida de este sujeto, de manera que su modo de estar en el mundo se rige por una tensión constante, temeroso de que, en un momento dado, la fragilidad de lo construido se desmorone. Experimenta la vida bajo un estado de alerta. Estar alerta implica estar erguido y activo, lo que imposibilita cualquier opción de reposo y cercena cualquier vía de placer. El placer no entra en el ámbito de la productividad, se configura desde la pasividad y pivota sobre un deleite reservado al recinto de lo subjetivo y, por lo tanto, no transferible ni exportable. Pero el sujeto hipermoderno se ha entregado a un ocio productivo, donde la búsqueda de rendimiento en el tiempo libre se convierte en el anatema de su identidad.

## La gentileza de la elegancia

El sujeto elegante, al igual que el pensamiento elegante, es gentil, transmite cercanía y reconoce al otro desde la diferencia. Esta gentileza provoca que lo elegante sea percibido como cercano, familiar. En su elegancia no enjuicia al otro, sino que abraza la libertad desde el momento en el que evita toda pretensión de imponerse. Por el contrario, el individuo hipermoderno, sabedor de su incapacidad para adquirir y producir elegancia, desvía sus esfuerzos a viralizarse como mecanismo de expresión. Trata de convencerse e imponer el valor de lo viral, esforzándose por situarlo en los primeros peldaños de su jerarquía vital y procurando así compensar cuantitativamente (mayor número de visualizaciones, de *likes*, de seguidores...) lo que sabe que no logrará adquirir cualitativamente (la elegancia). Su acción pasa por tratar de inocular su virus a la aldea digital, supliendo su tosquedad con popularidad. Es un fenómeno que Ortega señaló: «En la misma sociedad aristocrática acontece lo propio. No son las damas mejor dotadas de espiritualidad y elegancia quienes imponen sus gustos y maneras, sino, al revés, las damas más aburguesadas, toscas e inelegantes quienes aplastan con su necedad a aquellas criaturas excepcionales».[11]

Esta gentileza de la elegancia ofrece la posibilidad de acceder a un nivel más profundo de la cultura desde el momento en el que certifica valía en la obra del otro. Al sujeto elegante no le duelen prendas en reconocer los méritos ajenos y apreciarlos. Es una estima honesta, que puede alcanzar el grado de admiración y que facilita el estímulo del esfuerzo (intelectual) para tratar de comprender la producción ajena. En su elegancia, en su saber elegir, es capaz de poner en valor la superioridad intelectual del otro, y ese reconocimiento le dota del ánimo necesario para realizar el esfuerzo de profundizar: «Solo cuando el lector vulgar tiene fe en el escritor, y le reconoce una gran superioridad sobre sí mismo, pondrá el esfuerzo necesario para elevarse a su comprensión»[12] (Ortega y Gasset).

El individuo elegante muestra disposición a la escucha y no racanea a la hora de hacer el esfuerzo de acomodarse al nivel del interlocutor. Una de las virtudes de esta elegancia comporta saber estar, lo que conlleva ser capaz de inclinarse para acercar la oreja (*auscultare*) ante un discurso plano, o de prestar toda su atención, tratando de elevar su comprensión, ante una disertación elevada. El resultado de este saber estar implica no incomodar al otro durante su alocución, independientemente de quién sea este.

El ordinario sujeto hipermoderno no demanda esfuerzos intelectuales, en su lugar solicita atención. Al mismo tiempo, evita realizarlos, y se decanta por la distracción. El desgaste de su energía se produce como consecuencia de malas elecciones. Balzac pensaba que «todo lo que revela ahorro es poco elegante», y esta afirmación bien puede extenderse al plano intelectual. La atención es un mecanismo directo e inmediato que atañe a todos los sujetos por igual, la única dificultad que este individuo encuentra es la competencia. La sobreabundancia de demanda de atención, donde todos publican, comentan, valoran..., debilita la posibilidad de centrarla y sostenerla durante largos periodos, al tiempo que dificulta cualquier tarea exigente de análisis, cualquier ejercicio intelectual.

Este personaje, conocedor de su tosquedad, rehúye de la profundidad del estudio, elude el pensamiento crítico, y suple todo ello con mecanismos ligeros de reflexión. El eslogan, el tuit y las *stories* se convierten en referentes con los que configurar su *modus operandi*. A pesar de todo, no es una persona resentida, como podría apuntar Nietzsche, en lo que respecta a la elegancia. No hará nada por desprestigiarla o menospreciarla, si bien tampoco la ensalzará porque hacerlo supondría una desvalorización de sí mismo. La elegancia es una cualidad tan elevada que no genera envidias destructivas. Lo elegante se admira, lo viral se consume.

Esta propensión a emular en busca de la viralidad viene como consecuencia, en parte, de la falta de referentes elegantes. Uno de los contrapesos más importantes de la elegancia es su resistencia para viralizarse. Sus códigos internos, bañados de una atemporalidad que siempre se percibe como contemporánea, evitan fluctuaciones en torno a su popularidad. Lo elegante no varía de estatus en lo referente a la atención mediática, no se pone de moda, no se convierte en tendencia. Esto implica que apenas se sitúa en el punto de mira del hombre actual. Decía Schopenhauer que para los jóvenes de las clases no instruidas el periódico era una autoridad porque estaba impreso.[13] Afirmaba que más de las nueve décimas partes de los lectores no leían más que periódicos, de modo que era probable que configurasen su ortografía, su gramática y su estilo en función de ellos. La prensa se convertía en un argumento de autoridad que hacía las veces de instructor. Su importancia era de tal calado que el pensador alemán llegó a exigir al gobierno que cuidara de que los periódicos estuviesen libres de faltas, al menos desde el punto de vista lingüístico. Si a esto le añadimos que sería bueno que también vigilasen la expresión, tratando de mostrar un estilo elegante, el resultado podría suponer un ejercicio de pedagogía del buen gusto. Pero el individuo hipermoderno ha perdido toda referencia en lo que respecta al buen gusto de la elegancia. Se suple el lector de prensa por el microlector de pantalla, una pantalla donde tanto las temáticas como el estilo se subordinan al potencial de viralización. La elegancia, sin embargo, no se somete a nada, sino que se muestra. En la omnipantalla lo esencial es lo viral, todo lo demás se subyuga a sus códigos, sean los que sean. De ahí que el sujeto hipermoderno carezca de referentes de elegancia que envuelvan su cotidianeidad.

## Secreto y erótica

La elegancia se puede entender como una sugerencia sobre la expresión de un modo de vivir. La sugerencia implica que por debajo de lo que se presenta hay una esencia que se insinúa en el gesto. Ante la naturalidad de lo elegante se intuye una gestación que ha llevado su tiempo. Cicerón hablaba de elegancia referida a una figura apuesta, y determinaba la necesidad de dos cosas que la configuraban: el ejercicio físico y la moderación: «La figura apuesta se sustenta con el aspecto saludable, y el aspecto, a su vez, con el ejercicio corporal. Además, hay que conseguir un toque de elegancia, ni impertinente ni rebuscada: basta con evitar el desaliño grosero y descortés. El mismo criterio hay que seguir con el vestido: en esto, como en casi todo lo demás, lo mejor es el término medio».[14]

Lo elegante esconde un esfuerzo de fondo que no se aprecia a simple vista. Implementa un secreto. Esto se evidencia en la dificultad de mímesis que conlleva. El intento de imitar la elegancia no implica ser elegante. A pesar de la claridad de su expresión, de lo cristalino de su porte, la elegancia conlleva un ocultamiento, un secreto. Lo secreto es aquello que se pone aparte, lo que no se puede discernir, lo que evita el análisis. El esfuerzo que se tiene que realizar para desvelar un secreto que no siempre se revela en su plenitud desanima a llevar una vida elegante. Situar algo aparte implica ponerlo en valor, retirarlo de la mirada del otro, ocultarlo, atesorarlo. Pero en pos de la viralización, el sujeto actual no configura espacios estancos de privacidad. Cuando este sujeto cree que algo tiene valor, entendido desde la perspectiva de viralización, lo primero que hará es anunciarlo. No guarda secretos, a excepción de aquellos que puedan perjudicar su potencial de viralización. Lo que queda fuera de su análisis, lo que sitúa aparte, no es aquello que dote de valor, sino todo lo contrario. Lo que abandona es lo irrelevante, lo que no tiene capacidad de anunciarse.

El secreto de la elegancia dota a esta de un misterio que, por momentos, la erotiza. La elegancia y la erótica comparten el elemento del secreto. En ningún caso desvelan la totalidad de su ser, pero su potencia intrínseca es más que suficiente para brillar de modo autónomo. Este sutil espacio de ocultamiento que ambos guardan no es del agrado del hombre actualizado, que en su cotidianeidad se inclina por lo que no implica esfuerzo, aquello que es más sencillo de emular, lo que no se oculta, lo pornográfico. Lo pornográfico es la «presentación abierta y cruda del sexo que busca producir excitación». Las *pornai* eran las prostitutas de a pie de la antigua Grecia, las que hacían la calle, las que se evidenciaban en los burdeles, aquellas que no se ocultaban, y cuya labor era la de atraer a clientes de la manera más directa y rápida posible. En el otro extremo estaban las *heteras* (*hetaira*), las señoritas de compañía de alta alcurnia que habían tenido un cuidado proceso de formación, que poseían cultura, y que eran muy respetadas en los círculos relevantes de poder. Esto ponía de manifiesto dos vías hacia la búsqueda de la excitación: la pornográfica de las prostitutas, o la erótica de las señoritas de compañía, cuyo éxito pasaba por eliminar cualquier evidencia de prostitución. En las primeras, la necesidad de activar los mecanismos de atracción era inmediata, acudían a lo primario. En las otras se precisaba de códigos interpretativos que, superando la excitación, se centraran en la estimulación. Los códigos identitarios del sujeto hipermoderno abogan por mecanismos de excitación frente a la estimulación. Su tendencia a lo viral precisa de elementos primarios que provoquen una reacción inmediata.

## Expresión elegante

La elegancia sabe expresarse. Afirmaba Balzac que, para llevar una vida elegante, era preciso llegar al menos a la retórica.[15] La palabra *expresión* implica lo que se saca afuera, comparte raíz con exprimir. Es aquello que desde el interior se vuelca hacia el exterior, aquello que se exterioriza, lo que conlleva entender la elegancia como una cualidad capaz de evidenciarse. No es un mero ornamento que se pueda fabricar, sino que se tiene que interiorizar para presentarla como una continuación de lo que hay.

Si hacemos referencia al lenguaje, la elegancia en el hablar era una de las cualidades más importantes para un ciudadano ateniense que se viera obligado a intervenir en público. Esto implicó que, en la Antigüedad clásica, se pusiera especial énfasis en cuidar el modo en el que el sujeto se comunicaba con los demás, especialmente si tenía alguna aspiración política. La historia de los primeros sofistas así nos lo pone de relevancia. Eran sabios, *sophós*, que iban de una ciudad Estado a otra, impartiendo cursos de retórica y oratoria, para que los jóvenes pudieran alcanzar el buen hacer, tanto en el ágora como en los tribunales, y adquiriesen elegancia a la hora de expresarse. Aprender a razonar correctamente y a expresarse debidamente se convertía en un ejercicio que, con esfuerzo, se lograba. Instruirse en retórica era adentrarse en lo que Platón denominó la artesanía o el artificio de la persuasión.[16] Como muestra basta contar la historia de Protágoras y Evatlo que nos narra Aulo Gelio en sus *Noches áticas*.[17] Según nos narra el escritor romano, el joven y rico Evatlo ansiaba hablar con elocuencia y ganar pleitos, de modo que se puso en manos del maestro de los sofistas, Protágoras, prometiendo pagarle una gran suma de dinero cuando ganase su primer pleito. La mitad de la suma se pagó por adelantado, antes de comenzar las clases, y la otra mitad se acordó para cuando lograse alcanzar el objetivo pactado: ganar el primer pleito. El problema fue que Evatlo, aun progresando en su formación, no se aventuraba a tener pleitos, de modo que no se veía en la obligación de pagar a Protágoras según lo pactado. Protágoras lo llevó a juicio argumentando que, si él ganaba, Evatlo tendría que pagarle por sentencia judicial, y que, si perdía, Evatlo tendría que pagarle igualmente debido al pacto que había entre ambos. Al escuchar esto, Evatlo argumentó delante de los jueces que, en el caso de ganar él, no tendría nada que pagar a Protágoras ya que así lo había declarado la justicia, y, en el caso de perder, tampoco le pagaría a Protágoras debido al convenio que tenían entre ambos. El resultado es que los jueces declararon nulo el juicio y no pronunciaron sentencia, dejaron la cuestión sin juzgar y pospusieron el juicio para fechas muy lejanas. El éxito de los ejercicios de retórica y oratoria se pone de manifiesto en este ejemplo. Hablar y razonar correctamente, para los sofistas, era un tema de pedagogía.

Si analizamos el modo de expresarse, el sujeto elegante se presenta como un maestro de la oratoria. Conoce y articula con precisión los mecanismos del discurso sin mostrar pedantería alguna, adaptándose con naturalidad a los contextos.

En palabras de Aristóteles[18] diríamos que es un virtuoso del lenguaje. Es una clase de virtud que, según el filósofo griego, se compone de los siguientes elementos: el primero es la claridad, que implica elegir las fórmulas más adecuadas para que el discurso deje claro lo que se quiere decir; el segundo es evitar lo estéril, es decir, rehuir del hablar por hablar; el tercero es la corrección lingüística, lo que conlleva usar convenientemente el lenguaje; el cuarto es el ajuste entre lo que se dice y cómo se dice, lo que supone cuidar la forma, la entonación, la gesticulación, y el último no podría ser otro que la elegancia. Esta elegancia, referida al habla fina versus habla vulgar, no solo describe al continente (el cómo se dice), sino también al contenido (qué se dice). Ello implica elegir con buen gusto el léxico, las palabras, a la vez que poseer ingenio y agudeza en lo que se dice. Cuando esto sucede, Aristóteles concluye que son elegantes aquellas expresiones que, aunando todos estos elementos, nos proporcionan una rápida enseñanza.

Siglos después se produjo una distinción sobre la base de esta elegancia. Quintiliano[19] señaló que existe un tipo de elegancia referida a la virtud del estilo, que es un modelo de elegancia que se puede aprender, que se puede cultivar y que, por lo tanto, se puede enseñar, frente a la elegancia del ingenio, que es más complicada de extrapolar y cuya misión pasa por capar psicológicamente a la audiencia.

La base de la oratoria hipermoderna no es la captación psicológica del auditorio, sino el aherrojo de su atención. La expresión (oral y escrita) se ha ido mermando a pasos agigantados, su léxico se ha reducido, sus adjetivos se han empobrecido, su ortografía se ha relajado, asistida por correctores basados en inteligencia artificial. Progresivamente, incluso los representantes públicos, los políticos, defienden el discurso vulgar bajo el argumento de naturalidad y cercanía. En la cámara del Congreso se pronuncian vocablos altisonantes, se emponzoña el discurso con alguna que otra palabra soez. Los políticos han abandonado el cuidado de la ejemplaridad en el discurso, el respeto a la elegancia de la oratoria, para adentrarse en la guerra mediática de capturar la atención a cualquier precio.

Hay quien destaca que estamos sufriendo una crisis del lenguaje público: «Para algunos el cinismo, la progresiva pérdida de sustancia, la vulgarización de las expresiones son, en esencia, decepciones culturales, pruebas de un embrutecimiento y una falta de seriedad mayores. A mi entender, el riesgo crucial no reside en el ámbito de la cultura, sino en el de la política, y, en concreto, en el de la democracia»[20] (Thompson).

Si bien el español aumenta en número de hablantes, somos testigos de un empobrecimiento que merma la capacidad de expandir su elegancia. Víctor García de la Concha, exdirector de la Real Academia Española y del Instituto Cervantes, así lo ponía de relevancia en el año 2016, al comentar el anuario «El español en el mundo»: «No hay duda, el español goza de buena salud, pero estamos ante un uso empobrecido. Ya no es que se utilice un discurso poco correcto, sino empobrecido en todos los órdenes».[21]

En lo referente al modo de expresarse, la elegancia brilla por su ausencia, especialmente si usamos como referencia la configuración de un sujeto elegante según Balzac: «Es una persona cuya armoniosa voz imprime en el discurso un encanto igualmente extendido en sus maneras. Tanto sabe hablar como callar, se ocupa de uno con delicadeza, solo toca temas de conversación convenientes; elige las palabras con tino; tiene un lenguaje puro, una sorna que acaricia y una crítica que no hiere. Lejos de contradecir, con la ignorante seguridad de los tontos, parece buscar, en compañía de uno, el buen juicio y la verdad. No diserta como tampoco disputa; se place en conducir una discusión que zanja en el momento adecuado».[22] Balzac cree que el principio constitutivo de la elegancia es la unidad, y en la expresión elegante que aquí apunta se percibe que la suma de las partes configura una unidad perfecta. Desde el tono de la voz, que impregna de encanto el discurso, pasando por el control temporal del habla, sabiendo conversar cuando toca y callar cuando corresponde, continuando por la elección de los temas, la selección de palabras, y aspirando siempre a conducir un diálogo en lugar de disertar o disputar. Son cuestiones muy alejadas de un sujeto hipermoderno que busca impactar a toda costa, que opina sin recato y sin ambages sobre cualquier tendencia, que abraza la crítica, la confrontación y, por momentos, se convierte en el más fiero adalid de su opinión, condenando al bloqueo o a la cancelación a todo aquel que se atreva a contradecirle. Carece de modestia, muestra fanatismo en aquello que expresa y elimina cualquier atisbo de duda.

## Aseo y cortesía

La elegancia implica cortesía y urbanidad, y elimina cualquier rastro de indiferencia. La cortesía es una manifestación de la atención, el respeto o el afecto que se evidencia hacia otra persona. Provoca un ambiente de comodidad y relajación con los interlocutores. El sujeto cortés se muestra afable sin llegar a exhibir lisonjería o adulación. El individuo afable es aquel al que se le puede dirigir la palabra, alguien que desprende la confianza suficiente para poder acercarte a él sin temor alguno. Es uno de los elementos que más lo alejan del individuo contemporáneo. Ante la presencia de este, uno siente que tiene que cuidar mucho tanto lo que dice como lo que hace, pues desconfía de sus posibles reacciones. Carece de cortesía, y su afabilidad solo se manifiesta bajo el interés de la adulación. Se mostrará amable siempre que el otro se presente con una carta de admiración, agasajo o aprobación bajo el brazo.

Si Balzac pensaba que en una vida elegante no existía la superioridad, teniendo el telón de fondo de la cortesía, el sujeto hipermoderno no cesa de patentar una visión de la vida maniquea, donde solo existen dos polos: o estás conmigo o contra mí, u opinas como yo o te equivocas. Presume de no ser descortés, salvo cuando te cancela, dejando cualquier posibilidad de diálogo exterminada. La elegancia, por el contrario, implica saber leer e interpretar adecuadamente los contextos en los que uno se desenvuelve, con el fin de armonizar el ambiente, y, llegado el momento, el individuo elegante trata de no clausurar tajantemente algo, dejando abierta la posibilidad de rectificación, propia o ajena.

A esto se le suma que el sujeto elegante es un sujeto aseado. Asear es adornar, componer con curiosidad y limpieza. Toda elegancia requiere curiosidad. Uno de los elementos léxicos de la curiosidad es la cura, que significa «cuidado». El sujeto elegante es un sujeto cuidadoso porque es curioso, porque le gusta atender a los detalles. La curiosidad es el deseo de saber, y la persona elegante posee una curiosidad aseada, pulida. A diferencia del indigente mental, la elegancia no engulle titulares, *hashtags*, tendencias uno tras otro, hambrienta de actualidad.

El individuo contemporáneo no quiere conocer, quiere actualizarse. Pero el deseo de saber de la elegancia pivota sobre la realidad, no sobre la actualidad. La persona elegante se ha encargado de higienizar su curiosidad, y es capaz de elevar el foco de una conversación desde lo anecdótico hacia lo categórico, le lleve el tiempo que le lleve. La categoría se asienta en la realidad, mientras que lo anecdótico se sitúa en la actualidad.

En la raíz de la palabra *asear* se encuentra *sedare*, 'la calma.' El aseo de la elegancia requiere calma, precisa de tiempo para revisar cada rincón, cada espacio, cada pieza, cada prenda, cada idea, cada postura, cada opinión... No todo el mundo está dispuesto a tomarse el tiempo necesario y experimentar con placidez el sosiego. En el sujeto hipermoderno se advierte una constante turbación que se manifiesta en forma de desasosiego, una zozobra que solo se apacigua bajo la distracción de la hiperactividad. Esta agitación impide ejecutar con la debida delicadeza cualquier ejercicio de aseo, de ahí que este individuo, en la mayoría de las ocasiones, opte por el resolutivo y temporal uso del maquillaje.

El aseo de la imagen de la persona elegante transmite que todo está en orden, que cada cosa ocupa su lugar dentro del conjunto. No posee manchas y, sobre todo, se cuida mucho de mancharse. La mancha, por pequeña que sea, desconfigura la totalidad de lo elegante. El sujeto elegante sabe que la potencia de la mancha es de tal calibre que, por minúscula que sea, eclipsa la integridad de la figura. Procura ser y presentarse inmaculado desde todos los planos posibles.

## Indeterminado

La grandeza de la elegancia se manifiesta en el inmediato reconocimiento de su identidad. Quizá por eso, el intento de definirla, para pensadores como Ortega y Gasset, le resta elegancia, puesto que la descripción mancilla la imagen: «Reconozco que una definición es siempre una pedantería, pero es menester, una vez agotadas por nuestra raza todas las demás petulancias, ensayar esta nueva de las definiciones. Perderemos con ella la elegancia nativa».[23] Llegado el momento, Ortega confiesa la imposibilidad de definirla: «Eso que la elegancia es en sí misma, a diferencia de la justicia, de la belleza, de la utilidad, de la destreza, etcétera, no puede ser definido, como no puede ser definido el color rojo ni tal sonido. Nuestra noticia de ello solo puede consistir en una directa, inmediata percepción».[24]

No sucede así con Balzac, quien, en su *Tratado de la vida elegante*, nos ofrece una panoplia de definiciones que nos sirven para apuntalar la dificultad de esta empresa. Escribe:

La vida elegante es la perfección de la vida exterior y material...

O bien:

El arte de gastar las rentas como hombre inteligente...

O también:

La ciencia que nos enseña a no hacer nada como los demás, dando la impresión de que hacemos todo como ellos...

Pero quizá mejor:

El desarrollo de la gracia y el gusto en todo lo que nos es propio y nos rodea.[25]

# UN PENSAMIENTO DE CATEGORÍA

3

# EPIGENÉTICA DE LAS CATEGORÍAS

## Introducción

Haciendo uso de una metáfora biológica, podemos afirmar que la epigenética es un proceso que lleva ocurriendo con las categorías y nociones más relevantes desde el inicio de la humanidad. Cuando hablamos de categorías nos referimos a esos conceptos que han formado parte de nuestra historia y que han posibilitado el rastreo en torno a ciertas condiciones que han conformado nuestra realidad. El tiempo, el espacio, la posición... han ido modificando su manera de manifestarse, condicionados por los contextos en los que se desarrollaban.

La palabra *categoría* deriva del griego clásico *katēgoría*, que guarda relación con hablar en público emitiendo un juicio (generalmente contra alguien), lo que viene a ser atribuir algo a alguien. Es decir, la categoría servía para compendiar la identidad de un sujeto por medio de una imputación que se le hacía (es un cobarde, mentiroso, noble, etc.). En su desarrollo posterior, las categorías se entienden como las divisiones que nos sirven para encasillar. A fin de cuentas, necesitamos catalogar, ya sean cosas, ideas, personas..., para sentirnos tranquilos y confiados en la configuración de nuestra cosmovisión. Como muestra podemos hablar de la categoría del lujo, una categoría que ha existido desde el inicio de la humanidad y cuya conceptualización se ha mantenido más o menos estable hasta el momento en el que la globalización hace acto de presencia y la amplitud categórica que suponía la idea de lujo para cada comunidad, de repente, a ojos del sujeto actual, se estrecha bajo un mismo concepto de lujo hipermoderno, que elimina las singularidades de cada sociedad para provocar un deseo aspiracional hacia un concepto de lujo uniformado y universal. Se pasa de una categoría, el lujo, que era lo suficientemente amplia para acoger diversas conceptualizaciones marcadas con contextos locales, a una categoría homogénea y estrecha que elimina la pluralidad en pos de una definición global del lujo.

La historia está plagada de ejemplos en los que se pueden encontrar diferentes conceptos del lujo determinados por localismos. El ejemplo lo tenemos en Plutarco, cuando habla de la biografía de Pelípidas. Según cuenta, había un gran contraste con respecto al lujo entre sibaritas y espartanos. A los sibaritas no les resultaba extraño que los espartanos, que rechazaban el concepto de lujo y pomposidad de los sibaritas, buscaran la muerte en la batalla para huir de la penosa vida que llevaban. Este calificativo, *penosa*, está estrechamente relacionado con la refinada y *delicada* vida lujosa que llevaban los sibaritas.[1] No en vano, los ciudadanos de Síbaris habían ubicado extramuros de su polis a aquellos profesionales y animales, como los herreros o los gallos, que con su ruido podían interrumpir el plácido descanso de los ciudadanos. Era tal el refinamiento que se decía que sus caballos bailaban cuando escuchaban música. Teóricos como Lipovetsky[2] hacen una distinción muy precisa entre el lujo entendido como una tradición y el gran lujo, que se percibe como una moda. El primero se somete a los contextos y circunstancias particulares de cada sociedad, es rico, variado y singular.

El segundo, el gran lujo, se expande con la globalización y se convierte en el deseo universal, foco aspiracional del sujeto hipermoderno. Hemos pasado de una categoría del lujo abierta y heterogénea a una categoría estrecha y homogénea.

Las categorías nos sirven para clasificar diversas entidades que comparten similitudes. Siempre están vigentes, si bien, debido al efecto epigenético que la globalización ha potenciado, el modo en el que se entienden y se transmiten ha cambiado, se ha modificado. Intentaremos examinar cómo se ha alterado la *expresión* de estas categorías, y cómo los cambios más significativos en lo referente a esta herencia han perdido vigencia por la nueva potencialidad del ambiente actual.

La hipermodernidad ha llegado acompañada de una globalización instantánea, de la omnipantalla y de la interconectividad de millones de cerebros, tres fenómenos que están provocando tal influencia en las categorías que la genética conceptual heredada del periodo preglobalizador apenas tiene peso específico. El ambiente de la hipermodernidad se encuentra en disposición de ejercer tal presión sobre la *genética del concepto* que estamos asistiendo a un constante cambio y redefinición del mismo. Y si acudimos a casos más extremos, la categoría no es una herencia conceptual que se transmite de padres a hijos, sino más bien al contrario: son los hijos los que se ven en la obligación de transmitir a los padres sus concepciones categóricas, tales como su concepto de éxito, de felicidad, de buena vida...

## Recategorizar

Uno de los elementos que más ha contribuido a la expansión de este individuo ha sido esta alteración que algunas categorías y conceptos han experimentado en la transición del periodo preglobalizador al globalizador, lo cual ha provocado una recategorización. Lo que antes suponía un compartimento relativamente estable, donde tenían cabida los conceptos con sus diferentes términos, de repente ha sufrido tal deformación de sus límites que se ha visto desbordado y en algunos casos difuminado. Conceptos como el éxito, que estaban referidos a los análisis comparativos que se hacían siempre en relación con lo próximo, con lo familiar (se configuraba la idea de éxito dentro de las circunstancias y los contextos de cada uno), rompen esas fronteras de lo cercano hacia un concepto globalizado y mediatizado de éxito que no entiende de limitaciones geográficas, económicas o sociales.

Si antes, para todo el barrio, el vecino del quinto, que tenía un pequeño despacho de abogados y se había comprado un Mercedes, era sinónimo de éxito, ahora se contempla como un chupatintas que ha sido incapaz de dar el salto a un gran bufete internacional. En muy poco tiempo, la referencia de éxito local, basada en la comparación ante lo próximo, ha perdido legitimidad y se ha desdibujado. La categoría de éxito ha debilitado la nitidez de los límites que se configuraban bajo el manto de la realidad experiencial, para situarlos en la esfera del ideal globalizado.

En la historia de la filosofía, las categorías han tenido un peso específico a la hora de comprender cómo se estructura el mundo y cómo se organiza el sujeto. No podemos olvidar que el primer filósofo que usó la palabra *categoría* con un sentido más específico y filosófico fue Aristóteles. Bajo esta nomenclatura podríamos entenderla como una atribución, denominación o, lo que solemos concebir de manera más común, un predicamento. No vamos a entrar a discutir la problemática que supone definir qué son las categorías en relación con su entidad filológica y filosófica; es un tema complejo donde, dependiendo de la línea argumentativa de cada pensador, se les otorga diversos estatus. Para conocer la imbricación y complejidad que supone el problema me remito a la entrada «Categoría» del *Diccionario de filosofía*, de Ferrater Mora,[3] donde se analizan algunas de estas interpretaciones de manera concisa y comprensible.

Aristóteles[4] realizó una esquematización de las categorías en su *Órganon*, donde llegó a distinguir diez: sustancia, cantidad, cualidad, relación, dónde (lugar), cuándo (tiempo), posición (dónde), tener (posesión), hacer (acción), sentir (pasión). No obstante, en otros libros, como la *Física*, el propio Aristóteles solo menciona ocho de estas categorías, lo que nos da a entender que la lista es flexible y, sobre todo, difícil de establecer. Si tuviéramos que revisar cada una de estas categorías desde el enfoque de la hipermodernidad es probable que desechásemos o relativizásemos la importancia de muchas de ellas, de modo que el lugar, el tiempo o la posición perderían relevancia ante la nueva jerarquía del sujeto hipermoderno, que posicionaría el hacer y el sentir muy por encima de las otras. En el ideario de este individuo, la pasión se convierte en uno de los ejes rectores más importantes para configurar su propia existencia. Lo sustancial de la vida, haciendo referencia a la primera categoría aristotélica, la sustancia, no pivota sobre la herencia o el legado vital aprendido, sino que se orienta a lo que todavía está por hacer, lo que genera un sujeto sin sustancia. Es una persona que se define a sí misma no por lo que es o tiene, sino por el potencial que quiere desarrollar. Está convencida de que lo cardinal, lo bueno, lo transcendental siempre está por llegar. La idea de fondo es persuadirnos de que lo verdaderamente importante está siempre en proyecto, y el proyecto se percibe como una tarea pendiente de realizar. De igual modo, la categoría de posición se reorienta, al abandonar la significación moderna de encontrar tu lugar en el mundo para convertirse en un espacio hipermoderno jerarquizado cuyo objetivo no pasa por estar, sino por transitar, sin detenerse en ningún lugar.

Otro de los autores que más atención le prestaron al tema es Kant, que postuló en su *Crítica de la razón pura*[5] una serie de categorías que sirvieran no solo para estructurar el mundo, sino también para apoyar al lenguaje a través de los conceptos. Entre ellas nos encontramos con las categorías de cantidad, que contiene la unidad, pluralidad, totalidad, o la categoría de relación, entre otras.

Kant, tratando de dar respuesta a los límites sobre lo que podemos conocer, determinó varios niveles de conocimiento. El primero se centra en la sensibilidad, que es el órgano del conocimiento responsable de organizar las impresiones que recibimos (no en vano Hume[6] le había despertado de su sueño dogmático).[7] El segundo órgano es el entendimiento, que se encarga de ordenar todas las impresiones que nos llegan por medio de las categorías, a través de las cuales organizamos nuestro conocimiento del mundo. Usando una expresión coloquial, el modo en el que *entendemos* nuestro mundo. Si no tuviéramos dónde organizar toda la infinita variedad de experiencias que percibimos, si no pudiéramos clasificarlas, nuestro conocimiento sería muy errático. De ahí la importancia de usar estas categorías. Estos dos niveles (sensibilidad y entendimiento) serán los que nos ayuden a formar los juicios, las frases, las sentencias... «La capacidad (receptividad) de recibir representaciones, al ser afectados por los objetos, se llama sensibilidad. Los objetos nos vienen, pues, dados mediante la sensibilidad, y ella es la única que nos suministra intuiciones. Por medio del entendimiento los objetos son, en cambio, pensados y de él proceden los conceptos. Pero, en definitiva, todo pensar tiene que hacer referencia, directa o indirectamente (mediante ciertas características), a intuiciones y, por consiguiente (entre humanos), a la sensibilidad, ya que ningún otro objeto se nos puede dar de otra forma.»[8]

En este proceso —sensibilidad, entendimiento y razonamiento—, el sujeto hipermoderno ha reducido su capacidad al primer y al tercer nivel (sentir y razonar), y ha eliminado de su ecuación el entendimiento. El mundo de este individuo se configura en busca de experiencias que potencien su sensibilidad. Ser es sentir, no se precisa entender lo que se siente, sino más bien dejarse llevar por esa sensibilidad. Este énfasis en lo sensorial, ampliado a lo experiencial, conlleva tal agudización de este órgano del conocimiento que termina convirtiéndose en un sujeto hipersensible, lo que implica una disposición de su identidad extremadamente frágil. Desaparece el interés por entender qué clase de conocimientos se pueden obtener de esas experiencias sensibles (qué clase de sabiduría), en favor de una vivencia de las mismas, de modo que uno de sus mantras es el *mindfulness*, para lo cual demuestra un empeño casi obsesivo por «estar presente» en esas experiencias. Como la sensibilidad no conoce el descanso (no podemos dejar de sentir), el sujeto no puede evitar saltar de una experiencia a otra sin solución de continuidad. La hiperacción le genera una falta de tiempo para rumiar estas experiencias y poder extraer algún tipo de conocimiento que incorporar a su vida, es decir, se cercena la adquisición de sabiduría más allá de la superficialidad de la experiencia.

El último nivel está fundamentado por la razón, que es la que usa estos juicios y trata de encuadrarlos e interrelacionarlos de manera más colectiva, buscando principios generales.

La razón es el órgano intelectual que tenemos para comprender las ideas, lo genérico, lo abstracto, lo que se compendia en un concepto. Este sujeto activa la razón como medio para potenciar su sensibilidad, de modo que consume y hace suyas las ideas de felicidad, éxito, autenticidad, identidad... siempre que estas le insuflen ánimo. Las asume como entidades cerradas, definidas por agentes externos, y las hace suyas, al igual que ocurre con los razonamientos que las envuelven, asimilando las recetas metodológicas que prescriben para alcanzarlas. No se necesita proceso alguno de entendimiento porque brindan una panoplia de argumentos cerrados que facilitan la digestión de estas ideas (reglas para vivir, hábitos para una vida feliz, cómo lograr tener buena suerte...). El objetivo es emocionarlo, estimularlo sentimentalmente para que se active (hiperactivarse), pero, sobre todo, convencerlo con consideraciones de fácil digestión que se muestran evidentes. El éxito del sistema es manifiesto, todo se reduce a ofrecer una serie de cadenas de razonamiento orientadas al impulso emocional del sujeto, evitándole hacer esfuerzo alguno por usar el entendimiento.

## El final de lo abstracto

Si solo tenemos experiencias, pero carecemos de esas categorías que nos ayuden a organizarlas, no entenderemos qué es lo que nos sucede. Por otra parte, si solo poseyésemos las categorías, pero no hubiera experiencias (sensibilidad) que les enviasen información, entonces no podríamos decir que conocemos algo, puesto que las categorías estarían vacías. Kant: «Los pensamientos sin contenidos son vacíos; las intuiciones sin conceptos son ciegas».[9]

Pero con la llegada de la globalización emocional y de los tiempos hipermodernos, cabría preguntarse qué le sucedería a este sujeto si, en lugar de ir organizando y estructurando sus intuiciones, con el fin de elaborar algún tipo de conocimiento, tuviese como única pretensión la sensualización de su experiencia. Si esta persona solo se interesa por los conceptos que están impregnados de barniz emocional, tales como el entusiasmo, la pasión o el ánimo, ¿en qué medida podría elaborar un conocimiento que tenga pretensión de universalidad? Este individuo se inclina por el experimentar frente al conocer, se decanta por la subjetividad de sus experiencias frente a la elaboración de un saber que parta de ellas. Su intención no es, por lo tanto, la comprensión, sino la experimentación. Visita los lugares marcados por las tendencias con el fin de realizar un registro de entrada/salida que atestigüe su experiencia. Se enfrenta a las obras de arte buscando sentir la emoción de estar delante de ellas, pero evitando cualquier preparación intelectual al respecto; viaja como turista a los destinos de moda, pero sin impregnarse de la cultura local.

Comentando a Kant, el filósofo español Ferrater Mora afirma que para que exista conocimiento es necesario que los conceptos sean aplicables a un «material» que proporcionan las «intuiciones», es decir, el concepto no viene dado, sino que lo «pone» el sujeto.[10] Sin embargo, en este individuo, el discurso de las emociones se ha interiorizado hasta el extremo de que todo su empeño pasa por experimentarlas, debilitando con ello las fronteras entre su sensibilidad y su razonamiento, y planteando un reduccionismo del mundo que se limita a *su* mundo. En su indigencia mental, concibe la idea en asociación con su emoción. Bajo su perspectiva, la belleza, por poner un ejemplo, es un concepto tan estrecho que se remite a su experiencia de la belleza, sea cual sea esta, sin dejar espacio en el concepto para otras formas de belleza que se escapen de su experimentación emocional. Lo mismo sucederá con sus ideas de bien, de justicia, de maldad... Todo aquello que no simpatice con su sesgo de confirmación emocional quedará fuera en la configuración de su identidad. Es un caldo de cultivo ideal para expandir *haters* por doquier y acrecentar radicalismos.

Esto implica indirectamente que lo abstracto se está debilitando. El conceptualismo, la creación y/o uso del concepto, se constriñe debido a la pretensión de literalidad que se acrecienta en el periodo globalizador. Una literalidad (yo digo lo que siento, y lo que siento es lo que digo) fundada en la realidad de sus emociones. En su microcosmos, la significación de un concepto se reduce a la significación para él, aboliendo cualquier posibilidad de universalidad. Lo paradójico de su comportamiento es que, cuando no termina de satisfacerse con el devenir de sus experiencias, es decir, cuando su experiencia no se corresponde con la *idea* que se había hecho sobre ella, con el concepto que había interiorizado, en lugar de revisar los postulados que conformaban esa idea, para ver si eran correctos, decide culparse a sí mismo, responsabilizarse por su incapacidad para sintonizar con la experiencia. El sociólogo William Davies apunta a algo parecido cuando advierte: «Existe el riesgo de que la ciencia termine por culpar a los individuos de su propio infortunio —medicándolos de paso— y haga caso omiso del contexto en el que se sitúa».[11]

Comenzará entonces otro proceso de reconfiguración personal a través de todos los oráculos contemporáneos (autoayuda, guías espirituales, charlas motivacionales) poniendo su empeño, independientemente de sus circunstancias y contextos, en encajar y amoldarse lo mejor posible a los razonamientos que estos le ofrecen. Es decir, salta de una experiencia sensible que considera inadecuada para los estándares que había asimilado, a las razones que le ofrecen otros agentes externos, sin haber previamente mediado con su propio entendimiento. De la trilogía kantiana sensibilidad-entendimiento-razón, se permite el lujo de prescindir del segundo elemento, que percibe como un esfuerzo tedioso que realizar, y se inclina por el atajo que brindan las razones externas para poder organizar su vida.

## Estrechando

Lo razonable sería deducir que, a medida que se multiplica el acceso al conocimiento y la posibilidad de interacción humana por medio de una interconexión globalizada (internet), el concepto se beneficiase de una apertura epistemológica, de un ensanchamiento de sus límites. Mi concepto de belleza preglobalizado se circunscribía a mi proximidad, pero con la globalización, la interculturalidad y el dinamismo de un sujeto que viaja por el mundo, lo lógico habría sido experimentar una ampliación de dicho concepto. Sin embargo, estamos asistiendo a un reduccionismo peligroso del mismo que se manifiesta en un estrechamiento del campo semántico, producto de una configuración preñada de contenidos emocionales. Esto dificulta el diálogo y afianza el extremismo desde el momento en el que el sujeto hipermoderno asimila el concepto a su experiencia, sin reconocer pluralidad ni alteridad. Es decir, si la belleza se reduce a mi experiencia de la belleza, todo aquel que no la comparta o bien estará equivocado, o bien será incomprensible/inepto, y, por lo tanto, rechazable. Esto limita la posibilidad de comunicarse, ya que se circunscribe solo a aquellos con los que comparte su concepto, lo cual radicaliza y afianza su visión de la vida (la famosa cámara de eco).

En el momento histórico en el que más riqueza y variedad mediática tenemos, y en el que el acceso a la comunicación es más asequible, más precarizamos el modelo comunicativo. A este individuo no le interesa conocer y profundizar en las ideas, sino experimentar la especificidad de la palabra, de su concepto. Esto le provoca una necesidad de literalidad, es decir, para que él lo entienda y digiera, todo se le presenta simple, directo y cristalino, evitando aristas y claroscuros. Todo debe mostrársele muy ordenado y sintético, a la vez que accesible y, sobre todo, factible. No es de extrañar que, acostumbrado a consumir este tipo de hiperrealidad translúcida, que se le fabrica ex profeso, termine habitando una visión del mundo simplista que roza el populismo.

Son múltiples los factores que ponen de manifiesto esta acotación. Un claro ejemplo que representa el relajamiento de un sujeto que aplica el máximo de economía en los procesos comunicativos, ahorrándose el uso de vocabulario para transmitir la realidad, es la utilización de emoticonos y emojis. No en vano *emoji* fue nombrada la palabra del año 2019 por la Fundación del Español Urgente. Puede parecer frívolo y hasta inconsistente, pero el emoji se está apoderando de la comunicación escrita digital y esta, a su vez, empieza a ganar terreno como modelo de comunicación. El emoticono es la abreviatura de emoción + icono, dos elementos que, en principio, no conllevan ni precisan palabras. La idea original es representar un estado de ánimo, una idea, una emoción haciendo uso de símbolos, de imágenes, de iconos. Las ventajas son enormes si se pretende realizar una comunicación precisa y rápida, puesto que la imagen no necesita interpretaciones sesudas, suele mostrar la evidencia *ipso facto*. Lo que otrora requería encontrar las palabras adecuadas, y realizar el ejercicio intelectual de profundización e indagación, no solo en el acervo lingüístico propio sino también en el del receptor, ahora ha visto aliviada esta necesidad de esfuerzo intelectual en favor de un acto instantáneo que le ahorra dicho trámite. Antes del emoji, la expresión de emociones echaba mano de la riqueza léxica de cada uno, a la vez que trataba de adaptarse al nivel de comprensión del receptor del mensaje. Esto otorgaba un capital expresivo amplio en pos de la diversidad del léxico que cada cual manejaba. Pero el emoji uniforma la expresión de ambos, tanto del emisor como la del receptor, que no precisan recurrir a su acervo léxico. A fuerza de no tener que realizar este ejercicio intelectual, la palabra empieza a descargar parte de su contenido y potencia epistemológica en favor de una imagen que parece evidenciar mejor tanto las intenciones del hablante como las interpretaciones del oyente.

## Epigenética de la categoría

Las categorías son una brújula que nos sirve como proceso de referencia para ubicarnos, en todos los sentidos, como sujetos ante el mundo. Pero ¿qué ocurre cuando alguna categoría se ve afectada epigenéticamente por la globalización? Si partimos de que la categoría es una entidad intuitiva que tenemos a modo de *cajón* mental donde organizar todos los contenidos, pero este *cajón* mental ve modificado su tamaño, lugar, composición..., influido por los contenidos que en él depositamos, ¿cómo organizaremos nuestro mundo? Lo que sucede es que inevitablemente cambiamos nuestra percepción de la realidad. Eso es lo que le está pasando al sujeto hipermoderno, pero a una velocidad endiablada. Si bien las categorías siempre han sido organismos vivos, su proceso evolutivo poseía un tempo preglobalizador pausado que facilitaba al individuo la esquematización mental y emocional de su vida de manera estable y sosegada. Las ideas que configuraban su identidad tenían una firmeza contrastada y transmitida por las generaciones anteriores. Conceptos como el éxito, la buena vida o el ocio apenas variaban. Pero, con la globalización, los cambios se producen en un espacio de tiempo tan apresurado que el sujeto entra en una fase de desorientación en la que las emociones se apoderan del instante, sin tomar distancia para la organización categorial. La prioridad de lo emocional en la configuración de la identidad apenas precisa categorizar, de modo que el contenido que se arroja a esos cajones (categorías) es igual de importante que el cajón, porque, en el fondo de su anhelo, este individuo aspira a que su experiencia se convierta en categoría.

El síndrome de la indigencia mental implica que los *cajones intuitivos* con los que organizábamos nuestra realidad se han visto afectados directamente por los contenidos emocionales que en ellos depositamos. Cuando la idea de amor se reduce a la experiencia amatoria propia, y se absolutiza, lo que hacemos es comprimir la categoría de relación, estrecharla y hermanarla con nuestra subjetividad, degradando su potencial a nuestra experiencia amorosa. No es de extrañar que a este sujeto le cueste mantener a largo o medio plazo relaciones de pareja, sobre todo si su pretensión es que la otra persona asuma la idea de amar que él ha interiorizado como la correcta. Es un problema de relevancia, el de reducir cualquier idea a la experiencia en torno a esa idea. Implica que igualamos la categoría a la experiencia, pervirtiéndola. La propia estructura intuitiva mental está siendo rectificada y contaminada por aquello que introducimos. Para el individuo hipermoderno, por poner un ejemplo, la categoría de relación personal, ya se conciba como amistosa, ya como amorosa o laboral, se definirá en consonancia directa y literal con su modo de actuar. Esto podría explicar que cualquier tipo de contacto con el otro, especialmente si es gratificante, aunque sea a través de la pantalla, pueda ascender a la categoría de relación. Implica que dos sujetos que nunca han tenido un encuentro presencial, pero que han pasado largas jornadas intercambiando mensajes, otorguen una legitimidad igual o mayor a esta categoría de relación que aquellos que conviven juntos. Lo paradójico es que esta apropiación personalizada de la categoría dificulta cualquier modo de relación desde el momento en el que este sujeto da por entendido que el otro tiene que adaptarse a su modo de comprender las relaciones. Todo aquel que no claudique con su cosmovisión será expulsado de su círculo.

## El tiempo

Pongamos más ejemplos. La categoría temporal siempre ha tenido un amplio recorrido que, por lo general, se presentaba en forma de adverbios temporales y se acompañaba con la riqueza de las conjugaciones verbales, no en vano se usaba el pretérito simple, el pluscuamperfecto, el pretérito compuesto, el condicional, el futuro... Eran elementos encargados de situar la realidad en múltiples planos, a la vez que permitían infinidad de tiempos subjetivos que cohabitaban en la categoría temporal. La idea intuitiva del tiempo era aceptada como lineal, meramente cronológica (en honor al dios griego Kronos), hasta la llegada de Einstein, si bien los griegos poseían diferentes intensidades temporales (Aión y Kairós). Pero incluso afirmando la relatividad, el sujeto seguía funcionando con el *cajón categorial* del tiempo muy similar al del resto de los sujetos, es decir, compartimentos amplios donde pasado, presente y futuro compartían espacio y peso específico. El tiempo categórico englobaba infinitud de intuiciones que abarcaban desde un pasado remoto hasta un futuro hipotético. Esta significación del tiempo lineal se configuraba a través de una herencia conceptual que facilitaba al sujeto un hermanamiento entre generaciones a la hora de compartir cosmovisiones. Como Ortega y Gasset apuntaba, en un mismo tiempo histórico conviven varias generaciones, y si bien todos son contemporáneos, no todos son coetáneos.

Pero he aquí que, entrados en la globalización, se impone un fenómeno de percepción y consumo temporal que gana terreno hasta el extremo de modificar la propia categoría; nos referimos al incremento exponencial del tiempo que pasamos con las tecnologías de información y comunicación (TIC). Asistimos a nuevas configuraciones temporales condicionadas por el fenómeno de lo digital. Existe una narrativa temporal diferente que, además, puede ser manipulada al gusto del usuario.

El tiempo de estancia en lo digital somete y contagia al tiempo real para que tenga una aspiración de velocidad que se le asemeje. La materialidad de lo real apenas logra competir contra la velocidad y variedad de las imágenes digitales, y el tiempo de consumo digital se percibe más rápido y ligero que el devenir temporal de un mundo inmediato (sin mediación entre el sujeto y el mundo). Esto, a medio plazo y con un registro de imágenes digitales elevado, termina provocando una percepción de lentitud en la vida real en comparación con la virtual, y generando una angustia temporal que impulsará al sujeto hipermoderno a la acción, con tal de calmar la demanda de velocidad a la que el consumo de imágenes digitales le está acostumbrando. Una de las consecuencias directas de este proceso es que acorta su periodo de atención, habituado a un flujo muy rápido y variado de información. La consecuencia es que la realidad le resultará cada vez menos estimulante.[12]

## La ambición ética del instante

Pensadores como Levinas han considerado la importancia del tiempo más allá de la mera duración, una duración que supone una especificidad del tiempo con uno mismo. Para el pensador lituano, la temporalidad cobra sentido y categoría desde el momento en el que comienza su relación con el otro, cuando se conjuga con la alteridad. Pero la mutación y, si se acepta, la *contaminación* que afectan a la categoría de la temporalidad provienen, en parte, del culto al instante. Levinas ya atisbó la importancia que el instante cobraría dentro de esta nueva temporalidad que se estaba forjando; un instante que adquiere una carga sustancial porque se desconecta cronológicamente y no precisa de anclajes pasados o futuros; un instante que se adhiere a la nueva mentalidad de un consumo *ad infinitum* en busca de la novedad, del inicio, de un nuevo comienzo. Considera que el instante es el hecho consumado de cualquier existencia y así lo defiende: «El instante por sí mismo es una relación, una conquista, sin que esa relación se refiera a un porvenir o a un pasado cualquiera, a un ser, a un acontecimiento situado en ese pasado o en ese porvenir. En cuanto comienzo y nacimiento, el instante es una relación sui géneris, una relación con el ser, una iniciación al ser».[13]

Levinas usará la palabra *diacronías* para darle consistencia a este instante único, pero, sobre todo, sin relación alguna con el resto de los instantes. Y si el instante asume su papel de único e irrepetible, la intensidad de su atracción es mayor. Esta nueva entidad que cobra el instante lo convierte en algo insólito que atrae, una novedad que adquiere peso específico y agranda su campo de acción emocional porque el sujeto es consciente de lo irrepetible del instante.

Bajo este enfoque se proyecta una noción del instante influenciada por una concepción hebrea del tiempo entendido desde la perspectiva de una ganancia, de fecundidad, como un acontecimiento que entraña renovación y que se concibe como opulento.[14] Esto supone una transformación de la percepción de la categoría temporal tal y como la comprendemos. No en vano, desde los griegos, al no concebir el tiempo como creado, cualquier concepción del mismo implicaba una pérdida, una especie de degeneración. Pero este sujeto encuentra en la experiencia de los instantes una suma de acontecimientos que dotan de sentido su vida de manera exclusiva, y marcha así en busca de eventos únicos, conciertos, viajes, novedades gastronómicas... que no conllevan linealidad ni continuidad.

Este instante que constituye la esencia del tiempo requiere por su parte de una subjetividad (un sujeto) que lo ponga en valor, y como bien define Sara Sutton con una metáfora muy acertada, para Levinas, un tiempo sin corazón no sería realmente tiempo, sino mera duración.[15] Levinas considera que la clave de esta nueva categorización temporal se encuentra en el modo en el que el tiempo diacrónico irrumpe en el instante, y esto ocurre cuando se encuentra con la alteridad, con el otro. Cuando el sujeto se confirma a sí mismo a través de un «yo soy», provoca que eclosione el aquí en el instante,[16] diciendo «yo soy aquí», en ese momento se rompe con lo anónimo del instante. En el sujeto hipermoderno, el instante cobra categoría cuando él se sitúa en el centro del mismo (el concierto al que asistí, la playa paradisíaca que disfruté, aquel restaurante donde comí, el viaje exótico que hice...); de lo contrario, devaluará cualquier otro instante.

En Levinas, esta concepción del tiempo diacrónico supone el reconocimiento del otro, es decir, la apertura al otro, pero manteniendo el «yo soy». De este modo se inauguraba la temporalidad. El tiempo, para Levinas, está preñado de una ambición ética desde el momento en el que cobra entidad solo cuando se configura en torno al otro. Pero en el periodo globalizador, el otro ha dejado de estar presente en esa relación temporal de inadecuación. El otro ha pasado a ocupar un tiempo de refuerzo de la identidad, se ha convertido en una temporalidad intermitente. De ahí que el individuo contemporáneo solo requiera la presencia del otro, como vimos, para corroborar el relato de su propia identidad. El instante del sujeto hipermoderno se categoriza de manera absoluta si es capaz de narrarlo al otro, de publicitarlo a los otros, de exhibirlo. Es un tiempo sin apenas ambición ética desde el momento en el que se consolida solo desde la perspectiva de uno mismo. Es un tiempo meramente estético.

## Sujeto de acción

La categoría temporal ha visto reducido su espacio de carga (el tamaño del cajón) desde el momento en el que el instante se ha empoderado, al tiempo que el presente ha comenzado a absolutizarse. Nos encontramos con un instante presente que no solo ha logrado modificar su categoría, sino que además la ha contaminado con elementos colaterales tales como la alteridad (el otro) o el movimiento. El instante ha visto su entidad aumentada («disfruta del instante», «aprovecha el instante», «la vida es un instante»...) porque ha adquirido, a modo fagocitador, el dinamismo de la acción. El movimiento y la acción han pasado a ser dos de los rasgos definitorios más importantes en la actualidad y se han puesto al servicio del instante. Todo se articula y se justifica en pos de la consecución de ese instante único, de esa experiencia inolvidable.

No es novedad la relación entre tiempo y movimiento. Aristóteles, en el libro IV de la *Física*, hizo esta asociación.

Para el fundador del Liceo, el tiempo es un elemento necesario dentro del movimiento, es decir, el tiempo debe formar parte del movimiento como un componente que ayuda a este en su constitución, y llegó a considerar que el tiempo o es un movimiento, o es algo del movimiento.[17] Para Aristóteles no podemos separar uno del otro. Ahora bien, en lo referente al tiempo, no es posible que este se detenga, mientras que no sucederá lo mismo con el movimiento, lo que parece dotar al tiempo de una categoría superior.

El sujeto hipermoderno, en esta rectificación de los parámetros de percepción temporal, ha estrechado la unión entre tiempo y acción (movimiento). Si para Aristóteles el tiempo se situaba por encima en la jerarquía, para el individuo actual se pondrá a la par que el movimiento. El instante se percibe asociado a una acción, o a un potencial. El hacer y el ser se fusionan con el instante (sujeto-instante-acción), en una trilogía hipermoderna. Lo pasivo, lo contemplativo, es sinónimo de no-ser, de estatismo, propio de un ser inerte. Pero este individuo está sometido a las dinámicas de la acción que entiende consustanciales a su identidad. Solo se concibe a sí mismo haciendo, y este hacer se estructura en torno al consumo de instantes, de modo que cuando no tiene en proyección la búsqueda del siguiente instante, el desasosiego y la ansiedad se apoderan de él.

Es una persona subordinada a lo que Heidegger[18] denominó el «tiempo vulgar», que no es otra cosa que la noción del tiempo que se interpreta desde el presente. La concepción clásica del tiempo posibilitaba dilucidar tanto el pasado como el futuro desde la situación del presente. En la hipermodernidad, el sujeto se encuentra en un presente continuo y dinámico, donde lo único que percibe es la actualización de su potencial de manera constante (puedo llegar a ser...), por lo que el resto de las perspectivas temporales quedan ensombrecidas. Apenas le interesa el pasado, y el futuro solo le atañe como el lugar donde desarrollar ese potencial que cree tener. Esta inmediatez temporal pero continua es la encargada de empujar incesantemente las potencialidades, sin dejar lugar a que ningún otro tiempo entre en la ecuación de su idea de posfelicidad. El tiempo global, donde el sujeto reconoce la existencia y la impronta de todas las temporalidades (pasado, presente, futuro), no parece tener cabida en su posfelicidad. Esta no entiende de categorías temporales ajenas al propio sujeto. La categoría temporal que se impone en la posfelicidad hipermoderna es la del presente continuo.

Otros pensadores han tratado de potenciar temporalidades distintas a esta. Heidegger postuló la existencia de un tiempo extático (fuera de sí), pero este tiempo se ha debilitado por el auge de la faceta emocional del individuo.

El único resquicio que le queda al pasado para poder sobrevivir es convertirse en un potenciador del presente continuo de este individuo. Las nuevas tecnologías se han transformado en los receptáculos del pasado, relajando la tensión del sujeto a la hora de almacenar y recordar. El sujeto hipermoderno digitaliza el pasado sin apenas criterio de almacenamiento. El único sentido del pasado que posee, desde las publicaciones en redes sociales de su *time line*, pasando por los discos duros llenos de fotos y vídeos que se acumulan indiscriminadamente, es su servicialidad hacia lo actual. La actualización del pasado que en muchas ocasiones se realiza es un mero adorno estético cuya misión es apuntalar el presente continuo. El pasado solo es estético, solo atrae e interesa si consolida el presente continuo, de ahí que, por ejemplo, se hayan puesto de moda los montajes de fotos «del antes y el después», que sirven como estímulo para apreciar el instante presente.

## Cronofagia y espectáculo

La posfelicidad que persigue este sujeto, como analizaremos en el apartado «Convalecencia», en el capítulo 6, parece estar viviendo un momento de esplendor en lo referente al impacto social por medio de estudios, talleres y publicaciones que no solo tratan de definirla, sino que además diseñan manuales de instrucciones para alcanzarla. No es de extrañar que, por primera vez, estemos oyendo hablar de ministerios de la felicidad, consejeros de la felicidad, o directores de la felicidad en el mundo empresarial, todos ellos cargos institucionales de dudoso éxito (Emiratos Árabes ha sido el primero en eliminar el Ministerio de la Felicidad), que se presentaron como recetarios de aplicación instantánea y exitosa.

Este aumento exponencial de preocupación en torno a la posfelicidad hipermoderna es consecuencia, entre otros factores, de la modificación temporal a la que estamos asistiendo. Empieza a estar comúnmente aceptado que los cambios sociales han visto transformados los parámetros temporales en pos de la velocidad. Junto a este nuevo paradigma de velocidad encontramos otro elemento quizá más definitorio de los tiempos actuales: la aceleración. Acudo, al igual que en otros libros, a Concheiro porque creo que lo apunta de manera muy certera: «La concepción temporal que hoy predomina es más bien como una página web de *scroll* infinito (es decir, como funcionan Facebook, Instagram y Twitter). Percibimos una sucesión constante de eventos que se desplazan unos a otros rápidamente. No hay dirección, no se va a ningún lugar. Es un ciclo interminable cuyo único elemento constante es la aceleración».[19]

Todo va muy rápido y además sucede muy rápido, que son dos cosas distintas. Ya no se trata solo de la alta velocidad que parece haberse apoderado de nuestro ritmo de vida, sino también del tiempo que tardamos en alcanzar esa alta velocidad, es decir, de la aceleración. Junto a este paradigma encontramos un tercer elemento que también condiciona la categoría temporal: la atomización del tiempo, unido a lo que Byung-Chul ha denominado «disincronía».[20] Para el filósofo coreano, el tiempo ya no es paradigma de ordenación, y ahora se manifiesta en saltos. Esta disincronía provoca que el tiempo «dé tumbos» sin dirección alguna, y la consecuencia directa de esta pérdida de rumbo se manifiesta en la sensación de aceleración que parece inundar todo. Esta falta de guía temporal inevitablemente afecta a la concepción de la felicidad humana.

La felicidad se transmuta, en parte, porque ha perdido las referencias temporales que servían como asidero a la hora de construir un modelo de vida. Lipovetsky achaca esta nueva categorización temporal a un tiempo orientado al presente que se usa como una referencia esencial para los individuos democráticos. El nuevo hiperindividualismo ha decidido romper con las tradiciones y ha perdido la amplitud de miras en torno al futuro.[21]

Esta pérdida de referentes temporales provoca que el tiempo presente, al poseer la hegemonía y abarcar la mayoría del peso ontológico, se vuelva él mismo conflictivo y centro del conflicto. Queremos exprimir el presente lo mejor posible pero no tenemos tiempo. Se demanda y requiere más tiempo presente, se necesita más tiempo, se establecen nuevas jerarquías laborales en función del tiempo, se habla de horario flexible, de trabajo a tiempo parcial, de tiempo de trabajo efectivo, se discute sobre la gestión del tiempo en las grandes organizaciones, incluso en algunos trabajos se elimina el factor tiempo y se trabaja por proyectos. Se programan las agendas familiares, escolares, se organiza profesionalmente el tiempo libre para que rinda al máximo. El tiempo ya no pasa. Para este individuo el tiempo se consume, el tiempo se devora, se engulle. No se percata de que, si no se toma conciencia del tiempo, este se devalúa y, por lo tanto, convive con un tiempo debilitado que perece, lo que produce una muerte en vida. La ansiedad que el sujeto manifiesta por el tiempo lo está convirtiendo en un individuo cronofágico (devorador del tiempo).

Apenas dejamos tiempo para recuperar el pasado, que cada vez estrecha y aproxima su franja temporal de manera más vertiginosa hacia el presente, y, por primera vez en la historia de nuestro país, se ha creado una ley para legislarlo: la Ley de Memoria Histórica de España, o la recién aprobada Ley de Memoria Democrática. Este olvido del pasado ya fue destacado por los posmodernistas, especialmente por Lyotard, que subrayó la potencia de la narración actual bajo el formato relato, que no está necesitado de fijar su narrativa en el pasado. En la posmodernidad, el relato continuo que procedía de un eje temporal proveniente del pasado se rompe. Dice Lyotard: «Una colectividad que hace del relato la forma-clave de la competencia no tiene necesidad, en contra de lo que se pudiera esperar, de apoyarse en su pasado. Encuentra la materia de su lazo social no solo en la significación de los relatos que cuenta, sino también en el acto de contarlos. La referencia de los relatos puede parecer perteneciente al pasado, y en realidad siempre es contemporáneo a este acto. Es el acto presente el que cada vez despliega la temporalidad efímera que se extiende entre el "he oído decir" y el "vais a oír"».[22]

Cuando la preeminencia está en la forma narrativa, todo lo demás resulta poco transcendente. El relato no necesita echar mano de ningún tipo de procedimiento contrastado (pasado) para aparentar legitimidad. Esto implica que la actualización del pasado, ese acto de traer el pasado al presente, no se realiza con un fin rememorativo, pedagógico u honorífico, sino más bien como un acontecimiento que nos sirve para vigorizar el relato que hacemos en el presente.

En paralelo a esta fortaleza del relato actualizado nos topamos con otro elemento potenciador del mismo que está asociado con una estética que adquiere más relevancia que nunca: el espectáculo. Guy Debord supo anotar muy bien que el tiempo postindustrial se había encargado de convertirse en una falsa conciencia de lo social que se representa bajo el espectáculo, y que no necesita historia. Para este filósofo francés, la sociedad posee una concepción del tiempo que está determinada por el propio espectáculo, responsable de la parálisis de la historia y de la memoria.[23]

La tercera acepción de la palabra *espectáculo* en el diccionario la define como: «Cosa que se ofrece a la vista o a la contemplación intelectual y es capaz de atraer la atención y mover el ánimo infundiéndole deleite, asombro, dolor u otros afectos más o menos vivos o nobles». Queda claro, según esta definición, que tanto si es un estímulo para lo sensorial como para lo intelectual, la primera condición que cualquier espectáculo debe cumplir es la de atraer nuestra atención con el fin de modificar nuestro ánimo.

Anotaba Guy Debord, allá por 1967, que estábamos en una sociedad del espectáculo, donde este se había convertido en una categoría unificadora que iba más allá de un conjunto de imágenes, cuyo resultado era configurar una relación social entre personas mediatizadas por las imágenes. Apenas intuyó Debord que el espectáculo tuviese como objetivo agrupar al hombre hipermoderno bajo un único elemento: la emoción. Si la categoría de espectáculo ya implicaba una desconexión con la temporalidad del pasado, su entronización a través de la emoción supone una ruptura radical con los datos históricos (la historia) en favor de la creación de relatos emocionales.

El sujeto hipermoderno tiene la aspiración de espectacularizar al máximo cualquier aspecto de su vida, intentando emocionar a diestro y siniestro, buscando remover sensibilidades. Todo empieza a tamizarse bajo el filtro de las emociones, las fotos y *stories* que sube a redes sociales, los titulares *clickbait*, las nuevas metodologías educativas, que excitan emocionalmente tanto al alumno como al docente, o el reduccionismo del eslogan político que pretende fanatizar.

Decía Debord que ser era ser visto, pero si hablamos de la hipermodernidad, para el sujeto contemporáneo, ser percibido no es suficiente. En la hipermodernidad, ser es emocionar; ser percibido implica despertar la emoción en el otro, de modo que la intranscendencia es peor que el olvido.

Al análisis que hemos desarrollado sobre el tiempo como una sucesión de exabruptos se le une la construcción de un tiempo como artificio que brota precipitado y es susceptible de venderse. Esta comercialización del tiempo se somete a la categoría de espectáculo en todas sus facetas. «La realidad del tiempo ha sido sustituida por la publicidad del tiempo»,[24] una publicidad que ha provocado una sobreexcitación del tiempo inmediato, de un presente efímero que parece someterse a la lógica de ese efecto *scroll* de la pantalla, llegándose a convertir en hábito. Este efecto *scroll* provoca la desaparición de la imagen presente de modo inmediato, lo que conlleva la instauración de un mecanismo de olvido exprés referido a lo que ha desaparecido de la vista. Podríamos definirlo en la siguiente secuencia: ver-*scroll*-olvido exprés-ver-*scroll*-olvido exprés... Es una dialéctica perversa donde lo visto (tiempo pasado) se olvida, lo que se ve (tiempo presente) es efímero, y el *scroll* (tiempo futuro) se percibe desde la fragilidad de este esquema. Este efecto se amplía a todos los sectores de la vida debido a la constricción del tiempo. El pasado se rellena de una sucesión de instantes presentes empujados y presionados por un futuro estresante, cargado de contenidos futuribles, que se intuyen efímeros. El presente, por lo tanto, es menos presente que nunca porque su lógica está sometida a la inmediatez de las dos dinámicas, pasado y futuro, que se han aproximado hasta el extremo de experimentar un presente tan ancho como efímero. La consecuencia es que el individuo es incapaz de alongar el presente, de estirarlo y permanecer en él, dejándolo estar sin más. Es un sujeto sin tiempo.

Esta problematización del tiempo ha situado las cuestiones relacionadas con lo temporal en un plano prioritario. Dentro de la estrechez y de la compresión a la que se ha visto sometido el presente, conviven distintas lógicas temporales que muestran una heterogeneidad del tiempo muy relevante y que confirman esta problemática. Esta heterogeneidad se presenta en aspectos como la necesidad de exprimir al máximo el tiempo productivo, que se enfrenta al tiempo hedonista. Las lógicas de la temporalidad *fast* conviven con el reclamo de las lógicas *slow*. El tiempo de hiperactividad aspira a hibridarse con el tiempo hedonista del ocio, dedicado a uno mismo. La sensación de sometimiento hacia el tiempo acelerado tiene como objetivo final la ganancia de un tiempo libre que se intenta estirar lo máximo posible, donde se trata de conseguir una desconexión temporal que conduzca a una conexión emocional.

En la hipermodernidad, el tiempo libre es sinónimo de tiempo emocional y experiencial. El problema es que se toma como referencia el tiempo productivo hipermoderno, que lleva implícito el objetivo de convertirse en el sustrato ideal desde el que articular todo. Estamos asistiendo a un desiderátum del resto de las lógicas temporales hacia la lógica hedonista, pero es la lógica laboral la que se ha encargado de seducir a este sujeto que siente la necesidad imperiosa de barnizar el tiempo del deber como tiempo de ocio, manifestando así un cambio epigenético en la evolución del tiempo.

El tiempo de ocio sigue percibiéndose como objetivo aspiracional, sin embargo, es un tiempo que se entiende bajo la lógica de la emoción productiva. Se asocia el tiempo libre con la vivencia de experiencias y el desarrollo de emociones. Pero el cambio epigenético que el tiempo manifiesta se produce al trasladar estas aspiraciones temporales del ocio al mundo laboral. El individuo actual hibrida la temporalidad del ocio con la temporalidad laboral, de modo que su pretensión es doble. Por un lado, trata de ser productivo en experiencias en su tiempo de ocio, y, por otro, intenta desarrollar experiencias y emociones dentro del tiempo laboral, convencido de que hacerlo favorecerá el camino a la posfelicidad.

A esta variación epigenética le tenemos que añadir una acepción. El tiempo hipermoderno se enfoca bajo una utilidad: la actualización de las potencialidades del sujeto hipermoderno. Lo útil se circunscribe exclusivamente a esta finalidad y todo aquello que no esté enfocado en la evolución continua, constante y presente del potencial del sujeto es minusvalorado, despreciado o desechado. El individuo hipermoderno se concibe a sí mismo como un eterno potencial. Esta autopercepción implica que lo bueno es aquello que, en el momento preciso, colabora en desarrollar la visión del potencial que cree tener (no implica que lo tenga). Este sujeto, asimilando el relato de la hipermodernidad, es capaz de importar en su configuración de la identidad un sinfín de potencialidades, seducido por los discursos motivacionales. Todo mensaje, estímulo, ánimo, código, consejo que sirva tanto para agrandar como para afianzar alguna de estas potencialidades será abrazado sin reparo, independientemente de si ha sido previamente cribado y reflexionado desde el propio sujeto.

Lo inútil, por su parte, en lugar de ser rechazado o tachado de antiestético, se ha enclavado en la categoría de la indiferencia. Lo inútil es todo aquello que no aporta dinamismo en el desarrollo de las supuestas potencialidades pero que tampoco lo impide. Y entre ambas categorías se sitúa lo tóxico, que no es otra cosa que cualquier elemento que tenga como finalidad frenar o entorpecer el psicoímpetu que la persona tiene. Lo tóxico es aquello que no favorece el desarrollo de las potencialidades. Se convierten en tóxicos todos aquellos elementos, individuos, instituciones que no estén en sintonía con la idea de potencial que encierra el sujeto. Lo tóxico es, por lo tanto, antiestético, lo que frena el dinamismo. En este apartado bien podríamos situar a realistas frente a idealistas, a sosegados frente a impacientes, a los defensores de la rutina frente a los motivadores que nos empujan a salir de la zona de confort... Es una dialéctica que se inserta dentro de los códigos temporales del individuo hipermoderno. El valor del tiempo se configura en función de la duración que se precisa para poder llevar a cabo esas potencialidades.

Siendo así, no es de extrañar que la felicidad, entendida como un proceso eviterno de búsqueda que implicaba a la comunidad y al entorno, haya virado el enfoque 180 grados hacia uno mismo, transformando la búsqueda en un asedio, sustituyendo el foco de atención por la acción como foco, desembocando así en la posfelicidad.

## El espacio: la proximidad

Si el sujeto hipermoderno ha sufrido un proceso epigenético que perturba el modo de expresar y entender la categoría de lo temporal, la categoría espacial tampoco se ha librado de verse modificada. Directamente afectada por la reconfiguración de la categoría temporal y su simbiosis con el movimiento y el cambio, la categoría espacial ha visto alterado su *cajón* para limitar el espacio que en el periodo preglobalizador poseía, un espacio que de manera indirecta se ha visto condicionado por la velocidad, entendida como subcategoría del movimiento, que, a su vez, también ha sufrido cambios.

Uno de los popes de la posmodernidad, Jameson, ya ponía el dedo en la llaga cuando atisbó que la categoría del espacio sería una de las referencias con más carga epistemológica para la contemporaneidad cuando afirmó: «No obstante, se nos ha dicho a menudo que ahora habitamos lo sincrónico en vez de lo diacrónico, y creo que se puede argumentar, al menos empíricamente, que nuestra vida diaria, nuestra experiencia psíquica, nuestros lenguajes culturales, están hoy por hoy dominados por categorías de espacio y no por categorías de tiempo, como lo estuvieran en el periodo precedente de auge del modernismo».[25]

Para Jameson existe un debilitamiento de la categoría de lo temporal que se expresa en cuestiones como la crisis de la historicidad, y esto da pie a una cultura creciente que va siendo dominada por el espacio.

No es el único que manifiesta una preminencia de lo espacial, Rodríguez González nos lo presenta así: «Esta preeminencia de lo espacial sobre lo temporal se manifiesta también en otros círculos culturales... Por otra parte, en el campo de los estudios literarios puede advertirse en los últimos años un interés por la dimensión espacial. Cabo

Aseguinolaza (2004: 22) distingue tres focos de atención: a) la definición del objeto de la historia desde una perspectiva geográfica; b) la articulación interna de la tarea historiográfica de acuerdo con pautas de organización y de estructuración de los contenidos de índole espacial; y c) el recurso a modelos teóricos y epistemológicos que implican en sí mismos una definición del objeto en donde la espacialidad prima sobre la temporalidad».[26]

## Espaciar y aproximar

Se ha producido una dinámica de hipervelocidad que afecta al proceso del movimiento y por lo tanto del cambio. En los procesos de movimiento, la aceleración ha provocado una reducción subjetiva del espacio desde la perspectiva de la distancia, es decir, el sujeto percibe el mundo desde una impresión de cercanía. Los nuevos entornos, representados por el incremento no solo de medios de transporte, mejores y más eficaces, sino también por la velocidad de desplazamiento, han modificado la sensación de lejanía o cercanía a favor de un sustantivo espacial que parece haberse apoderado de gran parte de esta categoría: la proximidad. La epigenética de este *nuevo* espacio proviene de una reconfiguración emocional, sensorial y epistemológica de la proximidad.

En el periodo globalizador, el individuo percibe las distancias, tanto físicas como temporales, siempre desde la subcategoría de la proximidad. En cuestión de distancias físicas, ya no existe nada lejano. Las distancias se han visto reducidas debido al aumento de la velocidad en el transporte, que ha terminado afectando a la percepción del espacio. Se aprecian como próximas y cercanas distancias que están a miles de kilómetros. El ejemplo lo encontramos en el incremento del turismo. Para el turista hipermoderno no hay lejanía que pueda frenar su necesidad de «experienciar».

Lo próximo, en esta reconfiguración categorial del espacio, ha ganado peso específico dentro de la categoría y ha pasado a ocupar una parte importante en la mentalidad del sujeto. Siguiendo los patrones de esta hipermodernidad, lo próximo no solo se percibe cercano, también se siente. No se trata ya de un tema objetivo de distancias, sino de una cuestión subjetiva, perceptiva. Se puede articular cualquier cosa desde la percepción de proximidad: nada hay lejano, todo está al alcance. La persona siente que es posible desarrollar todo su potencial y concibe factible la consecución de cualquier sueño.

Al principio de la década de los ochenta, Foucault ya atisbaba la importancia de la proximidad dentro del nuevo marco del espacio, que estaba comenzando a sufrir un cambio epigenético, y lo hizo concediendo importancia a lo que él denominó el «emplazamiento». Para el pensador francés, el emplazamiento estaba desplazando a un segundo plano la extensión y esta, previamente, ya había reemplazado la localización. El orden sería, en primer lugar, la localización, referida a un punto exacto; a continuación tendríamos la extensión, que conlleva ampliar esa localización a varios puntos, y, finalmente, el emplazamiento, que implica una interconexión entre diversos componentes. En su perspectiva sobre el espacio posmoderno entendía el emplazamiento como las relaciones de proximidad entre puntos o elementos.[27] De este modo, la proximidad se convierte en el denominador común de todos esos puntos o elementos. Basta leer el comienzo de su texto para intuir que, hoy en día, todavía tiene una buena carga de significado: «La época actual quizá sea sobre todo la época del espacio. Estamos en la época de lo simultáneo, estamos en la época de la yuxtaposición, en la época de lo próximo y lo lejano, de lo uno al lado de lo otro, de lo disperso».[28]

La explicación de los cambios categoriales del espacio ya aparecía en su conferencia en 1967 que llevó por título «Los espacios otros»,[29] donde nada más comenzar afirma que estamos en un momento en el que el mundo se experimenta menos como una gran vida que se desarrolla a través del tiempo que como una red que une puntos y se entreteje. Lo que no tuvo tiempo de analizar es el modo en el que esta red de puntos se entrelazaba, llegando a convertirse en un microcosmos cercano a través de la interconexión digital de millones de sujetos que se aproximan desde lo remoto hasta las microdistancias más íntimas.

Este «acercamiento» emocional de las distancias, tanto físicas como mentales, viene provocado por la creación de ese nuevo espacio que pugna por acapararlo todo, nuestro tiempo, nuestra atención, nuestras redes sociales, y que no es otro que internet. Para este sujeto, internet es el espacio por antonomasia que cumple con el significado etimológico de la palabra *spatium*, «campo para correr».[30] La generación de un espacio virtual en donde pasamos cada vez más tiempo indefectiblemente ha provocado una reconfiguración de la categoría espacial. En internet las distancias son próximas; poco a poco, la red se ha ido encargando de eliminar aquellos elementos que podían distorsionar esta idea de proximidad para provocar que el sujeto que se conecta tenga la posibilidad de «sentirse como en casa», a gusto. Es capaz de navegar como le viene en gana, por donde le apetezca, de visitar al instante cualquier zona que le despierte un mínimo de interés... Internet se percibe como un espacio ilimitado a la vez que próximo. Elementos que podrían ser disruptivos en la comodidad mental del ciberviajero, tales como los idiomas que no domina, han ido desapareciendo de la mano de traductores simultáneos que facilitan al sujeto una sensación de cercanía. Junto a esto, los modelos de conexión son cada vez más personalizados y asequibles, con objeto de eliminar obstáculos físicos o impedimentos espaciales para poder navegar. El sujeto puede estar conectado sentado a una mesa con un ordenador, tumbado cómodamente en un sofá, de pie en el vagón del metro... Teóricos como Jameson sostienen que incluso nuestros cuerpos posmodernos se están acostumbrando a esta nueva reconfiguración porque se han visto desamparados de las coordenadas espaciales, llegando a percibirse como impotentes en lo referente al distanciamiento.[31]

El espacio virtualizado no precisa corporeidad. La que había sido una de las condiciones esenciales para la consideración de la distancia, el propio cuerpo, ya no ejerce como referencia de proximidad o alejamiento para este individuo. Sin cuerpo, todo es accesible y asequible. Sin corporeidad, todo está próximo. Se elimina el inconveniente del volumen. Esta proximidad también se manifiesta en los nuevos modelos de relación y comunicación, que atenúan, en gran parte, la identidad física a favor de un avatar que se mueve sin ambages por la nube. Al virtualizar la identidad al gusto, esta pierde el peso específico que condiciona el trato humano y posibilita a su vez la interconexión con los otros avatares, de tal manera que la proximidad es el emblema de este nuevo metaverso etéreo.

Al percibirse el espacio como próximo, y al poder estructurar la percepción del otro con la intensidad, la regulación y la cadencia que nosotros queremos, se genera una sensación de control. Este empoderamiento anima al sujeto a pulular de un lado para otro por la red, queriendo abarcarlo todo y deseando recorrer todas las distancias.

Para pensadores como Virilo, esto ha supuesto un nuevo tipo de patología que parte de la percepción de que todo se puede ver, todo está cercano, lo que provoca que el hombre termine enfermo de movimiento.[32] De ahí que la hiperactividad sea uno de los síntomas más determinantes de la indigencia mental. El individuo actual ha cambiado la reflexión por la acción superlativa, hasta caer en una hiperacción, claudicando así ante el hecho de que la acción le ha ganado la batalla a la reflexión. No es de extrañar que estemos asistiendo a un aumento de diagnósticos[33] de hiperactividad que empieza a ser preocupante. El 31 de agosto de 2018 se publicó un estudio norteamericano que afirmaba que, entre los niños y los adolescentes estadounidenses, la prevalencia estimada del diagnóstico del trastorno de hiperactividad/déficit de atención aumentó considerablemente entre 1997 y 2016, de un 6 a un 10 por ciento.[34]

Lo significativo pasa por el hecho de que hablamos de un hiperdinamismo de evasión, de distracción, que consume pequeñas y constantes dosis de dopamina con el objetivo de evitar la sensación de aislamiento. Este aislamiento parece manifestarse en el modo en el que el sujeto decide refugiarse en su espacio personal, que, para algunos teóricos, representa una isla. Será Sloterdijk el que defina los espacios del sujeto posmoderno como «islas nómadas» en las que el individuo se encierra en su piso de gran urbe y permanece a expensas de experimentar virtualmente la *vivencia* de estar en múltiples lugares sin moverse de su sillón.[35]

Esta preminencia del espacio como una de las categorías configuradoras más importantes de la hipermodernidad ha expresado su potencial no solo en el plano virtual, sino también en el físico. Estas «islas nómadas» son capaces de percibir el final de las distancias incluso en los hábitos de consumo. Incorporados sobre el almohadón de la cama, basta hacer clic en el ordenador (o la tableta o el móvil) para que nos acerque cualquier elemento, por medio de la compra *online*, a la puerta del hogar, sin necesidad de salir del ámbito privado. Es una de las muchas modificaciones epigenéticas que han provocado un cambio sustancial en el modo en el que el espacio se concibe y se expresa.

Pero incluso si la voluntad del sujeto hipermoderno fuera la de salir del hogar y habitar los espacios públicos, también encontramos que estos pierden categoría identitaria desde el momento en el que el individuo aísla su umbral perceptivo del exterior por medio de auriculares y pantallas que lo acompañan allá donde se desplace.

El espacio guarda una relación estrecha con la extensión y con la utilidad. Heidegger, en *Construir, habitar, pensar*,[36] usó un elemento muy aclaratorio para explicar el concepto de espaciar, llegando a diferenciar entre el espacio y el lugar. Puso como ejemplo las dos orillas de un río y el puente de la ciudad de Heidelberg. Antes de que existiese un puente, las orillas no eran aquello en lo que después se convertirían. El puente modifica el estatus de las propias orillas, el puente se encarga de generar un nuevo espacio que reconfigura el previo de las orillas, es decir, el puente espacia, el puente vincula la tierra con el resto del paisaje, y las orillas aparecerán como tal, pero solo desde el momento en el que el puente se construye y salva la corriente.

Algo parecido es lo que está sucediendo con la globalización y más en concreto con internet. Internet y la interconexión instantánea de sujetos han reconvertido los espacios y la propia categoría del espacio. Internet ha provocado que millones de lugares se doten de presencia, emergiendo a un nivel impensable en el periodo preglobalizador. No solo la creación de este nuevo puente, sino también la percepción del espacio y el modo en el que lo ocupamos provocan una reconfiguración de la categoría del mismo.

No cabe duda de que la globalización ha modificado la percepción de las distancias, pero, en lo referente a la realidad, la distancia se ha potenciado como categoría emocional y ha minimizado la potencialidad física. El sujeto hipermoderno no percibe la distancia como un hándicap que le aleja del objetivo, porque para él son distancias cercanas que rozan lo aséptico. Entre la intimidad y la extimidad no se percibe distancia alguna, de ahí que esta haya disminuido influencia en lo referente a su posicionamiento social. Los adverbios de lugar referidos a la distancia, al igual que muchas otras categorías, han sido redefinidos. Lo cercano ahora se impregna de significación emocional obviando la distancia física y aproximando experiencias reales que se han producido a miles de kilómetros pero que se perciben próximas. Lo digital y su manifestación imaginaria (en forma de imagen) aumentan la sensación de que las distancias son cada vez más afectivas.

# VIVIR SIN ALIENTO

# 4

# *DÝNAMIS* O MUERTE

## Dinamismo o muerte

«Bienaventurados los pobres de espíritu porque suyo es el reino de los cielos»[1] (Mateo 5:12). En las bienaventuranzas, la fortuna estaba reservada a los pobres de espíritu, si bien esto ocurría al final de sus vidas. Pero estos pobres de espíritu ¿quiénes son? En griego esta expresión hace referencia a *ptochós to pneûma* ('pobres en el espíritu'). El *pneuma* posee varias interpretaciones, pero desde los filósofos presocráticos se asocia con el movimiento del aire, el viento, y posteriormente derivó hacia el concepto de aliento, de respiración. Si usamos la perspectiva religiosa, este pneuma se puede enfocar bajo el estigma del espíritu (bienaventurados los que tienen vida espiritual), los que cuidan el alma. El alma en latín, y en lenguaje bíblico (en el Génesis), se encuentra referenciada al modo en el que Dios otorgó la vida a Adán por medio de un soplo, es decir, le traspasó su aliento soplándole.

En la interpretación filosófica, Aristóteles ofreció una de las claves del pneuma en su tratado *De generatione animalium*, donde sostenía que el pneuma era el encargado de transmitir al esperma la capacidad de movimiento (locomoción). Para el estagirita (Aristóteles), el semen contiene dentro de sí la posibilidad de ser fértil, y esta posibilidad le es dada por medio del pneuma. El término *ánima* posee matices en cuanto al género, y así, *anima* (femenino) era el lugar donde se producían los sentimientos y pasiones, mientras que *animus* (masculino) estaba reservado para el valor y la inteligencia. Todas estas acepciones (alma, aire, viento, aliento, respiración, soplo, pasiones, sentimientos, valor...) están sometidas a una misma entidad: lo dinámico como expresión de vida. Pero si bien en la Antigüedad este dinamismo bíblico era un enunciado metafórico, en el siglo XXI se ha tornado literal: bienaventurados los que están en constante actividad (hiperactivos).

Los nuevos modelos de posfelicidad son dinámicos, evidentes y literales. La posfelicidad está condicionada no ya al desarrollo de las potencialidades, como defendía Aristóteles, sino a la toma de conciencia de la potencialidad en sí: «Soy un potencial por explotar». El nuevo *esperma* no es otra cosa que la potencia del dinamismo. Los pobres de espíritu hipermodernos son los pasivos, los que se creen limitados en sus potencias, o carentes de las mismas, aquellos a los que les falta un soplo (pneuma) que les transmita ánimo.

Lo que proporciona vida al hombre hipermoderno es lo que le suministra aliento, lo que le alienta, ya sea una emoción, un discurso inspirador, o la persecución de la idea de éxito. Los bienaventurados de la actualidad son los que reciben el aliento que los anima al desarrollo de sus potencias, de su potencial. Como defendía Aristóteles, existe una felicidad en el desarrollo de las potencias, y esta idea parece estar más vigente que nunca. El problema es que carecemos de recompensa futurible. Los que con renovado aliento se despiertan cada día animosos, sintiendo que tienen, que deben y que pueden desarrollar al máximo su potencial, son calificados de valientes (*animus*). Y aquellos que lo consiguen, aun siendo la excepción, llegan a alcanzar el grado de referentes. La recompensa, por lo tanto, se presenta en forma de reconocimiento explícito (*likes*, seguidores, atención). Este reconocimiento social no admite término medio, se sumerge en las dinámicas de la turbotemporalidad, donde todo se configura con un reduccionismo maniqueo: o se logra el éxito, o se es un fracasado, pero, a diferencia de la felicidad, la posfelicidad no permite que esta evaluación quede en manos exclusivas del sujeto, sino que tiene que ser reconocida también por la comunidad. Para este individuo, la posfelicidad no se limita a ser un ejercicio de reflexión sobre el estilo de vida que imitar, sino que también se abre a un examen que será evaluado por los otros.

## Lo estático no es estético

Quién le iba a decir a Aristóteles que su análisis sobre el ser en acto y el ser en potencia le serviría al sujeto actual como punta de lanza para exterminar la concepción clásica de la felicidad. Como si de un proceso natural se tratase, el liberalismo ha logrado que la persona enfoque su autoevaluación analizando sus potencialidades, de modo que, para este sujeto, gran parte de la vida en la hipermodernidad pivota en función del desarrollo del potencial que cada uno cree tener (no implica que necesariamente lo tenga). Estos individuos han dejado de definirse por lo que son, hasta perder relevancia su «ser en acto», su actualidad. Perciben el *statu quo* como un estado obsceno desde el momento en el que demonizan la pasividad y el estatismo. El sujeto hipermoderno valora la proactividad, la iniciativa y el constante emprendimiento como síntomas de un individuo ejemplar, de un referente. En su reducción maniquea de la realidad, todo aquel que no encaje en estos cánones de dinamismo es tachado de «fracasado». Para esta persona, la ejemplaridad social se subordina a una vida regida por el canon de una hiperactividad configurada bajo la categoría de la ilusión. El referente es un sujeto constantemente ilusionado, impregnado de un infatigable entusiasmo que proyecta en una serie de potencialidades que cree poseer.

Bajo este paradigma, toda emoción que se perciba estática o pueda implicar el más mínimo malestar tiene que ser eclipsada por una emoción alternativa que cree la ilusión de un ser en potencia, de ahí que tratemos de sustituirla por una emoción estética. La emoción estética es aquella que está más preocupada por la forma que por el contenido; es la que trata de responder a la razón del «cómo deberías sentirte», en lugar de autoanalizar «qué es lo que sientes». Desde esta perspectiva, el «cómo deberías sentirte» de la emoción estética es el canon que seguir que aporta las directrices para actuar. En la mayoría de las ocasiones, ese cómo se configura bajo el manto del entusiasmo. Para el sujeto hipermoderno no hay que combatir el desánimo, la pereza o la desgana haciendo un análisis sobre los motivos que le llevan a sentirse así, porque lo importante pasa por implementar, por encima de estas sensaciones, alguna emoción dinámica que le aliente e ilusione. No se busca profundizar en los motivos del desánimo, sino más bien actuar superponiendo a estos cualquier elemento dinámico que nos active de nuevo, y evitar así el análisis sereno de nuestra identidad. Siguiendo con la terminología aristotélica, existe una especie de demérito en el ser, en lo que es, que le presiona para huir de la vida contemplativa hacia una vida hiperactiva.

Todo lo estático ha dejado de ser estético. La belleza como actividad contemplativa se está desgajando poco a poco de la posfelicidad. La belleza, entendida desde lo estático, no puede ser el criterio evaluador de nuestra felicidad hipermoderna porque no tiene desarrollo, de ahí que la posfelicidad que estamos experimentando carezca de este canon. Lo estático es aquello que en su sentido originario está «parado en equilibrio». Esto implicaría la asunción de dos cosas; por un lado, estaría la fragilidad que supone el equilibrio, de ahí que el ser en acto, el estático, en pleno siglo XXI, es un ser frágil. Paradójicamente, este individuo, que vive anclado en la extenuación de la hiperactividad y se ve forzado a la producción estética de su propio entusiasmo, percibe al sujeto estático como malogrado, como un individuo débil e incapaz de activarse. Lo estático, la quietud, lo inmóvil, se considera un elemento negativo que retrasa el desarrollo de las potencialidades y debilita. Con esta categorización del otro busca reforzar su estima tratando de obviar su propia fragilidad.[2] Pero si algo se evidencia en el sujeto es precisamente lo frágil de su planteamiento vital, que gira en torno a la idea de posfelicidad. No en vano no cesa de incrementar la prescripción de ansiolíticos y antidepresivos, hasta el extremo de que España lidera el consumo mundial de benzodiacepinas,[3] sin contar con el resto de los tratamientos terapéuticos, al igual que no cesa de crecer la venta de libros de autoayuda.[4] El individuo hipermoderno ve la fragilidad en el ojo ajeno pero es incapaz de percibir el vacío en el suyo propio.

En segundo lugar, lo estático, en una de las derivaciones etimológicas, puede interpretarse como «lo colocado», y si algo ha sido colocado, quiere decir que carece de autonomía para colocarse por sí mismo. Desde esta perspectiva, la falta de autonomía de lo estático supone una heteronomía que predispone desde el exterior las pautas que seguir, algo que para este sujeto es impensable porque es sinónimo de debilidad. Ser colocado, tener un sitio fijado en el que encajar, se percibe desde el desprecio. El individuo, con su ímpetu e hiperactividad, está convencido de que él es competente no solo de ocupar un espacio, sino que además se cree con la capacidad de generar espacios nuevos. Esta actividad la conoce con el nombre de innovación, uno de los motores de su vida.

Paralela a lo estático y percibida como un lastre algo menor para la posfelicidad, nos encontramos con otra categoría similar: lo estable. La estabilidad, si bien implica reposo, adquiere la connotación de deseable desde el momento en el que nos sirve como asidero para los momentos de dinamismo. Lo estable supone «la posibilidad de permanecer en un sitio sin experimentar cambios». A diferencia de lo estático, en lo estable no se percibe la necesidad del equilibrio. Quizá por ello la elegancia tenga la estabilidad como una de sus señas de identidad más representativas. Las fuerzas que actuaban constantemente contra lo estático y que obligaban a mantener el equilibrio han sido ampliamente superadas por lo estable. Lo estable, por lo tanto, es estético desde el momento en el que facilita el desarrollo del dinamismo, aunque en sí mismo no conlleve elementos dinámicos. La elegancia de la estabilidad pasa por su continuidad.

La estabilidad asociada directamente con lo estético se referencia al origen mismo de la estética, que no es otro que la *sensación*. En griego, *aisthētikós* significaba que era susceptible de percibirse con los sentidos.[5] Lo estable es estético mientras aporte una «sensación de estabilidad» para el desarrollo del potencial, mientras dote de confianza al sujeto para activar su dinamismo. La estabilidad será un cimiento para el progreso de ciertas potencialidades que posee este individuo. El problema de la estabilidad hipermoderna surge cuando la evolución de estas potencialidades no se logra en el periodo de tiempo deseado (por lo general cortoplacista), y el sujeto resuelve abandonar sus objetivos, no tanto por la pérdida de confianza en ellos como por la ansiedad de obtener resultados inmediatos. En este tránsito, el fracaso se percibe como una oportunidad, algo que la posfelicidad se ha encargado de repetir por activa y por pasiva. Todos los oradores motivacionales saben que este mantra es infalible.[6] De ahí que el sujeto decida embarcarse en una dinámica que desarrolle otras potencialidades rentables a corto plazo. De no ser así, la estabilidad pasa a ser estática y se convierte en una rémora para los nuevos proyectos. Llegado ese momento, para este individuo hipermoderno la estabilidad de una relación de pareja, o de una familia, puede suponerle un estatismo que frene el ímpetu del potencial que cree tener, de ahí que, en muchas ocasiones, opte por evitar o apartarse de estos elementos que puedan significar un lastre en su autodesarrollo. Si bien no es la única causa, no es de extrañar que el índice de divorcios aumente a la par que la natalidad disminuya.[7]

Lo estético, por el contrario, es dinámico y la posfelicidad solo se comprende desde el dinamismo. En griego, *dýnamis* significa «potencia», «fuerza», pero también se refiere en alguna acepción a la «capacidad». Estos tres calificativos, potencia, fuerza y capacidad, son el basamento del discurso en torno a las potencialidades hipermodernas. Aristóteles definía el movimiento como «la actualidad de lo potencial en cuanto a tal»; es un proceso que se manifiesta como un continuo en acto, un constante presente en desarrollo, de ahí que el sujeto hipermoderno esté en persistente actualización de las vías potenciales en las que trata de sumergirse sin apenas distancia ni tiempo. Desde esta perspectiva, la posfelicidad solo puede ser un continuo. A su vez, todo movimiento implica la interacción de fuerzas diversas, de manera que cualquier fuerza que pueda contrarrestar la continuidad del movimiento será considerada perjudicial. Esta posfelicidad dinámica alcanza su culmen estético en la fusión entre el sujeto y su potencialidad, llegando a aceptar el *dynamai* como la manifestación literal del «yo puedo», «yo soy capaz».

La creencia de esta potencialidad parte del sentido originario que Baumgarten otorgó a la estética entendida como *aísthêsis* e interpretada como «sensación», no en vano fue el primero en apuntar que la estética se podría considerar como la ciencia del conocimiento sensitivo, hermanando ciencia con sensibilidad.[8] La emoción estética del individuo hipermoderno implica la sensación del «yo puedo», que por instantes febriles alcanza el grado de fe: «Yo sé que puedo». La asunción de la potencialidad como una realidad futurible se adentra en la emoción estética. El «yo sé que puedo» se percibe y se siente como una fuerza que se enfoca en aumentar el dinamismo.

## Inercia y zona de confort

La evolución de este perpetuo actuar, que configura la posfelicidad a través de continuos procesos de actualización en los que el sujeto trata de desarrollar su potencial, encuentra un obstáculo que, si bien no le frena, tampoco ayuda a desplegarlas con la fluidez y, sobre todo, con el ímpetu requerido: la inercia. En los tiempos preglobalización, la inercia era un aliado de la felicidad como elemento de descanso, de reposo, donde dejarse llevar y disfrutar formaban parte de la contemplación y del proceso de desactivación. Este dejarse llevar por la inercia de lo que uno hacía y lo que uno era implicaba descanso y conformidad. A fin de cuentas, la inercia es una propiedad de los cuerpos de mantener su estado (reposo o movimiento) mientras que no haya ninguna fuerza que lo modifique. Esto implica una tranquilidad y un reconocimiento en el *statu quo* que el sujeto tenía, a la par que una aceptación conformada de la vida que uno llevaba. No era de extrañar que una de las preocupaciones que el sujeto preglobalizado tenía era que alguna fuerza externa viniese a trastocar esta aceptada inercia de la vida, idea que se podría resumir en la popular frase: «Virgencita, Virgencita, que me quede como estoy».

En el sujeto hipermoderno, sin embargo, la inercia se entiende como una distancia, como una lacra, como un mecanismo de fuerza que se tiene que doblegar. La inercia no forma parte del proceso que fortalece la hiperactividad, si bien es un elemento natural en cualquier fase que implique dinamismo. Este sujeto entiende la inercia como la resistencia que opone el sistema para que él pueda modificar su estado, obstaculizando el potencial de cambio. Se considera molesta y casi impertinente. No está en el bando de los aliados que tienen como misión la aceleración del presente continuo, que buscan engrasar los mecanismos de ánimo (movimiento).

Podría pensarse que, al igual que lo inútil, debería encuadrarse en la categoría de la indiferencia, pero nada más lejos de la realidad. La inercia se contempla desde la negatividad, una negatividad que, a través del lenguaje, se ampara en expresiones tales como la zona de comodidad (zona de confort) para expandir el mensaje emocional que condicione una inercia negativa. La inercia, bajo la perspectiva del sujeto actual que persigue la posfelicidad, se concibe como la resistencia pasiva que le impide salir de su zona de confort, que le imposibilita romper con su zona de comodidad. La zona de comodidad se descubre como estática, sin recorrido, sin posible desarrollo de ninguna potencialidad, sin visos de productividad, de ahí que en la posfelicidad se desprecie.

## La belleza de imitar: la *techné*

Otra de las características más sofisticadas de esta posfelicidad está relacionada con la belleza, y más en concreto con la *techné* que postuló primero Platón y que después asumirá un papel crucial en Aristóteles por medio de la *Poiesis*. Si bien la estética como disciplina filosófica no aparece hasta bien entrado el siglo XVIII, en la Grecia clásica se había producido una reflexión previa sobre el concepto de belleza bajo una perspectiva más pragmática.

En Platón podemos encontrar dos configuraciones abiertas que implican una idea de belleza metafísica y otra pragmática. La metafísica está relacionada con el orden del universo y se puede analizar en el *Timeo*[9] platónico, un diálogo en el que se correlaciona el orden y la belleza en el plano cosmológico. El universo está bellamente ordenado y ese orden otorga sentido. En este plano del orden no hay lugar para la entropía, el caos o el cambio, de modo que, desde esta perspectiva ontológica, el universo platónico es orden y previsión, y ahí está la belleza.

Esta primera acepción de belleza sufre el rechazo de un sujeto hipermoderno que está sometido a las lógicas divergentes que se imponen bajo el paradigma del cambio. Para este individuo, el orden implica previsión y estatismo, justo las cualidades contrarias al modelo de vida que impera. Sin embargo, y a pesar de no aceptar la categoría estética del orden platónico, sus aspiraciones pasan por tratar de entender y sobrevivir al desorden que se da en los procesos de su presente continuo, es decir, tiene la pretensión de comprender, organizar y jerarquizar mentalmente su mundo, de dotarlo de algún orden. Sabiendo esto, la intención de la posfelicidad hipermoderna pasa por ofrecer sentido a todo ese proceso dinámico del sujeto que implica desarrollar su potencial. Es la paradoja de esta posfelicidad hipermoderna, que, si bien se nutre de una heteronomía (desde el exterior configuran su vida) que ofrece sentido a la *dýnamis* del sujeto, donde le dicen lo que tiene que hacer y cómo lo tiene que hacer, por otra parte, no logra evitar sentirse vacío, tal y como Lipovetsky[10] apuntó en los años ochenta, adoptando concepciones de la buena vida externas a él.

La posfelicidad ha liberado al sujeto de verse en la obligación de ser un constructor de sentido, y esta falta de actividad en la edificación del sentido por parte de uno mismo es lo que deja una posfelicidad impregnada de ligereza. Cuando la idea de felicidad se configura desde unas circunstancias concretas y personales, donde el sujeto, a través de los diferentes contextos de su vida, va moldeándola, la felicidad arraiga y se asienta de manera sólida y estable. Pero esto no le sucede a este individuo, porque en su hiperactividad las circunstancias personales no se tienen en cuenta. Al contrario de lo que sucede en el resto de las parcelas de la vida hipermoderna, donde el sujeto entiende su realidad en función de la actualización de las potencialidades, cuando se trata del tema de la construcción de la posfelicidad, la persona se siente liberada de tener que conferir sentido a esta, y concibe la posfelicidad bajo la heteronomía.

La posfelicidad se encuentra fuera del sujeto, es un constructo social objetivado y geolocalizable, lo cual le evita el laborioso trabajo de tener que crear una definición de felicidad, pero, a su vez, inserta en él un criterio de responsabilidad enfocado exclusivamente en su capacidad dinámica, en su acción. Asume una idea de posfelicidad externa a él, a la vez que contrae la totalidad de su responsabilidad en lo referente al éxito/fracaso a la hora de conseguirla. Podría entenderse como alguien que dice: «Soy responsable de mi fracaso y este consiste en no alcanzar la idea de felicidad que el sistema me ofrece». La única manera de experimentar esa idea de belleza *ordenada* se produce cuando se logra la simbiosis entre el dinamismo y la consecución de la posfelicidad.

La otra idea de belleza la encontramos en el diálogo de Platón *Protágoras*, donde se pone el foco en una belleza más pragmática, interpretando el campo del arte/creación desde la perspectiva de la *techné*. En Platón, la *techné*, el arte, tiene una relación directa con su teoría de las formas, y el creador/artista, como defenderá en el diálogo *Crátilo*, no se amparaba para crear en lo concreto y sensible, sino en la forma ideal, tratando de imitarla. Es decir, el artista tomaba como referencia el ideal para ponerse a trabajar en lo concreto. Sin embargo, el cambio radical que sufre el sujeto hipermoderno pasa por reducir el uso de su *techné* a imitar lo concreto, lo sensible, lo evidente. El arte/creación de este individuo es una imitación de una producción específica realizada ex profeso, de manera que le sea mucho más sencillo lograr una reproducción lo más fidedigna posible. Al situar el objeto de belleza estética delante de su campo de visión, todo se simplifica mucho más, hasta el extremo de facilitarle la imitación, logrando así una satisfacción instantánea y fácil de adquirir. El sujeto no siente que su ideal esté lejano o separado de la realidad. Tampoco requiere ejercitar el entendimiento. Los ideales que ha interiorizado son realizables, pero a pequeña escala. Son imitaciones, siempre en proporción menor, pero que se perciben desde el estímulo. Poder viajar por el mundo pagando a plazos, tener el mejor móvil de última generación, comer en algún restaurante de lujo... son acciones orientadas a estimular esta posfelicidad. El propio Platón reconocerá que la imitación forma parte de las artes productivas (o poéticas), y cuando se conjugan los tres mecanismos —el arte, la creatividad y el dinamismo—, el sujeto cree estar experimentando la belleza hipermoderna.

## Literalidad

La literalidad es otra expresión de la posfelicidad que se impone. Sumidos en la ilusión estética en torno al desarrollo de nuestras potencialidades («eres capaz de aumentar tu potencial»), la acción se convierte en la manifestación externa e interna de ese pneuma, de ese aliento, un aliento que empuja al sujeto a seguir literalmente las metodologías entusiastas, cuyo objetivo es rentabilizar cada faceta de la vida. No hay lugar para la ambigüedad.

La posfelicidad implica una psicolocalización de fácil acceso, y las instrucciones para alcanzarla deben ser directas y simples, de manera que no perturben la mentalidad (psique) del sujeto hipermoderno más allá de la proyección y planificación que debe realizar para comenzar su viaje, su proyecto. Cualquier proceso que le demande una introspección profunda, o un ejercicio de análisis sosegado, racional y aséptico será rechazado frontalmente.

A diferencia de un mapa geográfico, la psicolocalización es dinámica y volátil. Los trayectos mentales proyectados son distancias cortas y presumiblemente accesibles que obvian el recorrido, porque todo el dinamismo está enfocado a múltiples destinos y, a su vez, estos pueden ir cambiando sin programación previa. Si en mitad del camino se encuentra otro destino mejor, se renuncia a ese proyecto sin preocupación alguna y se comienza el siguiente. La relevancia se reparte por igual, tanto en los preparativos como en el destino, de ahí que el trayecto pierda importancia. Y cuando el trayecto pierde importancia, abandonarlo para comenzar uno nuevo es casi irrelevante. A esto se le une que hay que tener en cuenta que la velocidad a la que todo se produce contribuye a esta merma del proceso, que se percibe en forma de un itinerario lo más esterilizado posible. Hacemos los preparativos mentales para el trayecto, localizando nítidamente el objetivo —por ejemplo, abrir un canal de YouTube donde subir nuestros contenidos y así rentabilizarlos y ser popular—; comenzamos el camino, observamos que en dos meses apenas superamos las doscientas visualizaciones, y renunciamos al proyecto para comenzar con uno nuevo. Volvemos a situar mentalmente un nuevo objetivo, que también nos parece muy apetecible —por ejemplo, esculpir nuestro cuerpo en el gimnasio y convertirnos en entrenador personal—. Nos autoconvencemos emocionalmente de que será estupendo y de que tenemos potencial para hacerlo. Sabemos el camino que hay que recorrer, lo hemos psicogeolocalizado y nos ponemos manos a la obra. Pasan cuatro semanas, apenas se atisba cambio, de modo que desistimos. El siguiente propósito nos vuelve a ilusionar por igual: es escribir un libro, publicarlo y tratar de que tenga éxito. Creemos que podemos hacerlo, nos hemos informado sobre escritores/as que publicaron su obra en Amazon y terminaron triunfando, y a base de nutrirnos de esos perfiles, volvemos a envalentonarnos y nos ponemos manos a la obra. Esta dinámica está interiorizada y normalizada, de manera que nuestra psique tiene muy bien ubicadas (psicolocalizadas) las emociones que deben configurar la idea de posfelicidad. Es un proceso impregnado de literalidad, donde los sujetos de éxito, los referentes, los *animadores*, se encargan de realizar una narración detallada de sus metodologías, presentándolas como evidencias por medio de conferencias, vídeos de YouTube, libros donde detallan cada uno de los pasos que dieron... El sujeto actual asume que estas narrativas son literales, es decir, expresan con palabras la realidad, pero, sobre todo, se acompañan de ejemplificaciones biográficas, de modo que no queda espacio a la confusión. La presentación de la biografía de un sujeto de éxito, realizada con un enfoque cercano y popular, disipa cualquier duda.

Pero si algo es evidente es que vivimos en un mundo repleto de ambigüedades que rebosa contrasentidos. Somos seres paradójicos, aunque no queramos reconocerlo. Sabemos que fumar perjudica la salud y, sin embargo, fumamos. Estamos al corriente de que comer alimentos ultraprocesados no es sano, pero, como nos gustan, los comemos. A esto se une la ambigüedad que supone que una cuestión pueda entenderse desde diversos puntos de vista, que no se limite a presentarse de manera unívoca. Como sujetos, estamos preñados de ambigüedad desde el momento en el que el yo no se puede separar de aquellas relaciones que lo hicieron posible, «pero también de la reiteración de aquellas relaciones y la posibilidad de ruptura que se integra como parte de su historia, como apertura a un futuro vivible»;[11] es decir, según Butler, no nos podemos separar de las relaciones que nos configuran, pero necesitamos romperlas para abrirnos al futuro.

Lo ambiguo es aquello que puede moverse hacia varias direcciones, implica que, a una cuestión, o a una circunstancia, se le puedan adjudicar diferentes interpretaciones. El filósofo alemán Thomas Bauer ha recalcado que asistimos a una pérdida de la ambigüedad. Lo ambiguo conlleva que pueda haber múltiples sentidos y que se puede admitir una variedad de significados. La ambigüedad no siempre es bien recibida, ni en la vida, ni en las ciencias ni en la filosofía. El ejemplo lo tenemos en Michel de Montaigne y en sus *Ensayos*. Basta leerlos para apreciar la ambigüedad tanto en estilo como en contenidos, donde mezcla las reflexiones de los clásicos con sus flatulencias, o con sus problemas de erección, mostrando dudas, incertidumbres, vacilaciones, aceptando la complejidad de lo humano. Huye de la claridad de las ideas para tratar de presentar su realidad biográfica lo más fidedigna posible, cuestión que conlleva mostrar las contradicciones que envuelven el asunto de la vida. Merleau-Ponty lo describe así: «La conciencia de Montaigne [...] está ligada al mismo tiempo que es libre, y en un solo acto, ambiguo, se abre a objetos exteriores, y se siente extraña a ellos [...]. Para él —como más tarde para Pascal—, nosotros estamos interesados en un mundo del que no tenemos la llave, incapaces igualmente de permanecer en nosotros mismos y en las cosas».[12]

Si algo destaca en la filosofía de Merleau-Ponty es la ambigüedad. Para este pensador francés la experiencia de nuestro cuerpo implica ambigüedad. Nuestro ser-en-el-mundo precisa de un cuerpo desde el que centrar nuestra existencia (el cuerpo como referencia desde la que explorar el mundo). Pero esta existencia que nos ofrece libertad, por un lado, en la interacción con el mundo, por otro lado, nos ancla a la servidumbre del cuerpo: «Lo que nos permite centrar nuestra existencia es también lo que nos impide el centrarla absolutamente, y el anonimato de nuestro cuerpo es inseparablemente libertad y servidumbre. Así, para resumir, la ambigüedad del ser-del-mundo se traduce por la del cuerpo».[13] Nuestro propio cuerpo se experimenta desde la ambigüedad. No es un objeto, de manera que la conciencia que se tiene de él no es un pensamiento del que uno pueda hacerse una idea clara. Su unidad es implícita pero también confusa: «Es siempre sexualidad a la par que libertad, enraizado en la naturaleza en el mismo instante en que se transforma por la cultura, nunca cerrado en sí y nunca rebasado, superado».[14]

Esta ambigüedad se extiende, más allá de nuestro cuerpo, a lo social. Reconocer que lo ambiguo forma parte de la condición de lo social es abrir un abanico de posibilidades al entendimiento entre humanos, a la comprensión, a la empatía intelectual. Bauman será uno de los mayores defensores de la ambigüedad, entendida como una fuerza capaz de reducir el potencial destructivo y genocida de una modernidad obsesionada con el orden, que trata de imponer una narrativa clara y unívoca.[15] Esto implica que la pedagogía tiene como misión de fondo el preparar a un sujeto para que sea capaz de vivir en paz con la incertidumbre y con la ambigüedad.[16] Sin embargo, este sujeto hipermoderno reniega de lo ambiguo, tratando de someter su realidad a un criterio de univocidad, y exhibiendo intransigencia ante la confusión. Muestra intolerancia hacia todo aquello que no esté claramente determinado, potenciando así una tendencia hacia el fundamentalismo. La consecuencia indirecta es que cualquier propuesta que tienda a reducir la ambigüedad se convierte en una propuesta atrayente. Asistimos a la eclosión de los gurúes integrales, motivadores que actúan en un amplio espectro de sectores, ya sea el mundo laboral, el personal, el tiempo de ocio o, el pedagógico, y que se convierten en guías personales de individuos necesitados de dotar de significado unívoco sus vidas. Se ofertan múltiples opciones vitales, orientadas a la consecución de la posfelicidad, pero cada una bien delimitada, organizada y pautada, de manera que el sujeto pueda adherirse a cualquiera de estos proyectos.

Otra función de la literalidad es la de delimitar las temporalidades y de paso ahorrar tiempo. La economía temporal es esencial para sumirse en una dinámica experiencial no solo cualitativa, sino también cuantitativa. Con el objetivo de acumular el máximo número de experiencias es necesario abreviar en la transición entre ellas. Lo literal no da lugar a equívocos y ahorra tiempo de investigación e incertidumbre, de ahí que muchas de las metodologías que adoptamos estén extremadamente tipificadas y pautadas, en tiempo y forma. Por ello, los trayectos vienen señalizados con una duración determinada para realizarlos, con un «tiempo aproximado de viaje». Son trayectos que se configuran desde aplicaciones de control de calorías, de número de repeticiones en cada ejercicio que tenemos que hacer, de contabilidad exacta de pasos, de presupuesto detallado de gastos... Los destinos llevan fecha de caducidad y el sujeto tiene en cuenta no solo los psicomapas geográficos, sino también los temporales, que suelen estar marcados por las tendencias del momento.

## Itinerario

El trayecto hacia la posfelicidad está condicionado a tres momentos exclusivos. El primero son los preparativos del viaje, que implican la necesidad de pertrecharse de todas las comodidades posibles para no distraerse del objetivo. Esta fase se nutre del aliento (pneuma). Son preliminares cargados de ilusión, y pueden comenzar con un discurso motivacional, un libro de autoayuda, la visualización de un vídeo... Entraña la interiorización de un relato que se va rumiando en busca del autoconvencimiento, y suele apoyarse en la búsqueda de material que confirme al sujeto su propia intencionalidad. Es decir, en esta fase, aceptamos solo argumentos y razonamientos que corroboren el propósito del viaje que queremos realizar, a modo de lecho de Procusto. Lo que se busca son testimonios que encajen con el proyecto. No se pretende analizar la conveniencia de la idea en sí en función de nuestros contextos y circunstancias, sino potenciar el aliento inicial lo máximo posible. Es una fase que no atiende a razones que puedan socavar mínimamente la confianza en el proyecto. Son momentos donde el sujeto es imposible de disuadir, por muchos razonamientos que le puedan advertir de lo fantasioso de la misión, de las tremendas dificultades que supone, o de sus escasas capacidades personales para lograrlo. No importa si estas advertencias le llegan de su círculo de confianza o de personas con legítima autoridad sobre el tema. Es una fase que se carga de fanatismo en torno al proyecto que se propone. La pensadora Ziva Kunda[17] lo denomina «razonamiento motivado», es decir, cuando tenemos algún motivo, generalmente sentimental o económico, que puede ser obstáculo para la verdad, entonces elegimos no buscar la verdad y dejarnos llevar por nuestros sesgos. No se quiere contrastar o evaluar las posibilidades reales del viaje, o las vicisitudes que se presentarán, sino, más bien, reafirmar lo maravilloso que será el destino que se ha proyectado.

El segundo momento es el arranque, el impulso en forma de determinación al comenzar el trayecto. Este impulso está respaldado por la certeza de que el itinerario está bien señalizado (sé feliz en 21 pasos, cómo dominar la suerte, decálogo para alcanzar el éxito...) y que tenemos suficientes recursos para realizarlo, dejando muy poco margen para el fracaso. En el caso de que este se produjera, el fracaso será atenuado por la activación de una nueva psicolocalización cuya misión será continuar con el dinamismo.

Y, por último, la finalización, que se convierte en un mero elemento de tránsito. El sujeto hipermoderno es especialista en finalizar proyectos, no en acabarlos. Al usar criterios emocionales en detrimento de análisis racionales, la mayoría de estos proyectos cuentan con una escasa probabilidad de éxito, evidencia esta que se hará manifiesta al poco tiempo de ponerlos en marcha. Cuando la realidad de sus limitaciones se impone, surge el problema de ponerle punto final para comenzar otro nuevo. Es experto en clausurar proyectos inacabados y percibe el cierre de cada uno como un elemento de transición hacia el siguiente. Es un sujeto sometido a una vida en tránsito. Cada proyecto inacabado se bifurca hacia nuevos destinos, de manera que no hay tiempo para acomodarse.

Son tres momentos que poseen una carga ontológica de manera independiente. Están delicadamente diseñados hacia un punto y seguido narrativo, que siempre deja la historia abierta y que no termina de satisfacer al sujeto porque a su llegada siempre tiene esperando nuevos psicomapas que se presentan con renovado aliento. El deleite y contemplación de lo vivido, o del final del trayecto, se sustituye por la ensoñación de un nuevo psicoviaje. La psique no reposa.

En un plano diferente, la literalidad que emplea el sistema para expandir la posfelicidad también está relacionada con la fidelidad. Lo literal implica la fidelidad al significado de las palabras, imágenes, sensaciones... encargadas de presentarnos las múltiples experiencias. El individuo contemporáneo no es capaz de desconfiar ni de las rutas ni de los destinos ni de las valoraciones que los usuarios publican en las webs, porque desconfiar conlleva una connotación negativa que podría contaminar el aliento que lo impulsa a emprender. En su demencia ilusoria sobre el proyecto, la desconfianza no forma parte de su acervo. Es una fidelidad centrada en la narrativa con la que este modelo de consumo emocional funciona. Una narrativa que apela a la seducción. El uso de medios bajo mecanismos de seducción, y la sutilidad de los mensajes que facilitan esta literalidad, abastece el sistema para monopolizar al sujeto hipermoderno sin necesidad de ejercer presión alguna. Si antes la felicidad estaba apoyada por todo un mecanismo externo que empujaba al individuo a relacionarla con el consumo material, combatiendo contra una dinámica de contención del placer (ética cristiana y estoicismo), en la posfelicidad el sistema ha logrado que los procesos de seducción que antes se filtraban, diseñaban y propagaban desde la verticalidad del sistema ahora se realicen desde la percepción de un modelo de vida horizontal. Esta horizontalidad ilusoria ha facilitado la descarga de la *mala conciencia* hasta el extremo de crear un vínculo con un sujeto. Ahora es el propio individuo el que publicita, usando las narrativas persuasivas de las redes sociales, su modelo de posfelicidad, y ello le convierte, a la vez, en un consumidor y en un productor de la misma. Se ha transformado en un colaboracionista de la posfelicidad.

## La curiosidad

En esta reestructuración de categorías en torno a la posfelicidad la curiosidad no se ha quedado al margen. Lo que otrora fuese la trilogía de un protopensamiento, compuesta por asombro-curiosidad-cuestionamiento,[18] ha sufrido una mutación en busca de una supervivencia desesperada, adoptando el nuevo lenguaje lisonjero y bañado del dinamismo que requieren los tiempos hipermodernos. Vayamos por partes. El asombro había sido destacado por Platón en el *Teeteto*, y por Aristóteles en su *Metafísica*, como la actitud inicial de la filosofía, si bien para este último poseía la salvedad de que era previo a la filosofía.[19] El asombro al que se referían estaba en relación con la cotidianeidad. Este asombro postulado por los griegos era el combustible necesario que recibían del surtidor de la realidad que afectaba al sujeto, y que tenía como misión satisfacer la curiosidad posterior, una curiosidad que se activaba justo después de que el asombro hiciera acto de presencia. No es de extrañar que personajes como Tales entraran en la historia de la filosofía cayéndose, en medio de la noche, a un pozo, incapaz de mirar el suelo que pisaba y asombrado por el esplendor del universo que lo cubría. El asombro, por lo tanto, sobresaltaba al sujeto, cuya predisposición a aquel favorecía su aparición. Algunos críticos postulan que la resolución del interrogante que genera el asombro provocaba su final, es decir, que una vez que hemos resuelto la cuestión que nos ha generado el asombro, este desaparece, pero olvidan que la memoria del proceso emprendido, junto con la satisfacción que supone adentrarse en una investigación por cuenta propia, estimulan en el sujeto una revisión de su actitud con el mundo, amparado en la experiencia de saber que este ciclo (asombro-curiosidad-cuestionamiento) le resultó placentero. El asombro experimentado, junto con la totalidad del proceso de protopensamiento, se abastece a sí mismo en la búsqueda de una interpretación del mundo. Cuando un sujeto experimenta las fases del protopensamiento por cuenta propia, lo normal es que la huella emocional e intelectual que este deja le genere la apetencia de volver a repetirlo, predisponiéndolo de nuevo al asombro. El conocimiento estimula el propio conocimiento.

En la felicidad preglobalizadora existía el asombro de algo. Heidegger comenta en sus lecciones[20] que el asombro vulgar es una condición prefilosófica que debemos distinguir del asombro propio de la filosofía, que está más relacionado con una actitud, un *pathos*. Bajo esta perspectiva *vulgar* del asombro, Heidegger concretó diversas variaciones del mismo que están representadas en nuestra cotidianeidad. Habló del «maravillarse» cuando se trataba de enfrentarse a la novedad, también de «fascinación», que entabla una relación directa con aquello que nos resulta excelso o glorioso; y por último estaría la «admiración», que afecta al plano personal (a personas).[21] Es decir, asombrarse es maravillarse ante lo nuevo, o fascinarse cuando algo nos resulta sobresaliente e ilustre, sin olvidar que también implica el plano personal, que se manifiesta cuando confesamos nuestra admiración hacia alguien.

Este asombro común (*thaumázein*) se caracteriza por ser receptivo, nos asombramos de algo, es decir, lo externo, el fenómeno, lo que se manifiesta, estimula el protopensamiento en forma de extrañeza, algo nos resulta insólito. De ahí que el asombro sea un afecto, puesto que necesitamos *ser afectados* para activarnos.

Por el contrario, en la era de la posfelicidad el asombro ha mutado en busca de la supervivencia. Se ha visto sometido a las lógicas estéticas del dinamismo y ha tenido que abandonar la actitud afectiva originaria (afectarnos), cuya esencia era pasiva (éramos afectados). El asombro hipermoderno es otro instrumento más al servicio de la posfelicidad y, con el fin de ser eficaz, ha mutado hacia un discurso proactivo. Ya no se trata de dejarse asombrar, de ser afectado por la realidad, ahora se busca asombrar y asombrarse. Sus mecanismos de estimulación son autónomos y parten de la *dýnamis* interna. Queremos ser sujetos asombrosos, pretendemos asombrar a la vez que ansiamos dosis de asombro que eclosionen como mera fascinación, que no vayan más allá, imitando por momentos las dinámicas de TikTok o de Instagram.

En este proceso donde se activa el mecanismo de adaptación para sobrevivir, el asombro se somete a la lógica de la turbotemporalidad y provoca que el objetivo no sea el desarrollo de las fases completas del protopensamiento (asombro-curiosidad-cuestionamiento). Tanto la curiosidad como el cuestionamiento carecen de tiempo y distancia para poder realizarse adecuadamente. En la hipermodernidad lo que se busca es la eclosión atomizada de la fase inicial del asombro, es el inicio de lo que he venido llamando «drogodependencia emocional».

El asombro en la era de la felicidad daba paso a un intento más reposado de comprensión de la realidad, es decir, era un paso necesario para continuar sometido a ese amor por el conocimiento. Pero el asombro en la era de la posfelicidad está ligado a la lógica de las emociones intensas, busca como fin la sensación de desconcierto y estupefacción a la vez. Pretende el cambio de registro emocional que provoque al sujeto una huida de la estabilidad sentimental que considera pobre y poco estimulante. El sujeto hipermoderno percibe que la rutina implica la falta de movimientos nuevos, y que su predictibilidad, en lugar de calmarlo, le genera ansiedad por falta de dinamismo.

El asombro hipermoderno ya no es una apertura al saber como pretendía Platón, no se encuentra en el inicio de un proceso que tiene como objetivo el conocimiento. Más bien es una manifestación potenciada del sentir, una conclusión.

En un mundo de hiperestimulación, la saturación a la que nos sometemos provoca que cada vez sea más complicado encontrarlo. La sofisticación y el rebosamiento en el que vivimos generan un inconveniente añadido en el proceso de búsqueda activa del asombro. Este problema se manifiesta en la tremenda dificultad que supone remover en el sujeto los mecanismos que impelen el asombro. Cada vez es más difícil encontrar algo que nos asombre, de ahí que el consumo del sujeto actual —audiovisual, literario, periodístico, etc.— se encamine hacia los extremos, hacia la búsqueda de lo intenso, sea lo que sea (pornografía extrema, deportes de riesgo, selfis peligrosos...).

## Arrancar, impulsar, despegar

Pero incluso en el arranque hemos modificado la clásica estructura de la felicidad, provocando una mutación que juega a favor de la posfelicidad. Con la felicidad, arrancar significaba desarraigar, romper con el pasado y aventurarse. Era un ejercicio costoso (abandonar la casa familiar, salir de la provincia, emigrar...) porque las raíces eran profundas y estaban bien asentadas. El pasado era una fuerza motriz que ejercía mucha presión en el presente. El arranque requería más psicoenergía que el resto del proceso porque el sujeto se embarcaba en una dinámica del valor, de la valentía. Una vez arrancado, el resto del trayecto demandaba menos desgaste porque la resignación sometía el viaje a la inercia. En la mayoría de las ocasiones se arrancaba por necesidad. No siempre era plato agradable tener que desarraigarse, precisamente por ello se necesitaba arrojo. Era un arranque en frío, que hacía que el motor se viera forzado a alcanzar la temperatura de manera progresiva. La necesidad era un impulso inicial, pero también un lastre que podía desanimar, de ahí que la felicidad, a veces, se presentase en forma de esperanza.

Dependiendo del caso, se arrancaba sin ánimo, casi sin espíritu. El trayecto no requería psicolocalización porque desde el momento del desapego el sujeto se veía empujado a construir parte del camino, y la felicidad se percibía desde la perspectiva de un deber cumplido, ya que la alternativa, la raigambre, era síntoma de sometimiento y de mala nutrición. La opción de permanecer bajo las raíces del árbol matriz, en casa, se entendía como subsistencia y falta de singularidad. Pero, precisamente, la potencia que se necesitaba para echar a andar y desligarse de las raíces era tan significativa que dejaba al sujeto aferrado al recuerdo de dichas raíces. Por momentos, la fuerza de la supervivencia en el camino provenía del recuerdo de aquellas, y el destino era el lugar desde el que volver a sembrar, a replantar con las semillas provenientes del árbol matriz. De ahí que una parte importante de la felicidad volviera a sedimentarse y nutrirse de la genética inicial, enraizando a través de un código genético similar. El sujeto se veía forzado a salir de su entorno para seguir construyendo su identidad de manera independiente, pero similar. Al plantarse en un nuevo territorio, se anclaba al suelo con las raíces que traía del hogar, al tiempo que comenzaba a echar otras nuevas.

Por el contrario, el arranque de la posfelicidad está preñado de aliento, el pneuma cálido (para Aristóteles, el *sperma* posee esta calidez que le proporciona el pneuma) le suministra la energía necesaria para comenzar el trayecto. El arranque de la posfelicidad es un arranque en caliente, el motor lleva tiempo encendido y se encuentra en ralentí, preparándose para echar a andar, tomándose el tiempo necesario para estar a la temperatura adecuada antes de comenzar el trayecto. No existe valentía en la posfelicidad actual, no hay necesidad que empuje y aliente al desarraigo. Apenas se requiere un breve suspiro para comenzar el itinerario porque no concurren resistencias que hagan de contrapeso para ese arranque. Ninguna fuerza provoca resistencia, porque la posfelicidad no posee raíces profundas. Arrancar hacia la posfelicidad es ilusionante y placentero. No importa de dónde partas, quién seas o qué cualidades tengas, los caminos que diseña la posfelicidad son para todos los públicos, fácilmente transitables, y están muy bien delimitados.

Si el arranque de la felicidad era extirpar y sobre todo arrebatar (llevarse con uno lo que había), lo que implicaba siempre a la categoría del pasado, el de la posfelicidad está plagado de libertad y ligazones ligeras, y se colegia con la categoría del futuro inmediato. Es un arranque que comienza a fraguarse en el ámbito psicogeográfico y no conlleva trauma porque la brecha generacional existente entre el sujeto y sus cuidadores es cada vez mayor. Contribuye a este hecho que la demanda de atención y de nuevas habilidades que se exige en torno a las nuevas tecnologías va en aumento, y ello pasa factura a los progenitores. Desde la más tierna infancia, el individuo está generando un proceso de activación de la *dýnamis* interna que está siempre a la espera de encontrar la oportunidad adecuada para emprender su viaje. Los progenitores están muy ocupados en presentarle un camino ligero, suave y seductor por el que transitar, pero con la salvedad de que ellos no han experimentado ni construido ese camino. Esto implica la aceptación de una brecha generacional tan grande que, cuando llega el momento de arrancar, el sujeto hipermoderno apenas tiene lastre del que desprenderse. No se reconoce en el concepto de felicidad de sus antecesores, no comparte la idea de éxito, y tampoco integra su jerarquía de valores. Por ello, su arrancar está lleno de entusiasmo y falto de nostalgia, lo que facilita la adquisición de la posfelicidad.

## Posfelicidad hidropónica

Al no necesitar ruptura, la posfelicidad no entra en crisis, no hay nada que separar, nada que cribar, no hay que preocuparse por sedimentar nada porque las raíces de la posfelicidad apenas necesitan terreno abonado, ya que han encontrado un artificial modelo de fertilidad: la hidroponía. La hidroponía es un nuevo patrón de cultivo que usa disoluciones minerales en lugar de suelo agrícola, es decir, la planta no tiene que estar *clavada* en la tierra. Las raíces emplean una solución nutritiva que consta de una mezcla de agua junto con una serie de elementos químicos que facilitan que la planta pueda crecer haciendo uso de una solución meramente acuosa, estando, por ejemplo, en un vaso. Esta posfelicidad hidropónica es producto de invernadero, busca optimizar al máximo la relación inversión/producto, y tiene la facilidad de mantenerse al margen de los fenómenos meteorológicos (suele usarse en invernaderos). El agua es el elemento clave de este nuevo método de cultivo. El recurso del agua, junto con la solución química, requiere menos esfuerzo que el cultivo en tierra.

Una variante de esta felicidad ya la postuló Bauman al hablar de felicidad líquida.[22] Desde su perspectiva, el cambio en el modelo de felicidad se produce cuando se sustituye el sueño de la felicidad, que se encaminaba hacia una vida plena, por una búsqueda de los medios que uno cree necesarios para alcanzar dicha vida. Al poner el foco en esta búsqueda de medios, Bauman cree que el mercado se encargará de que esta nunca termine, porque sus objetivos no cesan de reemplazarse a una velocidad vertiginosa.[23] Sin embargo, en la posfelicidad, a diferencia de la felicidad líquida, la importancia está en el resultado del proceso, más que en los medios. Y ese resultado se entiende como la consecución de experiencias. El medio, o los medios, pierden relevancia para el individuo hipermoderno porque su empeño pasa por acumular experiencias de posfelicidad.

La felicidad vivía ancorada en un pasado, en la tradición de la tierra, en la densidad del elemento material, necesitada de un compendio de recursos (sol, agua, terreno fértil, tiempo, agricultor) que estabilizaban al sujeto y que le aportaban seguridad. Al requerir esfuerzos en su cultivo, el valor final obtenido era importante. Si a esto le sumamos que era una felicidad para consumo propio, entonces podremos entender la dificultad que suponía desenraizar.

Al estar sometida a la intemperie, el sujeto era consciente de las vicisitudes que podrían ocurrirle en el caso de tormentas, huracanes, sequías, plagas... Con la felicidad no se trataba solo de contar con los elementos activos y selectos que el sujeto podía controlar, sino que también existía la posibilidad de que todo el cultivo se viese afectado por cuestiones ajenas e imponderables que diesen al traste con todo. Existía un riesgo asumido y no se percibía como una inversión fiable. Junto a este riesgo encontramos una diversidad que se entendía como riqueza. La felicidad, al ser cultivada en diferentes terrenos, usando distintas semillas, con diversas condiciones climatológicas, y al estar repartida en una psicolocalización variada, daba lugar a una producción de lo más heterogénea, pero sobre todo irregular. Las ideas de felicidad se circunscribían a los diferentes contextos, de modo que variaban dependiendo del lugar (no era lo mismo en una aldea o en una gran ciudad que en un barrio humilde). Los nutrientes de los que se alimentaba la felicidad eran diversos y no siempre los adecuados: se aceptaba la complejidad como elemento inevitable. Es remarcable que esta configuración clásica de la felicidad no tuviese aspiraciones de universalidad, sabedora de que su esencia se encontraba en lo cercano, en lo local, en los procesos de mímesis en torno a la familia, los amigos, el barrio... Basta revisar el último cuarto del siglo XX para darse cuenta de que no había nacido como tal el género de la autoayuda y la palabra *coach* se reservaba para el mundo del deporte. Si echamos la vista atrás veremos que apenas hay metodologías o recetas concretas y tipificadas con las cuales alcanzar la felicidad, debido, entre otras cosas, a la tremenda diversidad y heterogeneidad del mundo.

La posfelicidad hidropónica, por su parte, cuenta con la ventaja de poseer total control sobre el cultivo. El invernadero sirve como microclima constante e inalterable que ofrece siempre las condiciones idóneas para que esta se desarrolle sin condicionamiento externo. Nada exterior impide a la posfelicidad desplegarse, todo está en la planta, ella es la única responsable de su crecimiento. Esto implica también un menor esfuerzo a la hora de alcanzar el objetivo de crecimiento. No hay que trabajar la tierra, no hay que arar, regar, ni que poner guías que dirijan el tronco, ni que controlar el calor o el frío, no es necesario dejar reposar la tierra en barbecho para potenciar los nutrientes, ni despertarse al alba para trabajar sin calor. La posfelicidad hidropónica está controlada por relojes que se alían con la luz y que activan el riego por goteo, necesario para que esta se encuentre sometida a un estímulo constante. Como cualquier cultivo hidropónico, la posfelicidad ofrece una serie de ventajas muy estimulantes que tienen que ver con la inversión de energía precisa y justa para lograr sus objetivos, ya que la posfelicidad solo consume aquellos recursos energéticos que necesita, no se desperdicia nada. De ahí que se perciba como una inversión de poco o ningún riesgo en relación con la alta productividad, pero, sobre todo, existe una sensación de seguridad que facilita la activación psicosomática del organismo.

La posfelicidad se cobija bajo el paraguas de la seguridad, es decir, si sigues estos consejos (*coaches*, autoayuda, publicidad, medios de comunicación), si haces lo que te recomendamos, si trabajas a nuestra manera, el éxito está asegurado. Concurren tantos mecanismos de control que todo está medido, cuantificado y pautado para que se logre el objetivo de manera correcta y, sobre todo, predecible. Esta seguridad no solo está en el registro de los elementos, sino también en la percepción realista del logro. El sujeto hipermoderno percibe en su fuero interno que alcanzar la posfelicidad es algo posible, y que depende en exclusiva de él. Es una seguridad uniforme que además produce una posfelicidad uniforme, ya que las semillas transgénicas se cultivan con los mismos nutrientes. No importa si eres de Arkansas, Córdoba o Pekín, porque la globalización ha expandido la posfelicidad por todos lados, acompañada de un manual de instrucciones para saber cultivarla. Favorecer el consumo de lo digital, uniformando los mensajes a través de las grandes plataformas de interconexión de sujetos (TikTok, Instagram, Twitter, YouTube...), facilita que el individuo adopte el mismo *modus operandi* allá donde esté, lo que implica que el sistema controle los mensajes que este recibe.

Sin embargo, esta uniformidad en la búsqueda y el consumo de la posfelicidad hidropónica (basta con ver las constantes aglomeraciones) dota a este individuo de un paladar que se va, a su vez, uniformando, y que poco a poco termina resultándole aséptico, lo cual genera en él una insatisfacción que es directamente proporcional al consumo de la misma.

# DE LO CREATIVO A LO RECREATIVO

# 5

# SIN PALABRAS

## Sin palabras

Haciendo referencia a Wittgenstein podemos decir que los límites de mi lenguaje ya no son los límites de mi mundo,[1] más que nada porque en la era hipermoderna hemos fagocitado el concepto de límite[2] («no tienes límites», «no hay nada imposible») y hemos redefinido la noción de mundo.[3] Asistimos a una evolución del hiperindividualismo que desvanece la potencia racional del pensamiento (la razón interpretada como entidad comunitaria que puede ser compartida) en pos del aumento del eje emocional (emociones que, al ser individuales e intransferibles, refuerzan la idea de hiperindividualismo). Este eje emocional expande la línea del horizonte de la noción de límite, donde se insufla en el sujeto la idea de que, con voluntad y perseverancia, los límites son rebasables, a la vez que se modela una nueva sensibilidad en torno a la idea de mundo, que parece cada vez más abarcable y cercano. Por sugerir una variación un tanto exagerada pero significativa, nos acercamos a creer que los límites de mis emociones son los límites de mi mundo, es decir, todo lo que no me emocione, o no tenga el potencial de emocionarme, no configura mi noción de mundo.

El lenguaje se muestra limitado para conformar la realidad, no se restringe a un uso descriptivo de la misma como pretendía el primer Wittgenstein. Poco a poco se está produciendo una configuración emocional del lenguaje.[4] Sin darnos cuenta, las emociones van filtrándose y perturbando el lenguaje, y este se utiliza para reforzar una realidad que cada vez se halla más abierta al sentimiento. Las palabras están aumentando el rango perceptivo sensible en detrimento de su estamento racional, es decir, promueven la sensibilidad en menoscabo del pensamiento crítico. Pero no solo vemos afectado el lenguaje, también estamos asistiendo a una progresiva sensibilización de la realidad a través del eje emocional.[5] Esto queda claro cuando analizamos el interés por ciertos conceptos a lo largo de los últimos dieciocho años haciendo uso de la herramienta Google Trends. Palabras como *ánimo*, *emociones* o *tóxico* han visto incrementado exponencialmente el interés que el sujeto hipermoderno pone en ellas. Se han situado en el centro de la escena social y expandido su halo emocional al resto de las parcelas.

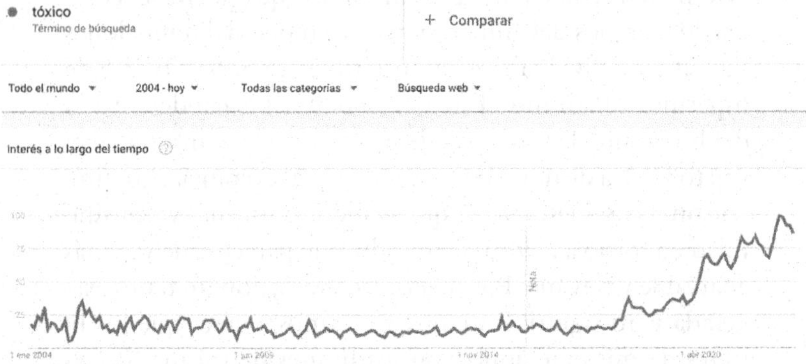


*Fuente*: Google Trends.

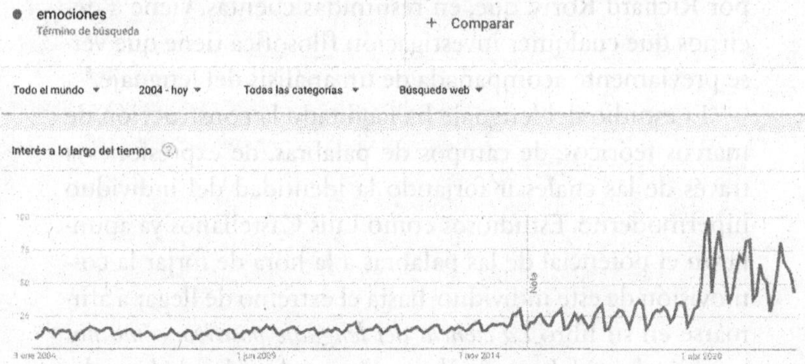


*Fuente*: Google Trends.

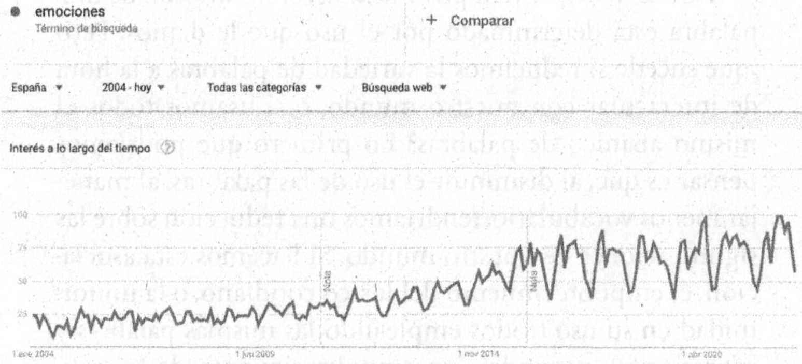


*Fuente*: Google Trends.

Desde el siglo XIX el asunto del lenguaje ha centrado parte de la investigación filosófica. Suele aceptarse la tesis[6] de que los primeros trabajos de Nietzsche (con permiso del diálogo *Crátilo* de Platón) fueron los detonantes que terminaron derivando en el famoso giro lingüístico[7] publicitado por Richard Rorty, que, en resumidas cuentas, viene a decirnos que cualquier investigación filosófica tiene que verse previamente acompañada de un análisis del lenguaje.[8]

El estudio del lenguaje ha facilitado la construcción de marcos teóricos, de campos de palabras, de expresiones a través de las cuales ir forjando la identidad del individuo hipermoderno. Estudiosos como Luis Castellanos ya apuntaron el potencial de las palabras a la hora de forjar la cosmovisión de este individuo, hasta el extremo de llegar a afirmarse en su libro *La ciencia del lenguaje positivo: cómo nos cambian las palabras que elegimos*[9] que el poder de las palabras es ilimitado. Sabiendo esto, este sujeto ha sido conducido desde el universo de la psicología positiva a través de un campo semántico de palabras que ha interiorizado casi sin darse cuenta, sin pasar por el filtro de la consciencia.

Para el Wittgenstein pos-*Tractatus*, el significado de una palabra está determinado por el uso que le damos. Pero ¿qué sucede si reducimos la variedad de palabras a la hora de interactuar con nuestro mundo, o si usamos todos el mismo abanico de palabras? Lo primero que podríamos pensar es que, al disminuir el uso de las palabras, al manejar menos vocabulario, tendríamos una reducción sobre las significaciones de nuestro mundo. Si hacemos esta asociación, el empobrecimiento del léxico cotidiano, o la uniformidad en su uso (todos empleando las mismas palabras y expresiones), supondría un empobrecimiento de la realidad. Esto implicaría que los juegos del lenguaje, es decir, el modo en cómo se usan las palabras, serían cada vez menos variados y enriquecedores, lo que estaría provocando una aproximación a la uniformidad.

En una fase expansiva de la globalización y de la interconexión por medio de internet, parecía ensancharse el microcosmos de cada comunidad con la llegada de elementos externos. Un sujeto de un pueblo de Andalucía, a través de internet, abría las fronteras de su comprensión al mundo, al tiempo que encontraba una herramienta para darse a conocer. Sin embargo, una vez que la globalización ha logrado unificar los criterios de atención, los contenidos, los gustos, una vez que las tendencias se han impuesto en todos los rincones del planeta, este proceso de uniformidad está empezando a provocar un estrechamiento de los usos del lenguaje, si bien eso no es óbice para que surjan nuevos usos que se expandan en el instante.

Frente a la riqueza y variedad que presentaban las significaciones del mundo preglobalizador, donde cada comunidad tenía su visión del mundo, sus palabras fetiche, sus expresiones singulares, favorecidas por las locuciones propias del lugar, nos topamos, a través del capitalismo emocional,[10] con una constricción del lenguaje que poco a poco abandona el plano local en busca de una globalización. Los localismos, esas palabras y expresiones que se circunscribían a una determinada región y que describían una visión del mundo muy concreta y singular, poco a poco van debilitándose.[11] El mundo digital, al carecer de fronteras, se impone, prescinde de regionalismos, de modo que el lenguaje que se usa y que se filtra a través suyo es un lenguaje con pretensión de universalidad. Al aumentar las horas de consumo de internet y al someter nuestros criterios de atención a la pantalla, el lenguaje local se ve rebasado por los usos del lenguaje que incorporamos desde internet, lo que termina uniformándonos. Las tendencias se filtran a través de la red, y no se limitan a ser elementos meramente temáticos, van más allá, hasta llegar a configurar el lenguaje en el ámbito universal. De este modo vemos en 2022 que se han incorporado al *Diccionario* de la Real Academia Española palabras como *cortapega*, *bitcoin*, *bot*, *ciberacoso*, *ciberdelincuencia*, *criptomoneda*, *geolocalizar* o *webinario*.

## Ontología emocional

Con la globalización, la interconexión de sujetos, la eliminación virtual de espacios, el acercamiento de distancias y la inmediatez, los juegos del lenguaje van reduciendo su amplísimo espectro y estrechando poco a poco el marco, hasta encontrar cada vez más puntos en común. La ganancia que ha experimentado a nivel social el factor emocional en las últimas décadas, determinado por unas condiciones de vida poco favorables para la faceta racional y el proceso reflexivo, han facilitado este acercamiento de los juegos del lenguaje, que, al igual que el concepto *mundo*, se han globalizado y aproximado a la sociedad.

Jacques Lacan[12] defendía que la palabra cumplía un papel esencial en la realidad del hombre, pero de esto hace más de medio siglo. Ahora podríamos situar en el mismo nivel ontológico la emoción; la emoción hipermoderna tiene una influencia crucial en la realidad de la posfelicidad.

Esta potencia de lo emocional modifica la estructura orgánica de la hipermodernidad hasta moldear un nuevo tipo de relaciones sociales, un nuevo modelo de civilidad, regido por la faceta emocional. Está configurando la organización personal y política a un ritmo desenfrenado. Las emociones han subido un escalafón, de manera que se empiezan a usar como argumento para justificar las acciones («esto me motiva», «me ilusiona», «me hace bien») verificando la necesidad de actuar.

Las emociones, como defenderá Nussbaum,[13] no se limitan a la parte afectiva, sino también a la parte cognitiva, la evaluativa, la motivacional, la corporal... Hemos pasado de entender la emoción como un elemento meramente psicológico a dotarla de una entidad cultural y social, detalle que remarca de un modo acertado Eva Illouz: «Las emociones son significados culturales y relaciones sociales que están muy fusionados, y es esa estrecha fusión lo que les confiere su carácter enérgico y por lo tanto prerreflexivo y a menudo semiconsciente. Las emociones son aspectos profundamente internalizados e irreflexivos de la acción, pero no porque conlleven suficiente cultura y sociedad, sino porque tienen demasiado de ambas».[14] Illouz presenta unas emociones desbordadas por la cultura y la sociedad.

Con la hipermodernidad, las emociones no se muestran como elementos subordinados a la cultura, su expresión no es la manifestación de una interiorización cultural. El modo en el que ahora se expresan las emociones ha variado (epigenética). Ya no son la consecuencia de un estilo de vida, sino que se han situado al mismo nivel que la propia cultura. No se limitan a ser una expresión cultural prerreflexiva, sino que empiezan a ser una cultura que se expresa, que se manifiesta, que concede prioridad a lo emotivo y trata de dotarla de una representatividad en cualquiera de las facetas posibles: empresarial, social, política, educativa, etc. Las emociones ya no se restringen a estar configuradas y condicionadas por lo social, sino que, en este proceso de empoderamiento, son ellas mismas las configuradoras de lo social. Esto conlleva que cualquier plano de lo social que no esté conformado desde lo emocional carezca de relevancia. Todo se somete a esta consigna cultural, los políticos apelan a mensajes emocionales, los periodistas usan las emociones como eje del *clickbait*, los generadores de contenidos (*tiktokers*, *youtubers*, *instagramers*...) manejan a la perfección los códigos emocionales...

La profundización y el desarrollo investigador en lo referente al campo de las emociones ha posibilitado no solo un conocimiento más certero de qué son y cómo se producen, sino que además ha facilitado al sistema liberal el *mo-*

*dus operandi* de las mismas, para que sea capaz de activar los mecanismos y fabricar los resortes necesarios que las potencien, procurando así que estas condicionen directamente el análisis semántico y lógico de la realidad. Este proceso utiliza todos los dispositivos de comunicación posibles, poniendo énfasis en el uso del lenguaje, que ahora encuentra un apoyo científico que ayuda a desgranar mejor la metodología. Existen evidencias científicas[15] de cómo las emociones denominadas «positivas» son capaces de producir un estado heurístico que condiciona directamente el modo en el que un individuo procesa la información que le llega, y cómo esta se plasma en el lenguaje.

El relato de la razón, como eje que fundamenta la esencia del ser humano, está reemplazándose por el imperio de lo emocional. El *sapere aude* ('atrévete a pensar') kantiano, el materialismo histórico marxista, la defensa del positivismo, el racionalismo crítico de Popper... han quedado en un segundo plano, si bien no podemos negarles que en su tiempo ganaron la batalla (que no la guerra) a aquellos pensadores que trataron de poner en situación el papel menos racional del sujeto (Pascal, Locke, Hume, Spinoza, etc.).

Teóricos como Touraine han expresado fuertes críticas a este imperio de la razón que percibía como negativas, inconsistentes o poco significativas las emociones, dejándolas en un plano epistemológico intranscendente.[16] El desarrollo de la neurología en las diferentes ramas del saber parece haber aportado el empujón necesario para que el fundamento emocional del sujeto gane peso específico en lo referente a su configuración. Las neurociencias, y en concreto la neurolingüística, con el respaldo de una psicología positiva, han dejado en bandeja al sistema liberal los mecanismos de control social, amparados en una percepción del hombre desde su más intrínseca subjetividad emocional. El conocimiento del funcionamiento del cerebro facilita el discernimiento y el control de ciertas estructuras fundamentales para elementos tan vitales como la toma de decisiones. Y, en este proceso, el correcto uso de un lenguaje se subordina a lograr una carga emocional que sea útil para controlar los estímulos que se transformarán en el germen de la acción del sujeto. La neurolingüística se ha convertido en el mejor aliado de un lenguaje emocional que, paso a paso, va conquistando y configurando la visión del mundo de este sujeto. No es de extrañar que la programación neurolingüística (PNL), que sostiene que existe una conexión entre los procesos neurológicos, el lenguaje y los patrones de comportamiento aprendidos a través de la experiencia, y afirma que estos patrones se pueden cambiar,[17] ocupe un lugar importante en las charlas de los *coaches* y esté empezando a adentrarse en el mundo de la educación a través de programaciones didácticas y de los artículos académicos.[18]

## Impensable

La potenciación de la faceta emocional (basta ver que la mayoría de las publicaciones en redes sociales evitan el estímulo reflexivo, frente al impacto emocional) y su expresividad por múltiples canales están restando autoridad al poder de la palabra *per se*. Se disminuye el número de palabras que solemos usar en la cotidianeidad, se produce una mengua en la riqueza del vocabulario utilizado[19] que indirectamente afecta al pensamiento. Signos de este proceso de empobrecimiento ya se manifestaban a finales del siglo xx en el uso del lenguaje por parte de los medios de comunicación. Para algunos críticos, parece existir una correlación directa entre el incremento de consumo de medios de comunicación y la riqueza léxica: «El lenguaje de los medios ha sido calificado por los críticos más duros de mediocre, al tiempo que resaltan su pobreza y desnaturalización. Algunos de estos críticos han llegado a atribuirlo al empobrecimiento del habla estudiantil: en su léxico, su torpeza expresiva y su incoherencia en la redacción. Para otros autores, el agravamiento de estos síntomas parece coincidir con el flujo creciente de medios audiovisuales»[20] (Mourelle de Lema).

Ni que decir tiene que las nuevas redes sociales han concluido que el peso específico del mensaje se debe transmitir de la manera más gráfica, directa y emocional posible, con TikTok e Instagram, redes eminentemente visuales, a la cabeza en el porcentaje de crecimiento.[21] Junto a esta potencia del mensaje visual en las redes sociales, encontramos, dependiendo de la *app*, un breve mensaje escrito cuya labor se centra en la producción del eslogan popular, conciso, preclaro y lexicalmente constreñido cuya intención no es tanto la reflexión como el impacto intelectual (*«yes we can»*). Usan un enunciado asertivo con la intención de presentarse ante el público sin ambages, evitando cualquier resquicio de duda en el lector y mermando así la capacidad analítica. El individuo hipermoderno crece en un ambiente viciado por lo emocional, donde las imágenes movilizan estados de ánimo y las palabras que las acompañan impulsan emociones en lugar de reflexiones.

La pregunta que debería plantearnos esta aparente reducción del léxico y su consiguiente sensibilización es hasta qué punto esta merma afecta a nuestra manera de pensar. Si tenemos en cuenta que una parte importante de los procesos de pensamiento complejos requieren de una buena comprensión de los conceptos, ¿acaso no estamos exponiéndonos a un proceso de indigencia mental desde el momento en el que no solo limitamos la riqueza léxica sino que, a la vez, estamos aproximando el concepto a la emoción? Esto supone acortar la distancia que entre ambos existía, una distancia que ofrecía la posibilidad de apertura y enriquecimiento desde múltiples frentes.

Antes de la tecnoglobalización, por poner un ejemplo, el concepto de éxito se configuraba desde múltiples campos próximos al sujeto, como aquel vecino del quinto del que hablábamos en páginas anteriores o, por ejemplo, el profesor de universidad que era una institución en el barrio. Pero también se nutría de los referentes mediáticos, como políticos, periodistas, futbolistas... Esto proporcionaba al sujeto una idea del éxito amplia y heterogénea donde, de manera natural, se producía un salto de su experiencia hacia el ideal, enriqueciendo tanto la idea como a la persona. Esta riqueza se presenta en la medida en la que el concepto se aleja de la cercanía de la experiencia cotidiana, y tratamos de escalar hacia la idea. En este proceso, el conocimiento se ampliaba porque éramos capaces de saltar desde nuestra realidad inmediata hacia una generalidad, dejando atrás las implicaciones emocionales. Las ideas se situaban por encima de las experiencias, se convertían en lugares idílicos que incitaban a soñar.

Una de las consecuencias de la anorexia léxica que se produce en el sujeto actual es que se generan oquedades mentales, lo que nos provoca dificultades para dar ese salto desde lo anecdótico e inmediato de nuestra realidad hacia las ideas y los conceptos que podrían ayudarnos a comprender mejor, tanto la realidad como a nosotros. Cuando estamos demasiado cerca de la idea, cuando hemos reducido la idea a nuestra experiencia de la idea, y el concepto se evalúa y se define apenas con una sensación particular, se pierde capacidad de comprensión y corremos el riesgo de aproximarnos al fanatismo. Una de las consecuencias más inmediatas es la falta de recursos para pensarnos separados del plano emocional. En nuestra indigencia mental nos percibimos como impensables, incapaces de analizarnos, de ahí que terminemos acudiendo a agentes externos (psicólogos, guías espirituales, *coaches*) para que nos ayuden en esta labor.

Para especialistas como Pinker,[22] el lenguaje posee un léxico compuesto por las palabras y los conceptos que estas representan, junto a un conjunto de reglas encargadas de combinar las palabras para expresar las relaciones que se producen entre los conceptos. De aquí se puede derivar que a menos palabras, más dificultad, no solo para comprender los conceptos, sino también para transmitirlos. Si a esto le añadimos la carga emocional que está adquiriendo el lenguaje, enfatizando cada vez más el uso de adjetivos y adverbios, y postergando sustantivos y verbos, el resultado es un empobrecimiento de la capacidad de análisis en torno a la realidad.

## Neolingua

La similitud entre este proceso de reduccionismo léxico actual y el uso y control de la lengua para condicionar el modo de pensamiento que postuló George Orwell en su novela *1984* es cada vez más palmaria. No deja de ser un dato curioso que, una vez terminada la novela, Orwell dedicara un apartado en forma de apéndice exclusivamente a explicar en qué consistía la neolingua (nuevalengua), cómo se estructuraba y cuáles eran las intenciones y los propósitos que se trataban de gestionar en torno a ella. Cuando se termina de leer la novela, el lector encuentra un apéndice de varias páginas que parece ser una declaración de intenciones sobre el porvenir. Es un microensayo, está al margen de la trama y no parece tener intención de prolongar la línea argumental de los personajes. Orwell explica la neolingua así: «La neolingua era el idioma oficial de Oceanía y había sido ideada para hacer frente a las necesidades ideológicas del Socing, o socialismo inglés».[23] Es importante no perder la perspectiva de este apéndice para no enfocarlo como prolongación de un relato meramente de ficción, sino que podría interpretarse como una teorización de lo que Orwell estaba percibiendo en el devenir de los medios de comunicación; no en vano había trabajado como periodista en *The Observer*, o para la propia BBC británica.

Orwell muestra un entramado organizado en torno a la importancia que tiene el lenguaje, su uso y la relación que este guarda con el pensamiento. Y lo que es más inquietante: Orwell postula la posibilidad distópica de que se puede producir el control del mismo por parte de algún organismo oficial. Si bien en la actualidad la lengua es un «organismo vivo que pertenece a aquellos que la usan», nadie niega el poder de las redes sociales y los medios de comunicación de masas para condicionar y hasta teledirigir su uso con diversos fines, entre los cuales destacamos, al igual que Orwell, los políticos y económicos.

En nuestro sistema político se ha potenciado una serie de vocablos con la única finalidad de condicionar el pensamiento y activar el lado emocional del ciudadano. En los últimos años, hemos escuchado, leído y puede que hasta pronunciado términos como *casta*, *sorpasso*, *ideología de género*, *pinza*, *pin parental*, *feminazi*... No es vano: cuando se diseña una campaña política, se pone especial énfasis en las palabras que se pueden usar y la intención con la que se usan, y se presta especial cuidado en no salirse del mensaje. En política, se genera lo que se ha denominado el «marco mental»,[24] donde, a través de las palabras, se logra que el votante interiorice emocionalmente un marco ideológico cuyo objetivo es fanatizarle. En la novela de Orwell, la neolingua (nuevalengua, dependiendo de la traducción) era creada y controlada no solo para condicionar el pensamiento del usuario de la lengua, sino también como respuesta a unas necesidades ideológicas concretas, tratando de intervenir hasta el modo de pensar: «El propósito de la nueva-lengua no era solo el de proporcionar un modo de expresión a la visión del mundo y los hábitos mentales de los devotos del Socing, sino que fuese imposible cualquier otro modo de pensar».[25] Lo que parecía ciencia ficción, una vez más, se está configurando como realidad para el sujeto hipermoderno.

Lo curioso de este control mental que se realizaba por medio del lenguaje es el modo en el que Orwell imagina cómo este proceso se llevaría a cabo. El procedimiento se centra en la reducción de vocabulario: «La nueva lengua estaba pensada no para extender, sino para disminuir el alcance del pensamiento, y dicho propósito se lograba de manera indirecta reduciendo al mínimo el número de palabras disponibles».[26] El vocabulario no solo era limitado, sino que también se había logrado algo especialmente significativo: eliminar sus ambigüedades, de tal modo que se usaba para expresar ideas sencillas, concretas y que representaban hechos o acciones. En realidad, Orwell clasifica las palabras y su uso en tres modelos; por una parte, están las palabras ordinarias, las comunes, que se centran en enunciar hechos, objetos o pensamientos objetivos y directos; luego aparecen las nuevas palabras o expresiones que se forman con la intención exclusiva del control político (burbuja social, nueva normalidad, transgénero, poliamor...), y, por último, un vocabulario compuesto por palabras y expresiones científicas y técnicas (neurolingüística o desconfinar, por ejemplo).

Junto a esto, la neolingua nace con un segundo objetivo: hacer olvidar el modo en el que se usaba la lengua anteriormente para poder controlar uno de los elementos más importantes de la identidad del sujeto, como es la historia, el pasado. El control sobre el pasado adquiere unas dimensiones muy importantes en esta distopía, y la mejor manera de provocar el olvido en la población es desmembrando y proscribiendo el lenguaje con el que el pasado se recordaba, e imponiendo una lengua nueva. De este modo se logra un desapego no solo emocional, sino también intelectual, con la historia subjetivada.

El individuo hipermoderno encuentra similitudes en este proceso de olvido histórico, que se presenta en la actualidad bajo dos modalidades: la memoria histórica, por un lado, y, por otro, el constante canto hedonista al que sometemos el presente inmediato, mostrándolo como el mejor de los mundos posibles, dos elementos magníficos de control de la identidad del sujeto, de cuyo ideario se le extirpan las raíces históricas, lo que facilita el proceso de control de su identidad. El mejor modo de fiscalizar el relato histórico es lograr que la atención de este individuo se centre en el presente. Para ello, apenas basta un argumento elemental: la mundialización de las TIC ha supuesto un cambio de paradigma social tan enorme que se ha convencido al sujeto de la ineficacia de la historia para comprender el presente. El sujeto hipermoderno entiende el mundo actual desde la radical novedad y ruptura con el mundo preinternet, lo que implica que los códigos que configuraban esta realidad previa al mundo de la omnipantalla no le son válidos. Una de las consecuencias de esta percepción del pasado se muestra en el hecho de que se acuda a la historia desde el sesgo del entretenimiento, muy alejado de cualquier intención de conocimiento: novelas, series y películas *biopic*, biografías... Otra de las manifestaciones de este pasado es su uso como elemento motivacional dirigido a lo emocional, que celebra una materialización de la nostalgia, representada en el consumo material y emocional de *merchandising* de los años ochenta, noventa y principios del siglo XXI, de series de televisión basadas en esas épocas, de musicales *revivals*, etc.

Partiendo del reduccionismo léxico podríamos interpretar cierta aproximación a esta distopía. Somos testigos y partícipes de la introducción naturalizada de elementos visuales en la comunicación de las pantallas, *gifs*, emojis, secuencias de vídeo... Esta prevalencia de la imagen sobre el texto a la hora de comunicarnos tiene como objetivo eliminar posibles interpretaciones erróneas en torno al uso del lenguaje. A su vez, el límite de caracteres que se produce en redes sociales como Twitter obliga al emisor a sintetizar, pero sobre todo a concretar, casi de un modo literal y directo, aquello que quiere decir, lo cual no deja lugar a interpretaciones del mensaje e invita a huir, a ser posible, de la metáfora. Un lenguaje reducido, uniformado e impregnado de emociones unifica al sujeto de tal manera que termina convirtiéndose en aquella cámara de eco de la que hablábamos, donde todo lo que consume o publica está homogeneizado.

## *Re-creatividad*

La reducción del vocabulario y esta literalidad del lenguaje van dando forma a la identidad del sujeto hipermoderno. Esta literalidad se percibe como una imposición de la realidad, donde sus afirmaciones son siempre tajantes, directas y sin metáforas, lo que potencia una reacción binaria: conformidad plena o indignación, que termina generando *haters*. La capacidad de cavilar, más allá de este patrón cognitivo unidireccional, se reduce. Las redes sociales potencian a un individuo que, desde su pleno convencimiento, y en la atalaya fortificada de sus ideas, presenta y publica un mensaje convencido de su verdad, sin esperar otro retorno que no sea una adhesión incondicional, lo cual limita la capacidad de apertura desde la divergencia.

La sobreexposición y el condicionamiento que suponen estar delante de una pantalla en los procesos de aprendizaje ya se consideraban un factor de riesgo cuando la televisión era hegemónica. Vallet,[27] en un estudio de 1980, afirmaba que el 80 por ciento de los conocimientos que adquieren los niños (edades de 12-15 años) provienen de diferentes medios de comunicación social, pero especialmente de la televisión. La escuela apenas parecía aportar el 20 por ciento de lo que aprendían. Existe una tendencia a aceptar que los medios muestran la realidad y la plasman de una determinada manera.[28] No parece discutible que gran parte de nuestra percepción del mundo está condicionada por los medios de comunicación. En el periodo preglobalizador apenas echábamos mano de dos o tres medios de comunicación (televisión, algo de radio y prensa), y nuestra exposición, en lo referente a tiempo de consumo, era bastante inferior a la que ahora tenemos. Esto facilitaba la construcción de una cosmovisión más realista y cercana debido a que los focos de atención se centraban en el acontecer inmediato (sin mediación) versus lo virtual. Se pensaba desde la realidad y para la realidad que se tenía presente. En la actualidad, las pantallas, y especialmente el contenido que se exhibe en ellas, provocan en este individuo la asimilación de una cosmovisión que se siente cercana y homogénea, que logra verosimilitud y sensación de realidad, hasta el extremo de universalizar un concepto de éxito globalizado, un modelo de felicidad determinado, y todo ello potencia un tipo de homogeneidad emocional que estandariza al sujeto hipermoderno.

Las consecuencias de esta estandarización se dejan entrever en la demanda social y empresarial de innovación y creatividad, dos términos omnipresentes en la sociedad hipermoderna. Lo paradójico es que, precisamente cuando tenemos a nuestro alcance la mayor fuente de información del mundo, más trabajo nos cuesta salir de la homogenización que el algoritmo nos ofrece. Para el sujeto actual es muy complicado emerger de esa cámara de eco en la que se encuentra. Es consciente de la importancia de romper los límites de esta uniformidad, y de la demanda social de innovación que se produce a su alrededor, pero al intentarlo es cuando más percibe sus limitaciones. La puesta en valor de la creatividad que estamos experimentando procede, entre otras cosas, de la incompetencia creativa de este individuo.

Esta discordancia se suele presentar bajo el prisma de lo que se ha llamado «pensamiento divergente», que, dependiendo del contexto, también se ha llegado a conocer como «pensamiento creativo», o, siguiendo la teoría de Edward de Bono, «pensamiento lateral».[29] Cuando la globalización empezaba su andadura, el pensamiento divergente, junto con el pensamiento crítico, comenzaron a recibir una atención inicial con el fin de analizar su posible productividad. Se lanzaron proyectos educativos en torno a él, como las publicaciones de Lieberman[30] en 1965 o la introducción del primer programa de filosofía para niños en 1988 de Lipmann.[31] Hoy en día es indiscutible que existe una demanda de pensamiento creativo a nivel social, un reclamo que se ha extendido al plano educativo, pero sobre todo a nivel empresarial. Se buscan metodologías que sean capaces de provocar pensamiento divergente porque se está percibiendo la incapacidad del sujeto actual para afrontar nuevos retos, incluso él mismo toma conciencia de su incapacidad. Pero a pesar del incesante bombardeo en torno a la innovación y sus derivados, no parece que exista uniformidad ni en la diagnosis (no sabemos cuántas personas eran creativas en el periodo preglobalizador) ni en la metodología, ni tan siquiera en la definición de qué es la creatividad.

No son pocos los estudios que ponen en correspondencia el estatus socioeconómico de una persona en relación directa con su estimulación intelectual,[32] pero no dejan del todo claro la correlación entre los factores sociales y el desarrollo cognitivo del sujeto, entre su riqueza material y su capacidad intelectual. Lo que sí parece más evidente, según los expertos, es que existe una influencia específica cuando se trata de conectar los contextos con el desarrollo de la creatividad. A nadie se le escapa la dificultad de cuantificar y definir qué es la creatividad, así como encontrar los nexos de unión que esta pueda tener con factores sociológicos.[33] Dependiendo del estudio al que nos remitamos, los principales factores que provocan que una persona sea más creativa que el resto pueden estar relacionados con elementos como el tipo de escuela (nivel socioeconómico de los alumnos), el nivel de estudios de los padres,[34] el nivel de estudios de las madres,[35] etc.

Pero incluso teniendo en cuenta estas variables y suponiendo que se puede determinar la metodología y los componentes que ayudan a ser creativos, el problema se trasladaría a la implementación de dichos factores en la vida real.

En el sujeto hipermoderno existe un contrapeso que influye en la potenciación de su creatividad, y no es otro que la uniformidad en torno a los modelos de construcción identitaria que asume como proyecto de vida. La homogeneidad en los diseños vitales y su exposición mediatizada (todo el mundo publicando y exhibiendo las mismas fotos, en los mismos lugares, con el mismo modelo de diversión), unidas a la sensación de cercanía, proximidad y verosimilitud en torno a lo que se consume en la omnipantalla, provoca dificultad a la hora, incluso, de imaginar, fantasear o entusiasmarse con planes de vida que sean ajenos a estas realidades. Esta uniformidad cercena la creatividad.

Aparte de esta monodimensión vital globalizada, existe un factor que indirectamente condiciona la falta de creatividad y el aumento de similitud en la manera con la que estructuramos y nos enfrentamos a la vida: el futuro. El hecho de que el futuro, antes de la globalización y durante sus primeros tiempos, se planteara como un lugar por construir, con posibilidad de edificación y, por lo tanto, con un halo de previsión, lo convertía en deseable. Era un espacio de impulso, donde todo se proyectaba bajo una sensación de mejora con respecto a lo presente. El sujeto que comenzaba a experimentar la globalización tenía la sensación de que era constructor del futuro. Esto, unido a una diversidad que ofrecían los distintos entornos sociales, facilitaba un estímulo y unas herramientas al sujeto, que se lanzaba en el desarrollo de la creatividad necesaria para edificar ese futuro. Tanto las acciones como las reflexiones se proyectaban hacia la cimentación de ese futuro, que se percibía como familiar y factible, e incitaba a poner en marcha los mecanismos de creatividad ligados a esta visión *clarividente* de lo que podría ser. En resumidas cuentas, el sujeto estaba focalizado en la visión de un futuro que se le antojaba preclaro, y solo tenía que crear y construir para ese enfoque. Había una sensación de control, se sabía que con un título universitario habría trabajo, el futuro se experimentaba como realizable, lo que estimulaba al sujeto a implicarse en su urbanización.

Pero con la globalización, para el sujeto hipermoderno, esta percepción del futuro deja de tener relevancia porque el propio futuro se acorta, lo cual cercena su capacidad imaginativa. Percibe inseguridad en lo que sucederá a corto plazo, y concibe el medio y largo plazo como una quimera, o bien, por momentos, como un lugar lóbrego del que es complicado zafarse (desertización, cambio climático, superpoblación, escasez de recursos, peligros pandémicos...). Esta presión que supone imaginar el futuro a años vista afecta de manera indirecta a la capacidad del sujeto de ser creativo y limita su percepción de la realidad, una realidad que no es capaz de imaginar más allá de lo inmediato, lo que empobrece la actitud del ser humano respecto a lo que le rodea. Esto conlleva una huida del ejercicio intelectual orientado al devenir, ya que se percibe como ímprobo, hacia una experimentación emocional del presente que se sabe segura y más placentera. Para esta persona, el pensar y el embarcarse en una búsqueda de creatividad supone, además de un ejercicio poco satisfactorio y de difícil resolución, abandonar el placentero consumo de experiencias.

## Conflictos

La creatividad también supone un esfuerzo especulativo del sujeto, que tiene que poner en relación cuestiones (ideas, hechos, objetos...) que hasta ese momento vivían cómodamente instaladas de manera independiente en su acervo intelectual. El problema aparece cuando no solo tiene que ser capaz de entenderlas como entidades interrelacionadas, sino que también debe estar dispuesto a modificarlas. Esto conlleva una energía intelectual que, dependiendo de la situación y del sujeto, no suele ser apetecible ni despierta mucho atractivo. Crear significa pasar del no ser al ser (algo que no existía y que ahora existe), y, dicho así, implica una carga ontológica importante. Representa un conflicto para todo aquel que necesite enfrentarse por primera vez a un problema. Si algo estimula el surgimiento de la creatividad es la existencia de un conflicto. El conflicto despierta la necesidad de buscar la solución y esto empuja al sujeto a esforzarse por salir del mismo.

Dice el refrán español que más sabe un necesitado que

un abogado, aludiendo a que el conflicto al que se enfrenta una persona necesitada agudiza el ingenio y potencia la creatividad como mecanismo de supervivencia. Pero si acudimos a la hipótesis de Steven Pinker,[36] que defiende que vivimos en el mejor periodo civilizatorio, donde menos violencia ha existido y donde los índices de desarrollo son los más altos de la historia del planeta, entonces, para el sujeto hipermoderno, la relevancia de los conflictos debe de ser la menor de la historia. Si las necesidades vitales están cubiertas en todos los flancos, si la escolarización y la sanidad pública, en los países desarrollados, parecen estar aseguradas (de momento), si vivimos más años y con más calidad de vida, ¿en qué medida percibimos el conflicto vital?

Esto no significa que no tengamos conflictos, internos y externos, pero bien es cierto que la gran mayoría de ellos no atacan a la línea básica de la supervivencia. Incluso en los procesos educativos se hace todo lo posible por evitar los conflictos a los niños, asumiendo una edulcorada concepción del bienestar y de la felicidad. El sujeto hipermoderno no ha hecho callo emocional ni intelectual en su confrontación con la realidad, de ahí que cualquier problema cotidiano que se presente se convierta en un conflicto que percibe con intensidad. La tolerancia a la frustración ha ido disminuyendo en la medida en la que han ido apareciendo nuevas generaciones, de manera que la generación de los *baby boomers* muestra mayor tolerancia a la frustración que la generación milenial.[37] Al magnificar las eventualidades del día a día se limita la capacidad creativa. Cuando este individuo experimenta como un serio problema cuestiones cotidianas, y pone mucha intensidad en su solución, solución que por otra parte es aparentemente sencilla, lo que hace, sin darse cuenta, es degradar su propia capacidad de resolución. A esto se le une que el cerebro tiene una tendencia natural a la comodidad, y que es tal el acceso a la información en el periodo globalizador que tenemos a mano posibles soluciones a nuestros conflictos que otros han prediseñado y puesto a nuestro alcance, en forma de libros de autoayuda, de vídeos en YouTube, de tutoriales...

Esta comodidad es una de las principales responsables de que, en lugar de la creatividad, la tendencia de este sujeto se enfoque hacia la *re-creatividad*. Su objetivo no es crear, sino recrear por medio de procesos miméticos, usando aquello que tiene más a mano. Esta *re-creatividad* se entiende como la búsqueda constante de los recursos externos como fuente de solución a las dificultades. No es de extrañar que, ante un problema, en lugar de entenderlo como un desafío, el sujeto hipermoderno prefiera solucionarlo por medio de tutoriales. Establece una economía intelectual de tal calibre que cuando las referencias miméticas que usa para esquivar el conflicto no le son útiles entra en barrena. Todos los conflictos que surgen en su camino, de manera indirecta y debido a esta metodología mimética, no hacen sino mermar su faceta creativa, y de esta merma, poco a poco, llega a tomar conciencia, hasta aceptar su grado de indigencia mental.

# INSATISFECHOS PERO ILUSIONADOS

# 6

# POSFELICIDAD

## El vacío

No es fácil precisar los inicios de este sujeto hipermoderno en lo referente a la manifestación de la posfelicidad, pero algunos teóricos como Lipovetsky atisbaron los orígenes del cambio a finales de la década de los años setenta del siglo pasado y, sobre todo, en los comienzos de los ochenta. La felicidad posmoderna, previa a la posfelicidad, todavía guardaba una rémora grupal importante a pesar del auge del individuo. Será por aquel entonces cuando se comience a vislumbrar el nuevo modelo de posfelicidad, que está orientado, a diferencia de la posmodernidad, hacia un reconocimiento ex profeso de la misma. El crecimiento de la sociedad del bienestar posibilitaba un cambio de mentalidad en torno a las preocupaciones, lo cual modificó algunas prioridades, entre las cuales aparece la felicidad. El modelo social se articulaba en torno a una felicidad cuyo valor cardinal estaba orientado a la masa.[1] Se empezaba a construir todo un macrouniverso que teledirigía su energía a promocionar un estilo de vida que pivotase alrededor de la posfelicidad, que propagase mensajes alegres dirigidos a todo el mundo, pero, sobre todo, factibles de transformarse y aplicarse a cualquier modelo de vida.

La era posmoderna provoca un cambio en la estructura de los nuevos modelos de socialización, que se pluralizan hasta el extremo de permitir una individualidad disgregada dentro de la masa. El tiempo de la sociedad posmoderna se ha unificado, y el reloj del individuo camina acompasado con el de la sociedad. El sujeto se rinde a la caza del deseo. Se van desinflando los referentes cercanos, mutando el sentido de la vida que se heredaba desde los círculos más próximos. Es un proceso que termina desembocando en uno de los elementos más significativos de esta posmodernidad: el vacío. Pero si bien el vacío siempre se ha visto impregnado de connotaciones negativas, el vacío que destaca Lipovetsky[2] es un vacío que no implica ningún tipo de trauma. No es una etapa final que se presenta en forma de tragedia, sino más bien un estadio del momento posmoderno. El vacío de sentido, que podría haber degenerado en una hecatombe emocional, lo más que ha provocado es una indiferencia, pero no una desidia. Al eliminar de su ecuación los deseos colectivos, la posmodernidad, a su vez, generó un alivio sobre la presión social.

El individuo, por primera vez, encuentra en la cultura posmoderna tal variedad y apertura de elección, la oferta que se presenta es de tal magnitud que los anclajes anteriores se difuminan y se vuelven heterodoxos, lo que da paso a una cultura individualizada. La incertidumbre se apodera de este periodo, debido no solo a la pérdida de referentes o a la deslegitimación de las órbitas de poder de antaño, sino también por la apertura de miras que adquiere el individuo, que percibe que su campo de juego se ha ensanchado de manera ilimitada, hasta el extremo de no tener claro qué rumbo tomar.

Esta desorientación no admite rectificación en lo relativo a la construcción moral del sujeto. La creciente individualización se ha reforzado en la hipermodernidad, donde el sujeto se ha visto liberado por completo de los valores sacrificiales de antaño y ha empezado a postergar el deber en pos del bienestar meramente subjetivo.[3]

El deber de la posmodernidad no se evaluaba desde el plano anímico. Esto evoluciona hasta el extremo de que el sujeto hipermoderno se muestra reticente a cumplir con sus deberes porque los considera acciones no estimulantes, lo que implica una percepción negativa de los mismos. Si no es un deber elegido, que posea una recompensa motivacional de fondo, entonces se experimenta como un mecanismo de resistencia para el desarrollo de su posfelicidad. No es de extrañar que, de un tiempo a esta parte, en la hipermodernidad, se haya puesto de moda la palabra *procrastinar*, un verbo que define a la perfección esta dejadez en torno a los deberes.

Este tránsito liberador de la modernidad hacia la posmodernidad provoca que la felicidad se vuelque hacia el lado más intimista. La llegada de este periodo posmoralista que rechaza el deber austero sitúa el tema de la felicidad en una nueva categoría, y deja el campo abonado para la mutación que aquí estamos analizando: la posfelicidad. Desde el momento en el que el sujeto se libera de todos los anclajes que le obligaban a adoptar un código moral externo bajo el estigma del deber, se topa con un elemento que se corona en la cima de las nuevas preocupaciones hiperindividualistas: la posfelicidad.

Pero desligarse de este código moral externo del deber implica entrar en una nueva fase de convivencia donde la relajación convive con la pretensión impositiva de algunos grupos. De una parte, asistimos a una lógica dialogada e impregnada de liberalismo, y, de otra, nos encontramos con imposiciones maniqueas moralistas. La época del posdeber posee tan amplio espectro que deja que convivan la tolerancia permisiva junto con las reclamaciones de potestad moral. A pesar de lo que podría pensarse, no se cancelan las cruzadas fundamentalistas, y siguen encima de la mesa asuntos morales como el aborto, la pena de muerte, el consumo de drogas... Con la posmodernidad asistimos a un desarrollo en paralelo de estos dos modelos opuestos para encarar la moral, que a su vez amplían el espectro de la desregulación por doquier, testimoniando que ya no se poseen modelos globales que sean creíbles.[4] Lo paradójico es que, por una parte, existe presión para imponer respuestas morales asertivas a algunos asuntos, y, por otra, se quiere desregular la moral para que cada sujeto se autorregule. La nueva organización social se sustenta sobre los derechos inalienables de los sujetos desde la perspectiva de individuos.

## El derecho a la felicidad

Dentro de estos nuevos códigos individualistas, la felicidad adquiere una relevancia inusitada, hasta llegar a consagrarse como un derecho natural. Pensadores como Luisgé Martín[5] señalan que, a partir de la Ilustración, la felicidad obtiene la misma categoría que la libertad o la igualdad. Poco a poco se irá librando de la rémora estoica (ya no se estigmatiza el deseo, no se trata de aprender a sufrir, o de entrenarse para los malos momentos) y de la contaminación religiosa, con el objetivo de poner en valor el principio del placer. Para que esto sucediese, necesitó antes liberarse del imperativo del deber, que, en pleno periodo ilustrado, lo desplazó del ámbito religioso al plano del individuo. Ni la religión ni los deberes laicos. Esta legitimidad de la felicidad posmoderna abraza sin pudor y por igual tanto lo sensorial como lo material, y rebaja así la presión sobre las exigencias morales.

En esta nueva fase *ontológica* que potencia la felicidad

posmoderna se ha producido una armonización entre la felicidad y el amor a uno mismo, lo que ha eliminado el reproche moral: «tengo derecho a disfrutar», «me lo merezco», «porque yo lo valgo»... En su evolución hacia la posfelicidad sucede que la consideración del deber adquiere tintes opuestos a la felicidad. Existe una separación radical entre el deber y la felicidad, y ello provoca que cada vez que se alienta un término moral, se intuye un modelo de abnegación asociado al cumplimiento del deber. Es decir, para el sujeto hipermoderno, tener que cumplir con el deber es alejarse de la posfelicidad.

Kant fue uno de los máximos exponentes a la hora de defender la separación entre deber y placer al apartar cualquier inclinación emocional satisfactoria del cumplimiento del propio deber: «A poco que busquemos, en todas las acciones encomiables hallaremos una ley del deber que ordena y no deja entrar en liza lo que nuestro antojo encuentre grato para nuestra propensión».[6]

En la modernidad se reconocía un derecho a la felicidad de manera subjetiva, a la vez que se imponía una cultura del deber que se orientaba hacia lo colectivo por encima del sujeto. Pero en la hipermodernidad ya no se lucha con la tentación del deseo, más bien se celebra. Esa felicidad ilustrada que encerraba un ideal social, sin embargo, se ha visto relegada por el deber de la felicidad para con uno mismo, y por la liberación de la carga social del deber donde el sujeto, por momentos, percibe cualquier heterónimo como contraproducente para su posfelicidad.

## Contrasentidos

Esta evolución hacia el imperativo de una felicidad subjetiva, sin embargo, no ha provocado el relajamiento del sujeto hipermoderno a nivel holístico. Junto a este nuevo horizonte hedonista convive un sistema liberal que ensalza la productividad, la eficacia, el aprovechamiento racional del tiempo, la innovación, la excelencia... Al contrario de lo que podría pensarse, la llegada de la globalización ha facilitado la convivencia de lógicas antinómicas, y ha demostrado que, en el ser humano, una de las características más singulares de nuestro acervo social es la paradoja. La paradoja quizá sea el elemento más característico del sujeto hipermoderno, y viene dada al convivir, de manera natural, elementos contrarios. Es un modelo epistemológico y ético que parece haberse insertado con total naturalidad en los tiempos hipermodernos. Esta naturalización de la paradoja en el sujeto termina haciéndose extensiva al plano social y acaba provocando severas dificultades para articular diagnosis fiables que nos ayuden a comprender mejor tanto al sujeto como al propio grupo: «En el fondo se trata de entender que la posmodernidad se presenta bajo la forma de la paradoja y que en ella coexisten íntimamente dos lógicas, una que favorece la autonomía y otra que aumenta la dependencia... Por un lado, más responsabilidad personal; por el otro, más desenfreno. La esencia del individualismo es con creces la paradoja»[7] (Lipovetsky).

Nos encontramos una sociedad donde conviven, de manera natural, la obesidad como problema social con la bulimia y la anorexia, el sobrepeso con la vigorexia, la alimentación industrial con las dietas más estrictas... Estamos asistiendo al momento álgido de la política del *self*, donde el ego parece olvidarse de cualquier cosa que no sea su propia satisfacción personal, pero a la vez presenciamos las campañas solidarias más significativas de la historia. Las empresas, por su parte, buscan aumentar la cuenta de beneficios, pero implementan políticas de acción social, lo que genera, por primera vez, una filosofía de empresa donde la ética se adentra como un control de vigilancia que ha venido a quedarse.

Estamos experimentando un periodo globalizado de eliminación de fronteras, tanto físicas como virtuales, donde las conexiones con cualquier parte del mundo y la transferencia de productos, modas o ideologías es casi instantánea, pero cada vez nos preocupamos más por mantener con celo inusitado los rasgos que nos caracterizan, hasta llegar a denunciar apropiacionismo cultural, o aumentando el control de las fronteras sobre aquellas culturas que distan mucho de la nuestra y que percibimos como amenazas. La familia, en el sentido tradicional del término, sigue estando en la cima de la valoración social y los gobiernos incrementan las políticas activas tratando de favorecer esta estructura, pero, como hemos visto, el número de separaciones y divorcios aumenta, y el descenso de la natalidad, o el incremento de parejas que no pretenden tener hijos, es cada vez mayor. Por otra parte, estamos asistiendo al periodo más prolífico en lo referente a la creación y expansión de noticias y medios de comunicación, y el acceso a ellos es inmediato, pero este hecho no se corresponde con la capacidad de estar mejor informados.

Estamos inmersos en una sociedad tecnoindustrial donde la tecnología ha evolucionado hasta tal nivel que se han desarrollado todo tipo de herramientas, de programas informáticos, de medios de transporte eléctricos y ultrarrápidos..., que hacen la vida más confortable, ahorrándonos esfuerzo y tiempo. La robotización de las tareas del hogar, la búsqueda de información por internet, las gestiones *online*..., permiten que el tiempo que antes se invertía en realizarlas ahora se pueda proyectar en otras cuestiones. La paradoja es que, a pesar de haber ganado grandes cantidades de tiempo gracias a este desarrollo, vivimos angustiados por la falta total de tiempo, apresurados por el devenir del mismo, y tenemos la sensación subjetiva de una reducción del tiempo. La gestión del tiempo se ha convertido en un asunto de vital importancia, y la zozobra que genera provoca otra dinámica paradójica muy significativa de los tiempos actuales: el cuidado de lo anímico.

En pleno apogeo de la era del dispendio, donde el sistema se encarga de educar al sujeto como entidad de consumo desde edades muy tempranas, posicionándolo en un materialismo hegemónico, sin embargo, la demanda de actividades orientadas a cultivar la parte espiritual del ser humano no cesa de crecer por doquier. No es una cuestión exclusiva de comunidades religiosas, sino que se trata de cuidar y preocuparse por el desarrollo emocional con actividades como el yoga, la meditación, el *mindfulness*... Los que otrora eran lugares para moldear el cuerpo, los gimnasios, ahora se transforman en gestores integrales de salud, física y psíquica, y ofertan todo tipo de servicios orientados al bienestar emocional.

En esta lógica paradójica nos topamos con la que quizá sea la novedad más influyente y bisoña de todas: las nuevas redes sociales en cualquiera de sus manifestaciones. Por un lado, estamos demandando individualismo para forjar nuestra identidad, a la par que somos celosos de nuestra individualidad, pero, por otro, usamos las redes sociales para exponer nuestras intimidades, e incurrimos así en una doble dinámica paradójica: la de intimidad-exhibicionismo y la de autonomía-refuerzo externo. Nos vanagloriamos de nuestra individualidad, pero la exponemos en la búsqueda de aceptación y recompensas externas en forma de *likes*.

Lipovetsky ya apuntó en 2006 hacia esta problemática cuando afirmó: «He aquí la paradoja mayor, las satisfacciones que viven son más numerosas que nunca, la alegría de vivir no avanza, léase retrocede; la felicidad parece siempre inaccesible, aunque, al menos en apariencia, disponemos de más ocasiones para recoger sus frutos. Este estado no nos acerca ni al infierno, ni al cielo: define simplemente el momento de felicidad paradójica».[8]

El texto revela la sumisión a una felicidad paradójica que parece más liberada de los contrapesos que arrastraba del pasado, pero que se ve contrarrestada por una pléyade de nuevos problemas que se exponen bajo la dinámica del miedo (miedo al futuro, al paro, a las nuevas enfermedades víricas como el COVID, al cambio climático...).

Las nuevas tecnologías no terminan de verse como aliadas en pos de una vida mejor, sino que se pregonan a los cuatro vientos las amenazas que conllevan en lugar de ensalzar sus ventajas. Claudicamos, por un lado, ante el hedonismo sensorial de los placeres del cuerpo (comer, beber, sexo, etc.), al tiempo que nos obsesionamos con una política preventiva de la salud que roza la paranoia en forma de dietas y ejercicio. Propagamos la política del *carpe diem* como esencia de la felicidad, pero nos atiborramos de ansiolíticos[9] pensando en un mañana incierto que nos genera angustia. Realizamos un canto a la vida bajo el paraguas de la felicidad, mientras que no cesa de aumentar el número de suicidios y se incrementan los problemas de salud mental. Creamos grupos de WhatsApp y comunidades virtuales donde interrelacionarnos, pero nuestros mayores mueren solos en sus pisos.[10] Vivimos en ciudades cada vez más plurales y cosmopolitas, en las que parecen mezclarse hábitos y rutinas de todas partes del planeta (restaurantes de comida asiática, religiones orientales, prácticas de yoga...), justo en el periodo en el que destacan los nacionalismos, a la vez que las conexiones entre los ciudadanos de las urbes son más escasas[11] (no conocemos a nuestros vecinos, nos desentendemos de las movilizaciones sociales, no practicamos el asociacionismo activista...).

Este compendio de lógicas enfrentadas también fue remarcado en la obra *Dialéctica de la Ilustración*, donde Adorno y Horkheimer apuntaron que la evolución de una razón instrumental estaba provocando un progresivo proceso de individualización, que ha terminado contraponiendo dos lógicas enfrentadas: la atomización junto a la masificación.[12] Este progresivo individualismo no está reñido con una masificación que todo lo llena, y, desde esta amalgama, nos topamos con el fenómeno de aglomeración.

## Convalecencia

Para el sujeto hipermoderno estamos asistiendo al ocaso de la felicidad tal y como la conocíamos y entrando en la era de la posfelicidad. Siendo reduccionistas, podemos decir que, a lo largo de la historia, la felicidad se ha ido proyectando con dos patrones diferentes entrelazados: el modelo que perseguía la felicidad en torno a elementos externos al propio sujeto, tales como el estatus, la fama o el reconocimiento, y el modelo contrario, que depositaba el trabajo hacia la felicidad en elementos internos, tratando de controlar los deseos, eliminando dependencias emocionales, y poniendo el foco en una autonomía subjetiva que construía una coraza contra el mundo exterior a base de imponer la razón por encima de la emoción.

En la Grecia clásica ya se producía este enfrentamiento entre estoicos y peripatéticos: los primeros, fervientes valedores del poder de la razón; los segundos, defendiendo que los bienes externos (riqueza, belleza, amigos, hijos, salud...) no son indiferentes, sino más bien necesarios de cara a la felicidad de cualquier hombre.[13] Pero la potencia de la globalización, el imperio de la omnipantalla,[14] que facilita un exhibicionismo egocéntrico que rozará un sentimentalismo tóxico,[15] la entronización de la faceta emocional del ser humano a través de la fusión entre la economía y la psicología positiva,[16] la mutación de las categorías temporales teniendo como referencia la aceleración, y el novedoso surgimiento de las circunstancias virtuales frente a las reales, están forjando un nuevo modelo de felicidad que parece haber perdido referencias históricas y vive una desorientación que ha dado paso a la posfelicidad, una posfelicidad que se hermana sustancialmente con el desarrollo de las potencialidades (el famoso «yo puedo») y que asume de manera íntegra los dos modelos clásicos bajo el amparo de este nuevo paradigma: el potencial.

Ya analizamos la convalecencia de la felicidad cuando nos acercamos al motor de búsqueda de Google, pero si ampliamos el foco, hay un dato curioso: desde 1990 y hasta 2011, el número de publicaciones y noticias en torno a la felicidad no para de crecer de manera exponencial, y ha pasado de apenas 2.500 a más de 25.000:

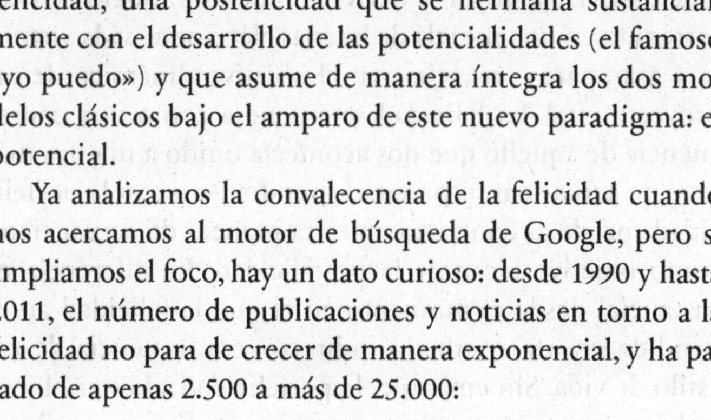


**Figura 1**
*Fuente:* Beytía-Calvo.[17]

Nunca se había experimentado tanta preocupación por el tema, nunca se había sentido tanta presión por querer ser felices, los libros de autoayuda se convierten en bestsellers a nivel planetario, y para el sujeto hipermoderno, la felicidad ya no se entiende como una aspiración, sino más bien como una necesidad. Ha pasado de ser un adjetivo calificativo («me siento feliz»), a usurpar el papel del verbo en forma de acción proactiva (conquistar la posfelicidad). Deja de ser la derivación de un modelo de vida sostenido en una mezcla de buenas elecciones, vida virtuosa y azar, para convertirse en el objetivo dinámico de un proyecto vital. La felicidad se entendía como una consecuencia de aquello que nos acontecía unido a nuestra manera de actuar e interpretar el mundo. Pero con la posfelicidad sucede al contrario: nuestra manera de actuar tiene como objetivo alcanzar la posfelicidad. La diferencia es sustancial desde el momento en el que la felicidad aprehendida era un resultado indirecto, consecuencia de un estilo de vida. Sin embargo, la posfelicidad, al estar objetivada, se convierte en una persecución sin fin, un continuo proceso de proactividad.

Soy consciente de que abrí el capítulo 1 con una estadística similar a esta, pero creo necesario insistir para analizar esta proactividad que se ejemplifica en las tendencias españolas y planetarias del motor de búsqueda Google, que expone que desde 2004 y hasta 2016 los españoles no hemos parado de escribir en este buscador la frase «cómo ser feliz».[18] Pero si acudimos a las estadísticas de Google Trends a nivel mundial (figuras 2 y 3), podemos observar que desde 2004 el interés por el tema de la felicidad ha pasado de ser secundario (situado por debajo del 25, siendo 100 la popularidad máxima de un término) a estar progresivamente por encima del 60.

**Figura 2**

*Fuente:* Google Trends.

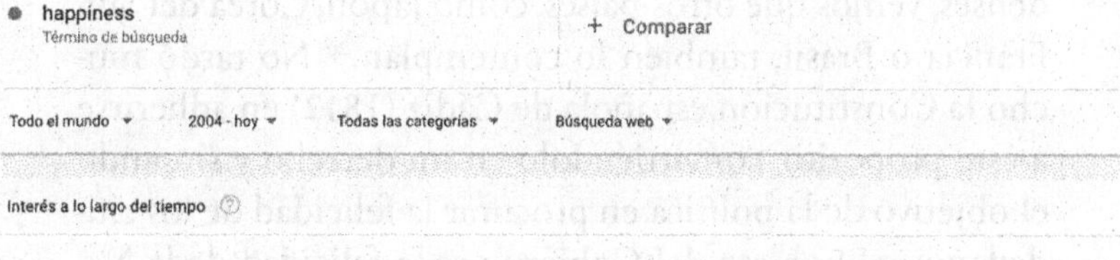


**Figura 3**

*Fuente:* Google Trends.

## Precedentes de la posfelicidad

La felicidad antes de la posmodernidad se encontraba inserta dentro del proyecto vital como un anexo, subordinada a otros elementos primordiales tales como la necesidad de labrarse un futuro. Poco a poco, como bien señala Martín,[19] los países empiezan a tener en cuenta la importancia de la felicidad y deciden implementarla en la redacción de sus textos fundacionales. En la Declaración de Independencia de Estados Unidos, por ejemplo, se afirma que todos los hombres tienen derechos inalienables, entre los cuales se encuentran el derecho a la vida y a la libertad, y en el mismo rango que estos se halla la búsqueda de la felicidad. Pero en estos primeros acercamientos específicos en torno a la felicidad, esta se presenta como una proyección deseable y no tanto como una realidad palpable. No será el único país que considere la búsqueda de la felicidad como un derecho constitucional esencial; aparte de los estadounidenses, vemos que otros países, como Japón, Corea del Sur, Francia o Brasil, también lo contemplan.[20] No tardó mucho la Constitución española de Cádiz (1812) en adherirse a este propósito, convirtiéndolo en un derecho y situando el objetivo de la política en procurar la felicidad de los ciudadanos: «El objeto del Gobierno es la felicidad de la Nación, puesto que el fin de toda sociedad política no es otro que el bienestar de los individuos que la componen».[21] El político, en el momento de organizar y gestionar la ciudad, debe tener, como uno de los objetivos de fondo, la felicidad de sus ciudadanos.

Esta tipificación a la hora de estampar negro sobre blanco el asunto de la felicidad encuentra en Aristóteles uno de los precursores principales. En su *Ética a Nicómaco* defendía que la meta de la política tenía que orientarse a asegurar la felicidad como bien supremo entre todos los que pueden realizarse.[22]

En este proceso se consideran dos elementos que desde tiempos de la Grecia clásica se saben primordiales para este propósito; el primero es que el hombre es un ser político, un ser social por naturaleza, y por lo tanto solo en sociedad puede desarrollarse como tal. Aristóteles ya defendía que el hombre es por naturaleza un animal político y que el enemigo de la sociedad es, por naturaleza, y no por casualidad, o bien un ser inferior o más que un hombre.[23] Desde esta perspectiva, en el plano antropológico, la sociabilidad se presenta como un requisito necesario no solo para la supervivencia, sino también para el progreso. Será Yuval Harari[24] quien teorice sobre la victoria del *Homo sapiens* ante el neandertal por una cuestión biológica que permitía que los *sapiens* gestionasen grupos más numerosos de individuos que los grupos de neandertales, que eran más reducidos. Para Harari, nuestra especie ha logrado imponerse sobre el resto, entre otras cosas, por la predisposición que tenemos a la interconexión y organización de comunidades.

El segundo elemento necesario es la libertad, que facilita el camino hacia la felicidad. En la Constitución de Cádiz de 1812 se menciona un tercer elemento que resulta importante para nuestro análisis: se asocia la felicidad con el bienestar. Ya no se trata solo de tener libertad, sino de acceder a un nivel de bienestar tal que posibilite ese derecho a la felicidad que tienen todos los ciudadanos. Esto supone que la felicidad está necesitada de unos fundamentos o bienes esenciales mínimos sin los cuales no parece fácil que se pueda alcanzar ese objetivo. Estos fundamentos, en principio, no se reducen al plano de lo esencial, sino que se amplían desde la perspectiva de la ciencia. Al bienestar material se le añade la necesidad de un bienestar integral del sujeto. La doctora Estapé apunta a ese bienestar sin el cual la consecución de la felicidad se antoja complicada: «Existe una gran crítica sobre los libros de autoayuda que prometen la felicidad con una receta rápida, pero lo cierto es que actualmente contamos con multitud de estudios y datos científicos que nos acercan con cierta precisión al nivel de bienestar físico y psicológico indispensable para ser feliz».[25]

Como ya hemos comentado, en el siglo XXI, en gran medida y teniendo en cuenta que hablamos de países prósperos, ha sido posible establecer gran parte de estos fundamentos. Nuestras sociedades occidentales desarrolladas están dentro del ámbito de estos tres requisitos: gracias a la globalización y a internet, la vida en comunidad se ha visto reforzada y amparada en nuevos modelos de sociabilidad virtual que se han mundializado; a su vez, tenemos legislaciones que protegen la libertad, y disfrutamos de un gran nivel de bienestar, donde la esperanza de vida en algunos países desarrollados se sitúa por encima de los ochenta años. Tenemos excedentes de comida, medicinas para las infecciones, y el conocimiento y la cultura están disponibles en el bolsillo.[26] Siguiendo el adagio latino *primum vivere deinde philosophari* ('primero, cubrir las necesidades básicas, y, después, filosofar'), podemos afirmar que hemos sobrepasado con creces la premisa *primum vivere*, pero que en lugar de filosofar (*deinde philosophari*), el sujeto hipermoderno ha priorizado la persecución del imperativo de la posfelicidad, partiendo de que la trilogía sociedad-libertad-bienestar la da por sentada. Lejos quedaron los tiempos en los que la filosofía se consideraba un ejercicio procedente del ocio, donde el pensamiento era sinónimo de reposo, y se contaba con el beneplácito de una temporalidad sosegada.

Para este individuo, la divergencia de la felicidad con la posfelicidad pasa por no considerar que la filosofía, que el pensamiento entendido como contemplación y análisis, pueda conducirle a la felicidad, si bien, en los breves momentos de lucidez, percibe la importancia de la misma y descubre el estado de indigencia mental en el que se encuentra. Ya no acepta que la vida contemplativa, el modelo de filósofo feliz al estilo aristotélico que postula Guthrie,[27] pueda aproximarnos a ese estado de ánimo donde la alegría inunde al ser en su proyecto vital.

Entre las causas de este abandono se encuentra un cientificismo servicial que dota al individuo actual de argumentos verosímiles en los que refugiarse en su asedio a la posfelicidad. Destacan las investigaciones neurológicas en torno a las emociones que han llegado a postular que la felicidad es un estado esencialmente emocional, que se activa en el sistema límbico, y que, por lo tanto, el cerebro consciente apenas tiene nada que decir al respecto.[28] De ahí se deriva que el pensamiento reflexivo se desliga de la felicidad, y ha suplido el filosofar por el experimentar, por el sentir, para entrar en una fase de drogodependencia emocional, en la cual se somete la posfelicidad al imperio de las emociones.

Este abandono de la reflexión como rudimento fundamental para la posfelicidad apunta a un individuo que ha desatendido la duda como elemento de deliberación. La duda, en este sujeto, simboliza la contingencia y la fragilidad humana, evidencia la falta de autosuficiencia[29] y pone de manifiesto dos elementos relevantes: por una parte, dudar supondría el reconocimiento de nuestra ignorancia, y, por otra, requeriría alejamiento y tiempo. Son elementos que se encuentran fuera del foco de la hipermodernidad.

Bien podríamos afirmar *primum vivere, deinde quaerere felicitatem*: lo primero es vivir y después buscar la (pos)felicidad, pero buscarla a toda costa y sin detenerse, al igual que un drogodependiente en busca de su dosis.

## El final de la sospecha

Conocida y justificada es aquella observación que Paul Ricoeur hizo sobre tres pensadores del siglo xix, Marx,

Nietzsche y Freud, cuando los calificó como los pensadores de la sospecha. Cada uno de ellos puso en entredicho —sospechó – la configuración del sujeto que estaba aceptada en su tiempo. De este modo, Marx llegó a postular que la conciencia está enmascarada por intereses económicos, Freud pensó que el yo escondía una represión del inconsciente, y Nietzsche reivindicó que la moral estaba preñada del resentimiento de los débiles. Es decir, cada pensador sospechó del modo en el que se presentaba la realidad, llegando a postular la existencia de mecanismos de control y de influencia por debajo de esta.

Los racionalistas cartesianos y sus herederos postularon una duda, una desconfianza en lo referente a los objetos de conocimiento, pero serán los filósofos de la sospecha los que añadan una segunda preocupación dirigida no tanto a los objetos de conocimiento, sino hacia la misma conciencia que conoce, es decir, la sospecha no se limita a las cuestiones que queremos conocer, sino también a la conciencia con la que conocemos: «El filósofo formado en la escuela de Descartes sabe que las cosas son dudosas, que no son tales como aparecen; pero no duda de que la conciencia sea tal y como se aparece a sí misma; en ella, sentido y conciencia del sentido coinciden; desde Marx, Nietzsche y Freud, lo dudamos. Después de la duda sobre la cosa, entramos en la duda sobre la conciencia»[30] (Ricoeur).

Pensadores como Husserl habían trabajado la fenomenología bajo el signo de la sospecha al estilo cartesiano, que atacaba la aparente fiabilidad que proporcionaban las primeras impresiones que un sujeto recibe. Desde esta perspectiva, la felicidad siempre ha estado envuelta en un halo de sospecha cuando se enfocaba en el plano subjetivo. Se sospechaba de la consideración de la felicidad como algo objetivable y definible, como la capacidad de nuestra conciencia para ser fidedigna en su trabajo perceptivo y analítico. Es decir, se dudaba de que se pudiera conocer y definir la felicidad, al tiempo que también se dudaba de que las sensaciones de felicidad facilitasen la tarea de saber qué era esta.

Con la posfelicidad sucede algo parecido pero circunscrito al plano intelectual. El nuevo paradigma de la posfelicidad que se impone no posee la carga intelectual que se le presuponía a la felicidad. Al considerarse la posfelicidad como evidente y ligera, sin atisbo de duda ni sospecha, no parece necesitar el análisis hermenéutico que hizo correr ríos de tinta entre filósofos, de ahí que, en el academicismo filosófico, la felicidad haya quedado relegada a un tema menor.

El sujeto hipermoderno no sospecha. Es uno de los conceptos que han caído en desuso. Sospechar contiene en su etimología la raíz *sub-* ('debajo') y *spectare* ('observar', 'aguardar', 'contemplar'). El sujeto que sospecha es aquel que advierte lo que hay debajo. Su interés comienza por haber asimilado la actitud de la sospecha. El que sospecha intuye que el relato, la cosa, la idea... que le presentan no termina de encajar en su visión de la vida. Intuye rudimentos ocultos. Posee una actitud de espera; aguarda, pero con intención activa; mantiene la tensión. El individuo que sospecha sabe que existe un desgaste en su actitud que le genera cansancio, así como intranquilidad. Es una sensación inquisitiva que incomoda porque lo que se manifiesta, el fenómeno, no termina de convencerle. La sospecha requiere una implicación intelectual y se percibe como estímulo.

Pero el individuo contemporáneo entiende el fenómeno desde la perspectiva griega del *phántasma*, es decir, lo que se presenta a la vista de manera directa, una aparición. No precisa de intervención alguna de la imaginación. En su acercamiento a la realidad, acepta las apariciones tal cual se manifiestan, es un individuo que cree en los fantasmas. Entiende la sospecha como un malestar que incomoda, como una tensión que se debe evitar. Prefiere la contundencia, la afirmación, la aseveración, el maniqueísmo (blanco o negro, verdadero o falso, derechas o izquierdas...) a la duda.

## Asedio y conquista de la felicidad

La posfelicidad requiere un nuevo enfoque, divergente del antiguo proceso que conducía hacia la felicidad. Algunos pensadores postularon la felicidad como una búsqueda. Filósofas como Victoria Camps respaldan esta postura cuando, al hablar de sus enseñanzas al respecto, afirman que la felicidad es «un bien que exige esfuerzo, paciencia, perseverancia y tiempo»,[31] cuatro requerimientos que en pleno siglo XXI se antojan complicados. Pero buscar implica varios elementos. En primer lugar, en la búsqueda existe la posibilidad de no encontrar. Buscar, como ya apuntamos al principio, no implica hallar, de modo que las esperanzas que se depositan en la búsqueda son menores y, por lo tanto, el sufrimiento por no encontrar es relativo.

En segundo lugar, la búsqueda requiere un camino por el que indagar, una dirección que seguir o, en el caso de la vida, una senda por construir. La búsqueda de la felicidad se proyectaba dentro del camino de la vida, era un proceso que acompañaba el transcurso vital, no existía una vía exclusiva o alternativa para la felicidad, sino que esta se subordinaba a la construcción del camino existencial donde la felicidad, si es que aparecía, se presentaba como un hallazgo en ese trayecto, como una buenaventura. El sendero de la vida se tenía que cimentar y, si había fortuna durante esa construcción, se podía descubrir la felicidad, pero en cualquier caso siempre era una vía que estaba por hacer.

La posfelicidad ha pasado de ser una búsqueda a una conquista, pero una conquista que no requiere grandes esfuerzos, al contrario de lo que postulaban pensadores como Russell cuando en el prefacio de su libro *La conquista de la felicidad* aseguraba: «He escrito este libro partiendo de la convicción de que muchas personas que son desdichadas podrían llegar a ser felices si hacen un esfuerzo bien dirigido».[32]

Esta felicidad a la que se refería Russell también podría florecer como respuesta a momentos de dolor, amparada en el germen de la esperanza, donde el papel del sujeto representaba pasividad, pero también anhelo. Era una felicidad donde había cabida para la infelicidad,[33] y esto posibilitaba una perspectiva de mejora. Era un concepto de felicidad integrador, donde la desgracia se percibía como una posibilidad real. El sujeto sabía que sus padres morirían, que podrían echarle del trabajo, que su pareja podría dejarle, pero ello no implicaba que la desgracia se cebara en su vida de manera absoluta. No entrañaba desechar la esperanza de ser feliz.

La posfelicidad, por su parte, ha eliminado la esperanza de la ecuación para pivotar sobre los mecanismos de un optimismo entusiasta que se centra en el presente, en el placer, en el deseo, y que utiliza la voluntad como ariete. El sujeto hipermoderno conquista, es decir, sale a la búsqueda de la posfelicidad convencido de su victoria. En su perspectiva, conquistar es atrapar, es reunirse con lo que se persigue (*quarēre*). Ya no se muestra la felicidad como una salida a la tristeza, o a la melancolía, o como un encuentro azaroso. La suerte sale de la ecuación para posibilitar que el individuo siga adelante con ánimo de conquista, sustituyendo la esperanza por la voluntad.

*Conquistar* es un verbo que implica varios elementos. Conquistar requiere un objeto susceptible de apresarse y, por lo tanto, de existir. La posfelicidad hipermoderna no cesa de autoafirmarse constantemente a través de todos los canales, especialmente hermanada con la pantalla (*smartphones*, ordenadores, televisión...), asegurándose la presencia en el ideario popular y adquiriendo una categoría que todo lo inunda. Se ha diversificado y expandido por todos los frentes posibles para abarcar el máximo número de clientes, y ofrecer así desde el consumo de experiencias (culinarias, viajeras, culturales...) hasta el puramente material (teléfonos, zapatillas, coches...), sin olvidar el plano espiritual (retiros, yoga, terapias reparadoras...).

Para lograr esta omnipresencia popular ha echado mano de dos elementos poderosos. Por un lado, el capital. Como señala Davies al hablar de ella, «como ente mesurable, visible y mejorable, ahora se ha infiltrado en la ciudadela de gestión económica global».[34] Al capital le interesa promocionar la posfelicidad porque es muy rentable. Se ha generado una industria en torno a la posfelicidad tremendamente lucrativa, pero sobre todo porque se han aventurado a cuantificar las pérdidas económicas que puede generar un trabajador insatisfecho, depresivo o en un permanente estado de ansiedad. La empresa Gallup, especializada en encuestas de opinión, llegó a publicar en 2016 que la infelicidad de los empleados estadounidenses suponía un coste de 500 millardos de dólares para la economía debido al descenso de la productividad y al incremento de gastos de asistencia sanitaria.[35] Somos testigos de la fusión del capitalismo con la psicología positiva en lo que Illouz ha denominado «capitalismo afectivo»,[36] donde las emociones se han convertido en el principal bien de consumo. Significativas son las alternativas al PIB que presentan nuevos indicadores para medir el bienestar subjetivo, tales como el Índice del Planeta Feliz (HPI, *Happy Planet Index*) o el *World Happiness Report*.

Por otro lado, la posfelicidad se presenta bajo el prestigio de la ciencia. Los avances en el conocimiento del funcionamiento del cerebro y de las emociones dan paso a una positivación pública del concepto de posfelicidad: «La ciencia de la felicidad ha alcanzado la influencia que hoy ejerce porque promete alcanzar esa ansiada solución (relacionada con las enfermedades psicosomáticas). Para empezar, los economistas de la felicidad son capaces de cuantificar y poner precio a los problemas de la tristeza y la alienación»[37] (Davies).

Conquistar exige resistencia por parte del elemento que se quiere asaltar. Pero el sujeto hipermoderno, en su indigencia mental, carece de capacidad para vencer resistencias. Para ello se realiza una cosmética alrededor de estas, con el fin de camuflarlas. Con la ayuda de la neurociencia, comprendiendo los mecanismos de recompensa emocional (serotonina, dopamina, endorfinas...), el sistema seduce al principal instrumento de resistencia en el siglo XXI: la atención. *Attendere* implica la inclinación del espíritu hacia algo, y la posfelicidad vence toda resistencia del sujeto desde el momento en el que este inclina sus pasiones, sus deseos y su modelo de vida hacia el lugar adonde guían su atención. Una vez dominada su atención, el siguiente paso es eliminar las resistencias morales que pudiera implicar la posfelicidad. Cuestiones como el deseo, que ha sido demonizado a lo largo de la historia, se transforman en elementos de estímulo y de emprendimiento. En su labor cosmética, la posfelicidad también ha logrado que el consumo, que pudiera tener una connotación negativa, se vuelque hacia el sector de las experiencias (consumir experiencias), eliminando así otra posible resistencia. El neuromarketing ha sabido presentar las resistencias de la posfelicidad como aliados, transformándolas en estímulos. Ha relegado el plano de la conquista a cuestiones meramente personales, asociadas a la voluntad del sujeto. Los objetivos que expone la posfelicidad son tan variados y diversos que siempre existe alguno al alcance: perder peso, definir masa muscular, aprender a comer sano, lograr un título universitario, montar una empresa, rechazar las emociones tóxicas o acumular el mayor número de experiencias posibles. Son cuestiones accesibles donde la resistencia no se sitúa en el plano exterior del sujeto, sino que se traslada a su capacidad de lograr superarse. La posfelicidad ha desarrollado el sutil arte de presentar una resistencia virtual que facilita al individuo hipermoderno la ilusión de ser capaz de vencerla.

A fin de cuentas, el asedio lo está realizando sobre sí mismo, sobre sus propias resistencias, sobre su fuerza de voluntad, sobre su capacidad de perseverar, sobre su resiliencia, sobre su procrastinación... Todos estos elementos que inundan la cotidianeidad son los causantes de que, a pesar de lograr esos microobjetivos que la posfelicidad le sugiere, este sujeto no se sienta feliz.

Es una posfelicidad fácil de conquistar pero que se evapora al mismo tiempo que se aferra, lo que genera un nuevo asedio que se repetirá una y otra vez. El individuo hipermoderno no percibe una especial felicidad en la conquista de todos los objetivos que el sistema le propone por dos motivos: el primero es consecuencia del simple hecho de que él no configura los objetivos, más bien los importa del exterior, para lo cual prescinde de la realidad de sus propias circunstancias y contextos; el segundo motivo es que la resistencia que tiene que vencer está relacionada con el ideal de posfelicidad que ha interiorizado en su interrelación con los otros. Se fuerza a sí mismo para sentirse feliz con cada conquista que realiza: viaje a Eurodisney, ascenso en el trabajo o visita al restaurante de moda, abrazando las tendencias del momento, pero su reacción a las conquistas no se asemeja a aquellas reacciones de los otros que no cesa de consumir en la omnipantalla. Percibe diferencias entre su valoración de la experiencia de la posfelicidad y la intensidad de esa valoración que los otros muestran por doquier. No es de extrañar que termine autoinculpándose por su incapacidad de encajar en el modelo de reacción emocional predeterminado que muestra la posfelicidad en los otros.

La posfelicidad también ha modificado (epigenética) el proceso de asedio. Ortega y Gasset ya postuló la necesidad de ocuparse de los grandes temas filosóficos como si de un asedio se tratase: «Los grandes problemas filosóficos requieren una táctica similar a la que los hebreos emplearon para tomar Jericó y sus rosas íntimas: sin ataque directo, circulando en torno lentamente, apretando la curva cada vez más y manteniendo vivo en el aire el son de trompetas dramáticas. En el asedio ideológico, la melodía dramática consiste en mantener despierta siempre la conciencia de los problemas, que son el drama ideal».[38] La diferencia es que el asedio a la posfelicidad es rápido, instantáneo y eficaz.

Con la felicidad se producía un rodeo abierto y flexible que se focalizaba como un encuentro, como una reflexión. Al no ser un objetivo principal, no se requerían grandes inversiones de energía y, por lo tanto, implicaba un menor desgaste. Al no tener la seguridad del hallazgo, el cerco era flexible; era un perímetro cordial que solo desgastaba si el único propósito era el de encontrar la felicidad, de ahí que en ocasiones esta fuese una aspiración ideal y lejana, un objetivo que se interiorizaba como remoto, a modo de mecanismo de defensa a fin de evitar el desasosiego que provocaría perseguirla. La posfelicidad ha logrado que los medios se conviertan en los fines, de manera que todo aquel que quiera alcanzarla sabe qué es lo que tiene que hacer. El asedio a la posfelicidad no hace sino alejar al sujeto de la felicidad en sí. Séneca ya advertía, hablando de la felicidad, de lo importante que era no confundir los medios con los fines: «¿Cuál es, pues, la causa de que uno tropiece, siendo así que todos aspiran a la vida feliz? Es que toman los medios para conseguirla por ella misma y, mientras la buscan, se les escapa... Así se alejan cada vez más de la consecución de su objetivo; cuanto mayor esfuerzo han desplegado, tanto mayores dificultades se crean, y van retrocediendo».[39]

El sujeto preglobalización se acordaba de la felicidad solo cuando una desgracia llegaba a su vida, pero, el resto del tiempo, su principal preocupación pasaba por la edificación de una vida lo más digna posible, tratando de hacerlo lo mejor que sabía.

El asedio de la posfelicidad, por el contrario, es un asedio cerrado, fácil y estimulante, cargado de ilusión, porque el objeto asediado se percibe al alcance de la mano (un viaje, un *smartphone*, un restaurante), es un asedio motivador. El objetivo es que el sujeto perciba la dinámica de la conquista como un bien necesario (que no suficiente), que implique un proceso de actividad constante donde no haga falta buscar. El objetivo de la posfelicidad viene acompañado de un camino ex profeso, guiado y mapeado; un camino geolocalizado que facilita el hallazgo.

La posfelicidad tiene su propio trayecto marcado, sus señales, sus comentarios a pie de página, las valoraciones de los viandantes que antes lo han recorrido. Si bien es un camino muy frecuentado, todo el mundo tiene cabida en él, es accesible y fácilmente transitable para cualquier clase social, edad, género... Existen guías que nos ayudan a orientarnos, que nos aconsejan sobre cómo realizar el recorrido dependiendo de nuestras características. El resultado es que el itinerario hacia la posfelicidad se ha convertido en el más demandado y concurrido de la hipermodernidad, y ello ha provocado que el camino de la vida se subordine y se integre en el de la posfelicidad. A diferencia de la travesía de la vida, que se tiene que erigir y exige esfuerzo, la calzada de la posfelicidad está cimentada teniendo en cuenta las nuevas condiciones de movilidad contemporáneas, está adaptada a todas las velocidades y se puede elegir el medio de transporte, si bien la única condición que impone es la de no detenerse.

## Posfelicidad exprés y proactiva

La posfelicidad demanda pragmatismo y ha encontrado en la red (internet) un aliado desde el que expandirse. La comunicación digital hace posible un transporte inmediato del afecto.[40] No se trata solo de transferir emociones a la velocidad de la luz, sino también de calar en el sujeto hipermoderno, de emocionarlo, de motivarlo, de agitarlo; una posfelicidad que en el mundo digital se ha democratizado, eliminando las jerarquías, donde somos emisores y receptores, creadores y observadores de la posfelicidad exprés. Una urgencia que se manifiesta en la alta velocidad que todo lo inunda: «Bajo la lógica capitalista, la velocidad se desea con fruición..., la rapidez, la eficacia y la agilidad se santifican; la lentitud, la torpeza y la pereza resultan aberrantes»[41] (Concheiro). Hay una exigencia de respuesta concreta, es la consecuencia de pasar de una *búsqueda* de la felicidad a una *conquista* de la felicidad, de una actitud abierta, que supone indagar sin saber si se encontrará algo, a una convicción total en torno a su consecución, lo que termina generando ansiedad.

La posfelicidad, a pesar de su apariencia de fácil acceso, de consumo inmediato, de evidenciarse y expandirse de forma global, exige al sujeto una implicación total y permanente para conquistarla. La inversión de energía es constante y se centra en un proceso cíclico infinito que, si se detiene, genera nerviosismo, depresión, desorientación... El sujeto actual se entrega en cuerpo y alma en el asedio de su posfelicidad, estrechando el campo de miras.

La felicidad, por su parte, al no ser una obsesión vital, y al no tener la certeza de poder encontrarla, no requería del individuo una total consagración, tenía en cuenta el factor suerte y relajaba el peso de la responsabilidad de hallarla por parte del sujeto. La posfelicidad, en cambio, ha eliminado la suerte de la ecuación y marcha teledirigida por un liberalismo que asocia el éxito al pensamiento positivo, y que logra responsabilizar al propio sujeto de su fracaso: «Dado que el optimismo es la clave para el éxito material y dado que se puede alcanzar ese enfoque vital optimista si uno practica el pensamiento positivo, no hay excusa para el fracaso»[42] (Ehrenreich). De ahí que el sujeto hipermoderno se consagre desde muy temprano a la cruzada de la posfelicidad, bajo la creencia de que él mismo es el único responsable de su consecución.

Los altos niveles de crecimiento y desarrollo social que hemos alcanzado no se han visto correspondidos con el aumento paralelo de posfelicidad. Las cifras de dosis diarias de antidepresivos en sociedades industrializadas no dejan de aumentar.[43] Ahora que las bases materiales y sociales del progreso parecen asentarse, la sociedad se ha dado cuenta de que necesita (auto)ayuda para alcanzar la posfelicidad. Esta mutación hacia la posfelicidad quedó reflejada en el Foro de Davos de 2014, donde por primera vez se organizaron 25 sesiones de *wellness* orientadas a trabajar el bienestar físico y mental: «Esto es lo que interesa a nuestras élites globales. La felicidad en sus distintas facetas ya no es un simple añadido placentero a la prioridad de la actividad de ganar dinero»[44] (Davies). Las grandes fortunas del mundo adquieren una nueva preocupación más allá de su capital, una preocupación por aprender a ser felices, o, más bien, posfelices.

A esto se le suma una ola de sentimentalismo tóxico que sitúa la «emoción pública» como icono de transmisión de la posfelicidad, y que se apoya en la omnipantalla. La posfelicidad se tiene que evidenciar en forma de imagen pública sin el más mínimo recato, donde las personas se graban y hacen notorias cosas como los recibimientos inesperados de padres/madres que sorprenden a sus hijos tras venir de pasar una larga temporada fuera, los delicados mimos que un niño da a su mascota, la ilusión y la fuerza con la que una persona afronta la quimioterapia... Dalrymple afirma: «Se ha creado una presión inflacionaria sobre este tipo de exhibiciones. No tiene mucho sentido hacer algo en público si nadie lo nota».[45]

Si bien las muestras públicas de emociones siempre han formado parte del entramado social, estas se limitaban al ámbito del vivo y del directo, de lo que se vivenciaba, de lo inmediato, de lo cercano, y si eran exacerbadas no pasaban el filtro de la aceptación social. Es una postura que remitía al fariseo del Nuevo Testamento, que, según algunas versiones de la Biblia, cuando entró al templo a rezar, se puso en pie y, en voz alta, dio las gracias a Dios porque no era un pecador, presumiendo de cumplir con todas sus obligaciones. Mientras tanto, un recaudador de impuestos que le acompañaba en el rezo pedía perdón a Dios por sus pecados y no se atrevía siquiera a alzar la mirada. Concluye el pasaje bíblico que los que se exaltan a sí mismos serán humillados, y los que se humillan serán exaltados (Lc, 18, 9-14). Pero esta carga moral que exigía al fariseo humildad y recato tiene poco predicamento en el mundo visual de la omnipantalla hipermoderna. La proliferación del sentimentalismo público mediatizado y exhibicionista de la posfelicidad, al estar monitorizado por las pantallas, ejerce un poder coercitivo de tal magnitud que solo caben dos respuestas ante el mismo: o bien te sumas, o bien te abstienes de criticarlo.

El deber, como ya hemos visto, se encuentra en una fase de exigencia social, pero de relajación individual, dando paso a la fase del posdeber. La posfelicidad pierde toda aspiración a asociarse con el bien moral y se ejecuta desde el plano del hiperindividualismo. En este sentido, la posfelicidad entroncaría con la perspectiva kantiana sobre la felicidad entendida como «la conciencia de un ente racional de lo placentero de la vida que acompaña ininterrumpidamente toda su existencia»,[46] y que solo puede ser conocida a través de la experiencia del sujeto por medio de su facultad apetitiva. La posfelicidad, desde esta representación, se concibe como la materialización del sentimiento placentero, y lo placentero pertenece a la categoría de la subjetividad, es decir, lo que me place a mí.

Por último, pero no menos importante, cabe destacar que estamos asistiendo a un cambio en la dinámica del enfoque laboral del individuo hipermoderno, que experimenta una intrusión de la posfelicidad en el trabajo. La alienación del trabajador postulada por Marx, que provocaba la despersonalización y la enajenación del sujeto, está viéndose sobrepasada por una segunda alienación mucho más sutil y seductora: la alienación de la posfelicidad. La dinámica invasiva y totalizadora de la posfelicidad ha entrado en el campo laboral para imponerse como condición. El mundo laboral se ha plegado a la demanda de posfelicidad social, a la vez que ha instrumentalizado dicha demanda a nivel productivo. En los últimos años, el interés por asociar estos dos términos, felicidad y trabajo, se ha incrementado exponencialmente. Una búsqueda en una base de datos científica (ABI/INFORM), en septiembre de 2015, ofrecía setenta y ocho mil resultados al respecto. El nuevo objetivo del milenio será el de ser feliz trabajando.[47] Los hechos así lo atestiguan: hay una tendencia creciente en la producción científica que asocia la felicidad y el trabajo.[48]

La posfelicidad ha colonizado el trabajo y este ha logrado parasitar la posfelicidad. El individuo hipermoderno ansía la posfelicidad laboral, y el mercado se nutre de este frenesí posfeliz para obtener beneficios, aprovechando lo que Remedios Zafra denomina «el entusiasmo».[49] El trabajo solía ser un medio de sustento sometido a las lógicas del deber, y la felicidad encontraba amparo en el tiempo libre. Guy Debord anunció la dominación de la economía sobre la vida social y la usurpación del tiempo de ocio en dos fases: la primera degradaba al individuo del ser al tener, y la segunda lo mutaba del tener al parecer.[50] En la hipermodernidad estamos asistiendo a una relación simbiótica donde la felicidad, basada en el ocio, transmuta hacia una posfelicidad que traspasa la vida privada e invade el mundo laboral, lo que provoca una alienación posfeliz del *homo operator*, un *homo operator* alentado por gurús visionarios al estilo Steve Jobs, que animan a transformar las pasiones en producción, o referentes del mundo educativo como Ken Robinson,[51] que apuestan por descubrir «el elemento» de cada uno y convertirlo en su profesión, rentabilizándolo.

## Positivación y posfelicidad

De entre los muchos elementos novedosos que la posfelicidad ha impuesto, la cuantificación en forma de datos, estadísticas, números... es uno de los más significativos. Múltiples son los enfoques hipermodernos en torno al asunto y muchas son las palabras que se han usado a modo de eufemismos, tales como bienestar, calidad de vida, prosperidad..., tratando de rebajar la tensión que siempre supone definir la felicidad. Y para reafirmarlos se han visto acompañados de otros términos que hacen las veces de opuestos y que generan la necesaria dinámica dialéctica que mantiene viva y en efervescencia la entidad de cada uno. Son palabras como *descontento*, *malestar* o *decepción*, que apuntan a una definición negativa de la posfelicidad.

Entre la pléyade de estadísticas encaminadas a la cuantificación de la posfelicidad encontramos dos términos que, combinados, parecen dotarla de una objetividad casi material que potencia su estatus: por una parte tenemos el *wellfare*, que hace referencia a los niveles de vida, a la calidad de vida que ofrece el contexto en el que se desarrolla y, por otra, el *well-being*, que está asociado al lado subjetivo, en el que el individuo apunta a su propia calidad de vida experimentada. Lo que propició que se comenzaran a realizar estudios sobre esta temática fue el hecho de que los informes que emitían los gobiernos sobre la calidad de vida no parecían corresponderse con la realidad subjetiva, ya que limitaban sus resultados a criterios económicos y cuantitativos que eran meras descripciones de lo que ellos mismos consideraban calidad de vida en su país. Por este motivo se consideró necesario introducir elementos subjetivos de índole psicológica donde se pudiera tener en cuenta cómo las personas eran capaces de percibir cosas como sus condiciones de trabajo, su propia salud, la vivienda... Tal es así que, en 1973, los grupos de trabajo de la OCDE que estaban dedicados a este tema llegaban a afirmar: «La forma en la que los individuos y los grupos perciben los aspectos fundamentales de su bienestar es un elemento necesario e importante del programa de los indicadores sociales».[52] A partir de ese momento, a nadie se le pasó por alto la necesidad de incluir en la medición de la calidad de vida ciertos parámetros, como los sentimientos, las percepciones o las actitudes, por muy subjetivos que pudieran ser.

La correlación entre felicidad y calidad no es nueva, pero sería a partir del último cuarto del siglo XX cuando el concepto «calidad de vida» empieza a revisarse con el fin de ser más exacto, así como lo mejor cuantificable posible. La idea de potenciar algunos indicadores sociales al respecto fue aumentando. Uno de los primeros que se aventuró a postular estos indicadores subjetivos fue Maslow,[53] que situó varios niveles, empezando por el de la subsistencia, con la alimentación, la vivienda y el vestido. A este seguía la seguridad, que incluía riesgos físicos, medio ambiente, catástrofes... En el tercer nivel situaba el amor, la necesidad de afecto, las relaciones interpersonales, y en el último se centraba en la necesidad de reconocimiento, el estatus (junto con la dominación) y el prestigio. Sería en el último nivel en el que destacaba un elemento esencial para entender esta tipificación de las necesidades subjetivas sociales: la autorrealización. Aquí se proyectaba la consecución del potencial individual a la hora de ser lo que cada uno podía llegar a ser, un nivel que para el sujeto actual terminará siendo determinante.

Muchas veces a lo largo de la historia se ha intentado definir la felicidad, e incluso se ha procurado descomponer los elementos que la forman. No se ha tratado solo de cuantificar con datos los elementos que configuran la felicidad, sino también de tipificarlos. Los utilitaristas, principalmente Bentham y Stuart Mill, ya asociaban el placer y la felicidad al estilo epicúreo, alegando que el placer intelectual era el superior de todos. Para pensadores como Mill, el placer nos provoca felicidad y la felicidad nos causa placer. Bentham[54] apuntó cuáles eran los factores que podían servirnos para medir el placer, entre los que destacaba: 1) la intensidad, 2) la duración, 3) la mayor o menor posibilidad, 4) la proximidad o no proximidad, 5) la fecundidad, 6) la pureza y 7) la extensión. Gracias al perfil de estos elementos se puede deducir que el peso del placer al que se referían estaba ligado al placer intelectual. Stuart Mill, en su ensayo sobre Bentham, remarcó otro elemento importante que este había pasado por alto y que será una de las piezas claves para la felicidad: la búsqueda de la excelencia. Tal es así que el propio Mill reconoce lo siguiente: «Ningún ser humano inteligente admitiría convertirse en un necio, ninguna persona culta querría ser un ignorante, ninguna persona con sentimientos y conciencia querría ser egoísta y depravada, aun cuando se los persuadiera de que el necio, el ignorante o el sinvergüenza pudiera estar más satisfecho con su suerte que ellos con la suya».[55]

A pesar de este breve recorrido histórico sobre el intento de tipificar qué es la felicidad, cabe precisar que todos estos intentos de acotación de la felicidad han quedado en un segundo plano para el sujeto hipermoderno, que carece de raíces conceptuales conectadas con la felicidad. El desarraigo que exige la posfelicidad lo libera del ejercicio intelectual a favor del imperio emocional, un imperio de lo emocional que, sin embargo, no logra extirpar una de las emociones más significativas de la hipermodernidad: el miedo.

# PANTALLA TÓTEM

# 7

# MIEDO Y POSFELICIDAD: TAXONOMÍA DEL MIEDO HIPERMODERNO

## Mitología y miedo

Para comprender mejor qué mecanismos y resortes son los que modifican y condicionan este modelo de posfelicidad es importante detenernos en el análisis de los miedos hipermodernos. La mutación y los cambios que ha experimentado la posfelicidad guardan una relación directa con el perfil de los nuevos miedos que en muchas ocasiones impiden al sujeto lograr esta satisfacción.

El miedo ha tenido un gran predicamento a lo largo de la historia de la filosofía, pero ya manifestaba su importancia en las narraciones mitológicas. Se encuentran menciones al miedo y a la fobia en documentación del Antiguo Egipto y en el *Corpus hippocraticum*,[1] si bien cuando se hace referencia a la palabra *fobia*, no parece que haya existido univocidad conceptual. No en vano, si nos remitimos a la mitología griega, encontramos en Fobos ('pánico', 'fuga') a uno de los primeros referentes. Fobos es hijo de Afrodita, la diosa del amor, y Ares, el dios de la guerra;[2] así se menciona en la *Teogonía*: «Afrodita concibió a los temibles miedo (Fobos) y terror (Deimos), que ponen en confusión a las compactas falanges de la guerra sangrienta junto con Ares...».[3] De la fusión del amor y de la guerra surge el miedo como interpretación de un momento desconcertante, donde el amor representa el máximo símbolo de filantropía, manifiesto de humanidad, y la guerra simboliza la necesaria deshumanización cuando se enfrenta al enemigo. El amor (Afrodita) encarna la exaltación hacia el otro, la entrega al otro, la renuncia al ego y la exacerbación de un proceso humanizador que incluye la alteridad en su identidad. El sujeto que ama incrusta en sí el objeto de su amor. La guerra (Ares), por su parte, es la revelación de la deshumanización por antonomasia, la necesidad de arrancar de la psique toda característica humana del otro para poder destruirlo. Es la expresión de la voluntad impositiva del ego y la necesidad de eliminar cualquier resquicio de humanidad cuando se miran los ojos del enemigo. Fobos, ese modelo de miedo que se muestra en forma de «fuga», parece interpretarse como un caminar entre ambos, un término medio que divide la atención del ego ante sí mismo, ante la emoción que se experimenta en el momento del miedo, pero, al mismo tiempo, enfoca también esa atención en el objeto que provoca ese miedo. Siente una hiperhumanización que se aferra a la potencia emocional que sufre, a la vez que deshumaniza el objeto causante del miedo.

En Homero, la misión de Fobos cuando llegaba al campo de batalla era la de entrar junto con Ares para espantar al enemigo, que solía correr despavorido, dándose a la fuga. De hecho, en algunas traducciones del texto de Homero, Fobos aparece como la hija de Ares y se la denomina «Fuga», y en otras se traducirá por «Huida»: «Tal como Ares, azote del hombre, se lanza a la lucha, escoltado por su hija la Fuga, que es fuerte e intrépida, y que sabe causar miedo a un hombre, por bravo que sea, y ya armado».[4]

En estas primeras referencias históricas al miedo encontramos una estrategia de control que se sustenta sobre el eje emocional primario del sujeto. El miedo, desde esta perspectiva, se puede considerar desde una doble disposición: la del que procura provocarlo, y la de aquel que lo sufre. Si nos ceñimos a esta primera intencionalidad de Fobos, la de provocar el miedo con la finalidad de hacer huir (o fugarse) al enemigo, podemos deducir que este tiene como misión ulterior evitar el enfrentamiento, la pelea, de ahí que intente imponer una imagen terrorífica que potencie la separación con los demás por medio del pavor, representado por la huida. De hecho, las fobias son aquellos «padecimientos mentales» que logran que el sujeto no se enfrente a los mismos y huya, esclavizándolo. En la segunda perspectiva, la del sujeto receptor, el miedo provoca la activación de un dispositivo de supervivencia en forma de evasión, una huida para salvar la vida y evitar la confrontación.

## Sin duda

Para que esta estrategia de control sea del todo efectiva e impacte de lleno en la línea de flotación emocional del sujeto, es necesario que se elimine la duda de la ecuación. Dudar supone activar mecanismos de pensamiento conscientes que pondrían en peligro la estrategia del miedo. Dudar implicaría detenerse, como argumenta Victoria Camps,[5] cuando adopta el sentido de la duda de Montaigne. Dudar se entiende como no ceder a la espontaneidad del primer impulso, sino asumir una actitud reflexiva y prudente.

El miedo y la duda también son parte del eje rector de otro de los relatos míticos fundacionales de nuestra civilización: el mito de Adán y Eva del Génesis y su expulsión del paraíso. El miedo a desobedecer a Dios convierte a los protagonistas en infantes obedientes hasta el momento en el que Eva, tentada por la curiosidad, duda de esas órdenes divinas y decide morder la fruta del árbol del que tenían prohibido comer. En el diálogo con la serpiente, esta les comenta que si prueban la fruta alcanzarán la sabiduría que tiene Dios.

Si bien aparece el tema de la confianza como base, no podemos pasar por alto la referencia manifiesta a uno de los miedos que más se acrecientan en la actualidad: el recelo al progreso, a la ilustración y, más en concreto, a las posibles consecuencias desconocidas e imprevistas de un conocimiento no programado ni advertido. La duda en torno a la intencionalidad de la orden divina provoca en Eva una valentía y un miedo casi simultáneos. Valentía al saltarse el mandato, pero miedo al darse cuenta por primera vez de que estaban desnudos, y acuden a taparse para no ser descubiertos. Es decir, para salir de lo que Kant denominaba la minoría de edad intelectual[6] y atreverse a pensar por sí misma, hizo falta el uso de la duda como elemento de madurez mental. Cuando los arrojan del paraíso, toman conciencia de lo que son: humanos, mortales, desprotegidos, indefensos, y por primera vez adquieren el sentido del paso del tiempo, que se convertirá en otro aliado del miedo, generador de angustia y ansiedad. Y en ese momento de expulsión es cuando advierten su individualidad, sus capacidades, sus habilidades, y comienzan a construirse una identidad.

La duda de Eva tuvo que ser estimulada desde el exterior, fue una serpiente la encargada de conducir el razonamiento de Eva hacia caminos divergentes de los que había transitado hasta el momento. Poco afán pedagógico existía en este proceso bíblico que liberó al ser humano de la esclavitud de la ignorancia y, quizá por ello, uno de los miedos globales más preocupantes que encaramos en la actualidad está relacionado con la escasa o nula formación pedagógica en torno a los mecanismos que provocan la duda, sobre todo en el sujeto hipermoderno. Eva no estaba educada para dudar, carecía de los rudimentos necesarios que le activasen el protopensamiento (asombro-curiosidad-cuestionamiento) y, al igual que Adán, su vida transcurría en un devenir intranscendente y heterónomo, similar a los mecanismos que configuran la vida hipermoderna, donde la posfelicidad se le presenta al sujeto de manera tan estructurada y clarividente que es complicado que sus análisis sobrepasen esas lindes.

## Progresistas y conservadores

De todos los elementos que se confabulan en torno al imperio de las emociones uno de los más influyentes es la educación. La referencia como fuente del saber que eran los profesores se debilita, y el papel del maestro parece tener que redefinirse. Desde 1946, con la publicación del libro (bestseller) *El cuidado de su hijo del Dr. Spock*,[7] comienza una tendencia pedagógica centrada en las inquietudes e intereses del niño. Como ya adelantamos, nos hemos decantado por la opción *educere* frente a *educare*,[8] señalando el giro copernicano más importante de la pedagogía de las últimas décadas. La segunda opción, *educare* ('instruir', 'formar', 'conducir'...), fue el paradigma pedagógico antes de la revolución educativa actual. Ponía el foco en el profesor, que era el encargado de conducir y guiar al alumno suministrándole lo necesario para su camino. Está preñada de una concepción epistemológica empirista en la que el sujeto nace sin apenas conocimientos, cual *tabula rasa* de Locke.[9] Esta concepción presuponía que el sujeto-infante no podía conducirse en plenitud de manera autónoma. El alumno tenía dependencia del educador y del entorno, que actuaban unidos en pos de configurar a un ciudadano interdependiente. En esta noción, los pilares sobre los que se apoyaba el sistema educativo eran externos al propio niño: profesores, padres, medios de comunicación...

Pero si nos decantamos por la primera acepción, *educere*, el acento se pone en el sujeto al que educar y se considera una labor de extracción al sujeto, un «sacar desde dentro» del propio alumno en la búsqueda del desarrollo de su potencialidad. En torno a esta metodología han estado girando las nuevas pedagogías y las leyes educativas de los últimos tiempos. Como justificante epistemológico se ha usado, de manera demagógica, la metodología socrática de la mayéutica, consistente en estimular al alumno por medio de preguntas, pero no podemos obviar que Sócrates empleaba esta metodología con la intención de acercarse a la verdad de manera colectiva y dialogada, además de hacerlo con adultos. Es más, la selección de las temáticas en cada uno de los diálogos no partía del interés del interlocutor, sino que, con frecuencia, era el propio Sócrates el que sugería los temas.

En el diálogo *Teeteto*, Sócrates considera que la educación es una labor de extracción del conocimiento, al igual que lo hacía su madre cuando asistía como matrona en los partos, pero esta extracción requería de una comunidad de diálogo donde la palabra de cada interlocutor se escucha atentamente y con respeto. Existe la posibilidad de que Sócrates estuviese a favor de la democracia, si bien no todas las fuentes apuntan hacia este dato. Pero el modelo de enseñanza que defendía tenía como base el diálogo sin pretensiones de imposición, sino más bien de búsqueda. Tal y como expone Ramis analizando esta cuestión, «Sócrates era un demócrata convencido. Los autores que se suman a este postulado... ven como factores democráticos el que Sócrates considerase el diálogo con hombres de toda clase como medio para llegar a la verdad, la identificación de la justicia con la ley que aparece en el *Critón*».[10] A pesar de todo, Sócrates no logra salir victorioso de una acusación que, desde su punto de vista, en el libro *Apología*, era una mala interpretación del pueblo de Atenas sobre su labor.

Esta defensa de la democratización es la que, en algunos ámbitos de la pedagogía y de manera sesgada, se traslada al proceso educativo cuando dentro de la familia, o incluso en la propia aula, a los niños se les otorga la posibilidad de diseñar y tomar decisiones a través del voto, igualando su capacidad analítica y experiencial con la de los adultos. Los padres, seducidos por las nuevas pedagogías, ya no imponen sus criterios sobre los hijos a la hora de elegir restaurante, la emisora de radio en el coche o el lugar de vacaciones. Son los niños los que adquieren relevancia y poder de elección. De este modo, se corre el riesgo de que al natural egoísmo de un niño se le sume un egocentrismo que ayude a sentar las bases de la posfelicidad.

En la *Apología* se cuenta que Sócrates no logró salir victorioso en el juicio que lo sentencia a muerte tras la denuncia de tres ciudadanos: Meleto, Nicón y Anito. Le acusaron de corromper a los jóvenes y no creer en los dioses de la ciudad (o de introducir nuevas deidades). Es paradójico que el juicio contra Sócrates representase dos estilos pedagógicos distintos. Por una parte, Anito, un ciudadano honorable de convicciones fuertes que apostaba por la tradición, por el modelo de aprendizaje social que había logrado que Atenas llegase a ser la ciudad referente de Grecia. Por otra, un Sócrates que salvaguardaba, ante todo, la libertad del individuo y el uso de su razón por encima de cualquier bien. Como sostendrá el profesor Ortega Ortiz, citando a Gómez Robledo, «la tragedia del proceso de Sócrates radica en que Anito, el principal acusador, era un ciudadano perfectamente honorable y tan leal a sus convicciones como Sócrates a las suyas... Se enfrentaban no dos individuos, sino dos mundos antagónicos, el de la razón y la libertad del individuo representado por Sócrates frente a la tradición y el Estado... con Anito como representante».[11] El profesor Ortega, asumiendo la interpretación de Burnet[12] sobre el problema de fondo, mantiene que la conducta de Sócrates era un peligro para la seguridad del Estado, ya que, según sus acusadores, atentaba contra los fundamentos morales y religiosos de Atenas. Sócrates se defendió justificando que la acusación se basaba en mentiras.

Lo que Anito promulgaba era una llamada al miedo y al peligro de romper la estabilidad del Estado si se dejaba que Sócrates saliera victorioso de su labor. Ya sabían que los llamamientos a las emociones más primarias, tales como el miedo, eran elementos esenciales con los que se podía contar si se quería controlar a una masa irreflexiva. La sociedad, hasta entonces, estaba educada y confiada a la sabiduría de sus gobernantes asamblearios, avalados por la prosperidad. En este modelo organizativo, apenas se sometía a duda ninguna de las prerrogativas que la asamblea llevaba a cabo. El modelo socrático, sin embargo, suponía un cuestionamiento en torno a lo establecido, una puesta en marcha del mecanismo de la duda a fin de plantar cara a las «verdades establecidas» por las jerarquías.

Extrapolado a nuestra época, el sujeto hipermoderno, amparado en su maniqueísmo, experimenta un modelo de miedo radicalizado que puede entenderse desde ambos bandos (Anito o Sócrates). Hay quienes observan un aumento de la política radical conservadora porque perciben en la «progresía hipermoderna» un serio peligro del quebrantamiento de su microcosmos. Este microcosmos conservador era un lugar en el que, hasta hacía bien poco, tenían plena potestad y hegemonía moral, gracias a las cuales seguían transmitiendo de modo hereditario el credo que tan bien les había funcionado. Pero, por otra parte, los hay que se adhieren al extremo progresista, que percibe la tradición y el inmovilismo como una rémora para el progreso que ellos abanderan, amparados en nuevos códigos morales, divergentes de los anteriores, lo cual genera una dialéctica que parece que vaya a prolongarse durante un tiempo. En ambos casos, el individuo contemporáneo no tiene el más mínimo atisbo de duda de que está en posesión de la verdad, y en el lado correcto de la moral.

## *Fake*

Estos mismos esquemas que se encargan de eliminar la duda como elemento útil para el contrapeso del miedo podemos encontrarlos en relación con uno de los fenómenos contemporáneos más mediatizados de todos: la posverdad. El uso de la posverdad enfocado a la filtración de noticias falsas (*fake news*) tiene por costumbre introducir el miedo en su estrategia de control. La posverdad pone un foco en los intereses personales que van más allá de la mera información objetiva y sitúa el otro foco en el lado sentimental del receptor del mensaje, al que quiere condicionar. El objetivo es atacar el eje emocional del sujeto anulando el elemento racional, y, en este proceso, el miedo es el mejor aliado. Descubrimos numerosos ejemplos recientes en los que el miedo y la mentira han logrado sus propósitos, tales como la invención de la existencia de armas de destrucción masiva en Irak bajo el mandato de George W. Bush, que provocó la invasión de este país en el año 2003, o el uso de la posverdad por parte de Donald Trump, que ofreció una imagen de Estados Unidos deformada y exageradamente negativa con el objetivo de ganar las elecciones.

Señala Sarasqueta[13] que el escritor Steve Tesich, refiriéndose a asuntos como el Watergate o la guerra del Golfo, declaraba que la sociedad había elegido vivir en un mundo posterior a la verdad donde lo objetivo, lo real y lo concreto eran irrelevantes, y la mentira ya no era penalizada electoral ni judicialmente por el pueblo estadounidense. El propio Sarasqueta, aludiendo a Madison Culver, llega a afirmar al respecto de la cuenta de Twitter de Donald Trump: «Cuando veo sus tuits veo un patrón interesante de apelar a las emociones. Entonces habla de un tema, como, por ejemplo, inmigración, y luego apela a las emociones como el miedo...».[14] Al igual que el efecto espectacular que provoca la puesta en escena de Fobos y Ares en la mitología griega, Trump supo implementar en su espectáculo el miedo para bloquear la capacidad analítica del ciudadano por medio de la posverdad, y logró eliminar de la ecuación la duda metódica, especialmente en el sujeto contemporáneo.

Aparte de los alegatos al miedo por parte de la mitología, en la historia del pensamiento filosófico el tema se ha tratado en detalle desde los tiempos de la Grecia clásica. Platón ya se ocupó en su diálogo *Laques* del miedo, si bien, en lugar de Fobos, usa sobre todo la palabra *déos*, que significa «temor» y posee un carácter más general.[15] Será en otro diálogo, el *Filebo*, donde Platón presente siete afecciones del alma (miedo, cólera, lamentación, duelo, amor, rivalidad y celos), de las cuales algunas son una apertura hacia el saber y otras, un cierre.[16] Si prestamos atención a estas afecciones podremos observar que la posverdad utiliza estos resortes emocionales para elaborar su estrategia de ataque. Al ser algunas de estas afecciones las que provocan un cierre hacia el saber, en lugar de apertura, facilitan que el miedo se apodere del receptor cuando consume las denominadas noticias falsas, o *fake news*.

Pero de los pensadores griegos el que parece haber dedicado más líneas al tema es su discípulo Aristóteles. Es conocida la definición aristotélica de *fobos* que publica en la *Retórica*, donde contempla el miedo como «una aflicción o barullo de la imaginación cuando está a punto de sobrevenir un mal destructivo o aflictivo».[17] Esta definición bien podría valernos en el siglo XXI para ejemplificar cómo funciona la posverdad en alianza con los medios de comunicación, y cómo el sujeto hipermoderno es incapaz de reconocerla debido, entre otras cosas, a la categoría intelectual que les concede a las emociones, posicionándolas como herramientas que impregnan el saber. La posverdad no pretende solo disfrazar la verdad, sino buscar la mejor estrategia posible de cara a controlar la opinión pública. El mejor modo de hacerlo es acudiendo a dos elementos distintivos del sujeto irreflexivo: sus creencias y sus opiniones. A través de ellas, lo único que tiene que hacer es orientarlas por medio de los mecanismos del miedo, insertando en él la idea de que un mal está a punto de sobrevenir, siguiendo así la tesis aristotélica (los inmigrantes nos quitarán los puestos de trabajo, aumentará la violencia, se pone en peligro la democracia...).

## Emociones, voluntad y miedo

Buscando algunos referentes de este uso del lado emocional para controlar a la población nos encontramos con la Biblia. Así nos lo expone Corey Robin en su libro *El miedo: historia de una idea política* cuando argumenta: «Rara vez se nota, pero el miedo es la primera emoción experimentada por un personaje de la Biblia... ¿Por qué miedo? Quizá porque para los autores de la Biblia el miedo es la más eléctrica de las emociones [...], su cuestionable conocimiento del mal los convierte en espectadores de sus propias vidas, cuando mucho en actores semiconscientes».[18]

Casado y Colomo, en su breve recorrido sobre la concepción de las emociones en la filosofía occidental, destacan la importancia que san Agustín le otorga a la parte emocional en conjunción con la voluntad. En su obra *La ciudad de Dios*, afirma: «La voluntad se halla en todos los movimientos del alma [...]. ¿Qué son la codicia y la alegría sino consciente voluntad por las cosas deseadas? ¿Y qué otra cosa sino la voluntad que rechaza las cosas no queridas, el miedo y la tristeza? [...] La voluntad humana, ora atraída, ora rechazante, se cambia y se transforma en esta o en aquella emoción».[19]

En la Antigüedad ya se tenía claro que, para modificar la voluntad de una persona, nada más eficaz que el llamamiento a la emoción por encima del uso del razonamiento. No es el único pensador que respalda que las emociones son las que imperan a la hora de tener que actuar. Hobbes, en el *Leviatán*,[20] defiende que las emociones son los principios que no se pueden percibir, pero que son la base del movimiento del cuerpo humano y que preceden a las acciones visibles. Este preceder lo define como «tendencia», y son los deseos, apetitos o aversiones respecto a los objetos que la producen. Para Hobbes, las emociones que provocan el deleite fortalecen la moción vital y controlan la conducta del hombre. Poco después será el filósofo Spinoza el que teorice sobre la existencia de tres emociones primarias: el deseo, la alegría y el dolor, siendo la alegría la manifestación consciente de haberse perfeccionado y el dolor, la manifestación de la imperfección.[21]

Pero si tenemos que destacar a un pensador, aparte de Hobbes, que haya puesto el acento en el papel del miedo y su relación con la política ese es Maquiavelo. No podemos olvidar, tal y como apunta Bernat Castany, que la ética y la política se necesitan mutuamente, pues las pasiones tristes individuales se proyectan en pasiones tristes colectivas, y viceversa.[22] Como destaca José Antonio Marina en su *Anatomía del miedo* hablando sobre estos pensadores, «ambos coincidían en una cosa, a saber, que el miedo es la emoción política más potente y necesaria, la gran educadora de una humanidad indómita y poco de fiar. Es terrible que el pueblo pierda el miedo, advertía Spinoza, cauteloso».[23]

Quizá sea Maquiavelo el mejor exponente encubierto de la posverdad al separar de manera tan nítida la política de la ética. Con su tratado *El príncipe* llegó a justificar que cualquier operación, decisión, propaganda o acción que el gobernante tuviera que realizar para conseguir o conservar el poder está siempre justificada. En el famoso capítulo XVII de su obra, titulado «De la crueldad y la clemencia; y si es mejor ser amado que temido, o ser temido que ser amado», termina explicando lo siguiente: «Volviendo a la cuestión de ser amado o temido, concluyo que como el amor depende de la voluntad de los hombres y el temer de la voluntad del príncipe, un príncipe prudente debe apoyarse en lo suyo y no en lo ajeno, pero, como he dicho, tratando siempre de evitar el odio».[24]

Extrapolando esta instrumentalización del miedo al siglo XXI y al individuo hipermoderno, la posverdad ha logrado un efecto lateral de esta idea maquiavélica. Los políticos han sabido instrumentalizar los miedos contemporáneos para colar mensajes emocionales que se convierten en posverdades, y han obtenido el efecto de bloqueo racional que se pretendía. La base para mantener a una población sumisa en torno a unos intereses concretos es tan sencilla como sembrar miedo por doquier y después propagarlo a la velocidad de la luz, usando los nuevos modelos de comunicación (por poner un ejemplo, basta recordar los mensajes de Boris Johnson a favor del Brexit). Si tenemos en cuenta que una parte importante del control social procede del incremento de la emoción del miedo en la población hipermoderna, no es de extrañar que, en el presente siglo, cuando internet posibilita el acceso a cualquier tipo de información de manera indiscriminada, la posverdad sea más poderosa que nunca.

El miedo como instrumento de control político siempre se ha utilizado, pero a diferencia del miedo personificado en la figura del príncipe, al que Maquiavelo hacía referencia, el uso del miedo en la política hipermoderna se teledirige a las ideas y a los modelos de vida subjetivos (guías de vida), despersonificando la figura del gobernante y focalizándolo en elementos que afectan directamente al bienestar del gobernado, tales como el miedo en torno a la pérdida del poder adquisitivo, a la merma de libertades, al futuro laboral de sus hijos..., sin olvidar nuevos miedos, como el conocido FOMO (*fear of missing out*), donde el sujeto teme perder el tren de su vida si no está al día y constantemente actualizado.

La angustia, entendida como una variante del miedo ante una posible situación de peligro, según Freud, aparecerá cada vez que la situación se reproduzca.[25] Lo interesante de esta variante del miedo en forma de angustia es que no es necesario ejemplificarla con la realidad, basta con crear las condiciones que potencien la imaginación en torno a las posibilidades de que un peligro se convierta en realidad. Para eso, la sociedad hipermoderna es especialista en generar expectativas en el sujeto. Primero proyecta unos ideales de vida, que exhibe por medio de personajes excepcionales, presentados como si fueran normales, logrando que el sujeto hipermoderno sienta proximidad e identificación con ellos. Después, inserta metodologías estimulantes orientadas a movilizar su ánimo (*dýnamis*) para que se ilusione con la consecución de esos proyectos, y, acto seguido, le presenta los potenciales peligros que pueden existir para alcanzar su objetivo, bien porque se identifiquen «enemigos externos» (tóxicos) a este sistema, bien porque el sujeto abandone las directrices fijadas. De este modo, la angustia no se orienta hacia el advenimiento de esos posibles peligros, sino hacia las limitaciones potenciales de este individuo a la hora de encaminarse hacia esos proyectos.

Tampoco se librará la política de sufrir sus propios miedos hipermodernos. El miedo social se extrapola a la escena política y serán los propios políticos los que se adapten a la lógica mediática,[26] al asumir un nuevo miedo hipermoderno: el miedo a no ser visto, el miedo a la invisibilidad o el miedo al olvido instantáneo. Las lógicas hiperveloces de los medios de comunicación actuales han provocado en los políticos hipermodernos una dependencia a ser visualizados que termina condicionando la gestión de sus responsabilidades. Su angustia pasa por la irrelevancia o, lo que es peor, la cancelación.

## Miedo y posdeber

Antes analizamos la traslación del deber como elemento de relación de uno para con los demás hacia un posdeber que se doblega a un ego sometido a los criterios de la posfelicidad. El principal deber que tiene el individuo hipermoderno es la conquista de su posfelicidad. Pero aparte de esta relación del posdeber con la posfelicidad, el posdeber también se ha visto afectado por el miedo. De entre los muchos miedos actuales, uno de los más destacados desde los púlpitos políticos y pedagógicos es la pérdida del deber como categoría de cohesión social. A lo largo de la historia, el deber se ha sentido como un elemento de ligazón que ayudaba a consolidar el grupo frente al auge del individuo, lo que otorgaba tranquilidad y seguridad. En la Grecia clásica, el grupo social tenía más estima que el sujeto individual, y su narrativa se encuentra cuajada de ejemplos en los que sus protagonistas, ya fueran humanos, semidioses o criaturas del Olimpo, demuestran que el deber era uno de los fundamentos a través del cual se ayudaba a construir una civilización. Desde esta perspectiva, el deber se asocia a un proceso educativo en el que la comunidad dictamina al sujeto cuáles son los compromisos que tiene que cumplir con el fin de encajar lo mejor posible en la estructura social. No en vano uno de los ejes en los que pivota el trabajo de Homero se centra en la *areté* ('virtud'), ejemplificada en la figura del héroe. Tanto la *Ilíada* como la *Odisea* han sido esenciales para asentar un sistema de valores para todos los griegos antiguos, en la medida en que ambas remiten a la figura del héroe.[27] La importancia reside en el comportamiento, encargado de evaluar la *areté*, y demuestra que, en parte, esta descansa en la consideración externa con que se reconoce al individuo en el ámbito de la comunidad, en clara aproximación al ámbito del respeto.[28] La *areté*, por lo tanto, se relaciona con el honor, un honor que siempre se refiere a lo externo y se evalúa en función de la actividad consciente del sujeto hacia el exterior. El sujeto tenía libertad de acción a la hora de elegir el camino y tomar las decisiones, pero estas decisiones solo serían las adecuadas si se estaba en posesión de la *areté*.[29] En el ideario del sujeto hipermoderno, el honor es uno de esos vocablos que no ha sabido reconstruirse, que no ha sido capaz de adaptarse a los tiempos actuales. Queda fuera del acervo emocional y lingüístico, está en vías de extinción.

Sócrates es un ejemplo de *areté*. En el diálogo de *Critón*,[30] siguiendo un estricto código moral en torno a la coherencia entre la palabra, la acción y el concepto de justicia, se niega a huir de la prisión y saltarse la ley que los hombres se han dado a sí mismos porque considera que sería deshonesto, falto de decencia moral, y fracasaría en su propósito de ejemplaridad, dcspués de toda una vida intentando ser coherente. Sócrates acepta cumplir con su deber hacia la ley y no huir, aun sabiendo que estaba sentenciado a muerte. Así solucionó el eterno dilema entre el interés personal y la moral.

Entre todas las figuras filosóficas que han tratado el tema del deber, una de las más relevantes es Immanuel Kant, que centra parte de su investigación en el libro *Fundamentación de la metafísica de las costumbres*. La acción moral kantiana se presenta como un fin en sí mismo desde el que se aspira a la universalidad. Kant postula un imperativo categórico donde, en su primera formulación, se busca la ejemplaridad en el comportamiento propio, pero teniendo el foco puesto en el otro: «Obra solo según una máxima tal que puedas querer al mismo tiempo que se torne ley universal».[31] Podemos considerar, desde esta perspectiva de la otredad, que el deber tenía la mira puesta en un sujeto que se autoobliga a regularse con el foco siempre orientado en la comunidad. Es decir, el deber se somete a la consideración de la sociedad porque se reclama una intencionalidad hacia lo universal.

Foucault[32] ya señaló la importancia de un Estado intimidatorio que propugna una sociedad disciplinaria donde aquel desarrolla una serie de mecanismos que inducen un miedo a ser sancionado, penalizado o estigmatizado, lo cual provoca una obediencia incondicional. A medida que el libre mercado y la globalización se han expandido, y la libertad se ha ido asociando al plano individual, estamos asistiendo a una nueva etapa del deber: el posdeber.

Nos encontramos con una época, la hipermodernidad, que se caracteriza por estar desligada de los grandes principios estructurados de la modernidad. Como ya hemos visto, para Lipovetsky, asistimos a la desregulación del ámbito del deber, que se presenta como una disolución de la moral debido a la regresión de la influencia de la Iglesia, a la entronización del dinero y al auge del neoindividualismo.[33] La categoría de lo social está perdiendo terreno frente al nuevo hiperindividualismo, y una manifestación de este proceso, donde el deber orientado a la sociedad se está desvaneciendo, la podemos observar en el aumento del narcisismo como opción vital, pero un Narciso atenazado por miedos e incertidumbres, frágil y desorientado: «Narciso no está tan enamorado de sí mismo como aterrorizado por la vida cotidiana, por su cuerpo y por su entorno social, que se le antoja agresivo [...]. Narciso no es el individuo triunfante, es el individuo fragilizado y desestabilizado porque tiene que llevarse a cuestas y construirse completamente solo, sin el apoyo que constituían antaño los marcos colectivos y las normas sociales interiorizadas»[34] (Lipovetsky).

Desde esta perspectiva, el posdeber se presenta como una nueva etapa aterradora que provoca en este individuo hipermoderno una presión añadida desde el momento en el que se encuentra solo y sin referentes a los que seguir. La duda moral hipermoderna no solamente está relacionada con esa falta de los referentes morales clásicos, sino que además se encuentra en una equidistancia entre el deber para uno mismo y el placer.

En la hipermodernidad, el individuo contemporáneo enfoca sus cuitas en un deber plegado hacia una estricta autoevaluación, donde solo parece existir un único asunto por evaluar: el éxito o el fracaso en la conquista de la posfelicidad. Lo paradójico de esta actitud es que este sujeto de moral hedonista exige una corrección moral absoluta hacia la alteridad intermitente que contempla, hacia «los otros», imponiéndoles un excesivo recato sobre lo políticamente correcto. Exige ejemplaridad en el ámbito de lo público, denuncia incorrecciones en redes sociales y se adhiere, cual adalid de la moral, a un activismo digital que lo configura como guardián público de la posmoral. A la vez, siente un miedo atávico a que el poder de los otros (esa alteridad intermitente) se rebele contra él si no es capaz de controlar los mecanismos externos de la hipercorrección política. La consecuencia es que uno de sus peores miedos pasa por el hecho de que sea cancelado. Para este sujeto, ser denunciado públicamente como un individuo políticamente incorrecto implica cerrar cualquier acceso a la posfelicidad.

## Miedo e imagen

En este aterrador papel de la construcción de la identidad que experimenta el sujeto actual, la imagen juega un papel decisivo. Estamos asistiendo a un nuevo miedo hipermoderno que se muestra en forma de imagen virtual a través de la omnipantalla. Destacar la importancia de la imagen en la configuración social no es nada nuevo. Platón, en la alegoría de la caverna, ponía de manifiesto su poder para controlar la configuración personal y social de una comunidad.[35] Sin embargo, la sobreabundancia de pantallas empieza a ser objeto de atención de padres, docentes e investigadores, que comienzan a ver cómo aumenta exponencialmente el consumo de horas de pantalla, sobre todo en las generaciones más jóvenes.[36] Esto supone un cambio de paradigma en la consideración epistemológica de la propia imagen con el fin de tener más incidencia en la disposición social y, por lo tanto, más poder. Guy Debord anunciaba, a finales de los años sesenta del siglo anterior, este aumento del estatus de la imagen cuando afirmaba que, si la realidad se transformaba en simples imágenes, estas simples imágenes se transformarían en realidad.[37]

El mito de Narciso,[38] donde se mezclan el miedo y el poder de la imagen por igual, es otro de los referentes clásicos al respecto. No es la primera vez que lo analizo, pero no por eso dejaré de repetirlo tantas veces como lo vea oportuno. Insisto, soy consciente de que la repetición, especialmente en tiempos hipermodernos, se percibe como un estigma desde el momento en el que frena la posibilidad de experimentar, o de conocer novedades, pero creo más necesario que nunca, especialmente en estos momentos, ponerla en valor. Al nacer Narciso, su madre, la ninfa Liríope, acude a Tebas a visitar al sabio Tiresias y le pregunta cuánto tiempo vivirá su hijo. Tiresias le comunica que su hijo llegará a viejo siempre que no se conozca a sí mismo. Liríope vivirá bajo el temor de este augurio. Pero la vanidad de Narciso y su altanería a la hora de tratar a las personas, y especialmente a las ninfas que le mostraban su afecto, termina siendo castigada por los dioses, de tal manera que le condenan a enamorarse de la primera persona que encuentre. La egolatría de Narciso es castigada con el amor no correspondido. Narciso tiene tan mala suerte que el primer rostro con el que se topa es el suyo propio, al ver su reflejo en el lago (o fuente). Se enamora de la imagen de su cara en el agua y al intentar abrazarla se ahoga (dependiendo de la versión que se lea). No deja de ser paradójico que Narciso se enamore de la imagen de sí mismo, y no tanto de su persona.

La imagen de la que Narciso se enamora demuestra un poder que ahora, en pleno siglo XXI, se ha incrementado exponencialmente hasta llegar a convertirse en uno de los miedos hipermodernos más relevantes. Hoy, esa imagen reflejada bien podríamos extrapolarla al avatar que diseñamos a diario en las redes sociales. Internet ha cambiado el estatus de la imagen y del sujeto implicado en la misma. McLuhan ya había vaticinado el papel preponderante de los medios de comunicación, pero en la actualidad, además, hemos culminado un proceso de secularización de la experiencia visual digital. La imagen deja de estar en manos de artistas, especialistas, profesionales o gente al servicio del poder y pasa a manos del *homo photographicus*, que produce imágenes como una forma natural de relacionarse con los demás.[39] No deja de ser paradójico que en el momento en el que más imágenes consumimos y producimos, nuestra imaginación sea más escasa.

## El selfi

Esta nueva sociología de las relaciones sociales tiene una manifestación muy significativa que provoca nuevos miedos: el selfi. En el selfi se unifican dos elementos que Didi-Huberman[40] determina como elementales: la potencia de la imagen y su poder. El selfi busca la perfección de la imagen en su representatividad virtual. Queremos mostrarnos ideales, y la posibilidad de alterar la imagen digital con filtros, retoques, mejoras... genera un poder de seducción difícil de resistir. Llegado el momento, el temor del sujeto hipermoderno pasa por que su realidad no esté a la altura de su virtualidad.

Los nuevos miedos que provoca esta imagen virtualizada del selfi se rastrean muy bien en las reflexiones que Laia Abril realiza al respecto de la serie fotográfica «Thinkspiration», donde adolescentes anoréxicas se autorretratan y comparten sus imágenes en internet bajo un modelo exhibicionista. Laia se pregunta si esta imagen las ayuda a ser conscientes de la realidad, o la cámara se convierte en un aliado para controlar y perpetuar la imagen de su propia imagen,[41] es decir, si la posibilidad de hacerse un selfi y subirlo a la red lo que hace es reforzar el poder de esa fotografía, con el grado de distorsión o manipulación que lleve, frente a la imagen inmediata.

Si bien esto es un caso extremo, lo que sí parece aceptado es que, en la cultura del selfi, la imagen se impone ante el campo de la reflexión. Sobre todo, porque en el consumo de los selfis ajenos es muy difícil detectar si la imagen ha sido retocada o no. El sujeto hipermoderno, al no activar la duda como elemento de análisis, se sumerge en un consumo de imágenes irreflexivo y emocional, donde puede llegar a asumir como proyecciones de lo real imágenes virtualizadas, que irán generando un relato interno en torno a una realidad que dotará de credibilidad. La indigencia mental no solo limita la imaginación y la duda, también cercena la sospecha. Ya comentamos que sospechar implica observar lo que hay por debajo, desconfiar de lo que se evidencia. De su raíz derivan palabras como *espectador* o *espectáculo*. El sujeto que sospecha es aquel que se toma su tiempo para «contemplar lo que hay debajo», y esta dinámica queda lejos de las demandas de la hipermodernidad.

La potencia, pero, sobre todo, el poder de la imagen que se traslada a través de la pantalla está alcanzando su máxima cuota de autoridad desde el momento en el que se han multiplicado exponencialmente los soportes y las narrativas de las mismas. Los nuevos narcisos corren el peligro, y este es uno de los miedos contemporáneos que debería abordar la pedagogía, de enamorarse no solo de las imágenes que consumen en los diferentes formatos de pantallas, sino también de la imagen que ellos generan para la aldea digital.

## Pedagogía de la mirada

No deja de ser curioso que estemos rodeados de pantallas pero que no hayamos percibido el peligro que suponen hasta que estas han comenzado a afectar a los procesos de atención de nuestros jóvenes (y no tan jóvenes), a la par que se han convertido en un elemento altamente adictivo para nuestras vidas. Durante el tiempo que ha durado este proceso apenas hemos percibido sensación alguna de miedo hacia ellas. El problema aparece cuando el sujeto hipermoderno convierte la pantalla en un tótem, un lugar en el que depositar su fe, con el que convivir, en el que se expresa, y donde se forma su visión del mundo. Un tótem con tal poder de sugestión que provoca malestar cuando, a los cinco minutos de salir de casa, cae en la cuenta de que no se ha llevado el *smartphone*. En las sociedades occidentales desarrolladas la pantalla se ha convertido en objeto de uso y de culto. Significativo es el ensayo de Lipovetsky *La pantalla global*, en el que presenta una realidad que necesita ser filmada para obtener el estatus de entidad integral.[42]

Grabar, publicar y dejarse ver en pantalla empieza a ser un complemento cotidiano que aporta valor añadido a nuestra existencia. Sin embargo, el lenguaje de las pantallas es diferente dependiendo del formato en el que se presente. No es lo mismo el lenguaje visual de una red social al estilo Twitter, Instagram o TikTok, que el de una película de cine. No deberíamos tener la misma actitud a la hora de consumir horas de pantallas de Facebook, de un telediario, de YouTube, de un documental... Dependiendo del formato, o de la *app*, las pantallas cambian su narrativa con el mero propósito de lograr su objetivo principal: captar la atención. Pero los nuevos formatos de pantalla (teléfono, ordenador, tableta, *smartwatch*...), junto con los ya existentes, no han venido acompañados de programas educativos que ayuden al usuario a identificar y modificar su registro como consumidor dependiendo del formato que utilice. El sujeto hipermoderno consume todas las pantallas y sus contenidos con el mismo criterio, sin modificar la actitud, y es capaz de ver la televisión al mismo tiempo que la pantalla del *smartphone*, ojeando Instagram o Facebook, y haciendo un *scroll* interminable para ver las *stories*.

Los contenidos de las pantallas son dinámicos e ilimitados, y la desconexión se hace cada vez más complicada. Al estar en constante renovación, y al poseer tal variedad de espacios donde mostrarse, la conciencia de la pérdida se incrementa. El individuo hipermoderno sufre por no estar actualizado. La dinámica de producción visual es tan abrumadora y estimulante que es complicado no sentirse atraído por ella desde el momento en el que nos despertamos y lo primero que hacemos es mirar el teléfono. Las pantallas han invadido nuestro mundo de manera tan sobrecogedora que nos hemos olvidado de educar la mirada[43] para sacar un provecho personal de ellas, más allá del mero entretenimiento. Pero lo más significativo es que ni siquiera percibimos la necesidad de educar en el pensamiento crítico visual, con las implicaciones que esto puede conllevar.

Por segunda vez (ya lo hice en el libro *El arte de pensar*), repetiré un ejemplo que me parece paradigmático. La falta de educación en el pensamiento crítico visual y sus consecuencias se pueden ejemplificar en el caso de Bután,[44] un país que usaremos como paradigma del poder de la imagen mediatizada (a través de la pantalla) y sus implicaciones en la vida real de la población. Bután es un país de aproximadamente ochocientos mil habitantes en las laderas del Himalaya cuya peculiaridad es haber escogido como referente de progreso un indicador muy singular: la felicidad interior bruta. Desde 1971, el rey de Bután se propuso medir el grado de felicidad de sus habitantes, y durante cuarenta años los indicadores presentaron una población cada vez más feliz. No entraremos a analizar qué entienden los ciudadanos de Bután por felicidad porque no es relevante para nuestro propósito. Pero en el año 1999 la televisión llegó por primera vez al país, y en el año 2000 se introdujo internet. Desde entonces los índices de felicidad han empezado a descender de manera alarmante, y en los análisis que sus dirigentes realizan, la televisión e internet se identifican como las causas más importantes de esta caída del índice de felicidad, una caída que los propios ciudadanos evalúan. Tras la llegada de la televisión, el país comenzó a experimentar un aumento significativo de problemas sociales, como el consumo de drogas, alcohol, violencia, robos y asesinatos. La visualización de imágenes virtuales a través de la pantalla de la televisión está modificando la escala de valores tradicionales de Bután y provocando un impacto negativo en la concepción que de la felicidad tenían. Revelador es el aumento de casos de divorcio en su población a partir de la llegada de las pantallas. A este respecto, el concepto de belleza y atractivo femenino, por poner un ejemplo, se vio directamente afectado desde el momento en el que las mujeres de Bután, condicionadas por los estereotipos de belleza femeninos que aparecían en la televisión, declaran que no se sienten bellas ni atractivas, y, a su vez, los hombres de Bután modifican sus propios estereotipos de belleza femenina en pos de un modelo virtual que se había presentado a través de la pantalla, y que estaba muy alejado del tradicional de su comunidad. Bután es, quizá, el caso real más significativo para comprender las consecuencias de no educar previamente en el pensamiento crítico visual, unas consecuencias que son contraproducentes para el desarrollo de una identidad personal y comunitaria equilibrada.

Mirzoeff, haciendo un análisis de la sociedad contemporánea desde el prisma de la ontología visual, declara que la cultura posmoderna no está sabiendo enfrentarse a este nuevo reto que supone la cotidianidad de la pantalla, y expone que estamos fracasando en la elaboración de una estrategia efectiva de visualización.[45] Para este analista, la importancia de la cultura visual es tan primordial que declara que esta es el principal elemento detonante del fenómeno llamado «posmodernidad», y añado, por extensión, de la hipermodernidad. Es decir, la hegemonía del mundo visual a través de la pantalla es la que ha impuesto el paradigma de la hipermodernidad, un paradigma donde la distancia entre la riqueza de la experiencia visual y la habilidad para analizar lo que se observa es cada vez más grande. Es decir, en el mundo visual más amplio y rico de todos los tiempos, nuestra capacidad para analizar lo que vemos es menor. Existe un déficit, tanto en el análisis del lenguaje visual como en la interpretación del mismo, que imposibilita el correcto desarrollo del pensamiento crítico visual. La falta de reflexión y de examen en torno a lo que la pantalla emite está provocando una distorsión entre los modelos de vida reales y virtuales, lo cual genera daños irreparables en la identidad de un sujeto. Aquello que podría convertirse en uno de los mejores aliados del progreso humano, la pantalla y su capacidad de transmitir información de manera instantánea y de poner en contacto a millones de personas, puede llegar a provocar el efecto contrario.

# HUIDA

# CONCLUSIÓN

Vivir y pensar con elegancia no es sencillo. Requiere un ejercicio integral para saber elegir bien. No se limita a un tema estético, sino que abarca la ética, la política, la interacción social... La elegancia implica un perfil holístico. No precisa del lujo como elemento distintivo, no necesita exhibirse ni señalarse como adalid de la moral, o del buen hacer. La vida elegante no hace por mostrarse, más bien se contempla a cierta distancia, una distancia que, por momentos, impide al sujeto hipermoderno tener la perspectiva global que la configura. La inclinación de este individuo hacia lo cercano, y su necesidad de proximidad, eliminan la amplitud de miras que se precisa para captar la esencia de lo elegante, y pensar con una actitud holística.

La indigencia mental es un estado, por lo general transitorio, que bloquea toda posibilidad de elegancia, entendida como la capacidad de saber elegir. La persona afectada persigue la posfelicidad con tanta insistencia que no dejan de ser sospechosos los motivos de esta persecución. Puede que este denuedo por lograr la posfelicidad sea solo una muestra de la infelicidad que se filtra en forma de malestar. Es tal la obsesión que algunos países la utilizan como medida *cuantificable* para evaluar su índice de progreso. Instituciones, pueblos, ciudades, incluso entidades públicas tienen como misión dotar a la población de los recursos necesarios y específicos orientados, literalmente, a la consecución de la felicidad, son los denominados «ministerios de la felicidad».[1]

El estatus de la posfelicidad pasa por configurarse desde un modelo presentista. No hay sector que escape, vida personal, profesional, amistades, tiempo de ocio..., todos son susceptibles de exhibición bajo las narrativas del entusiasmo.

Dentro de estas dinámicas de posfelicidad se ha puesto de manifiesto el denominado «síndrome del bienestar», que no es otra cosa que el incesante empeño por estar / sentirse cada vez mejor, menospreciando el *statu quo* y poniendo a prueba los límites del sujeto de manera constante, a lo largo de un eterno proceso de mejoría.[2] Los sujetos posfelices se sumergen en una continua *optimización* de sí mismos desde todas las perspectivas posibles. Se busca mejorar el físico hasta el detalle, se cuidan las dietas hasta el extremo, se realizan operaciones o modificaciones estéticas hasta la saciedad..., a la vez que procuran reinventarse constantemente, trabajando el desarrollo personal, realizando técnicas de *coaching*, consumiendo autoayuda... Se trata de aumentar una idea de bienestar subjetivo (versus el deleite o contemplación de este) que se usa como tabla de salvación ante la desorientación y la pérdida de referencias sociales.

Para el sujeto hipermoderno, cuyo objetivo es alcanzar la posfelicidad, todo se reduce a conservar el dinamismo (*dýnamis*) y autoinsuflarse el pneuma (aliento). Sin embargo, los resultados no parecen respaldar este modelo.[3] Dedicar demasiado tiempo a diseñar estrategias sobre el modo de incrementar progresivamente la felicidad nos aleja de ella. Es un efecto rebote que ocurre frecuentemente en muchas facetas de nuestra vida cuando activamos los mecanismos de consciencia sobre un tema en concreto. Si queremos dormirnos y nos obsesionamos con hacerlo es probable que nos cueste más trabajo, si tratamos de no ponernos nerviosos lo más seguro es que aumente el nerviosismo... Con la felicidad es mejor dejarla correr como elemento paralelo a la vida, no sea que de tanto reflexionar sobre ella se nos olvide disfrutarla.

Hay una inflación de posfelicidad. Muestra de esta obsesión son los más de sesenta y cuatro mil estudios que se han dedicado a investigar los fundamentos psicológicos de la buena vida, estudios que han defendido, desde la palestra académica y especialmente en el campo de la sociología y la psicología, la existencia de una «ciencia de la felicidad», exhibiendo ambigüedad e incluso contradicciones.[4]

La falta de elegancia, unida a la carencia de una pedagogía de la mirada, afianzan este modelo de posfelicidad. La sociedad estética en la que vivimos provoca una disonancia entre las imágenes de la felicidad que nos apabullan y la realidad del sujeto que no es capaz de alcanzarlas: «Es evidente que la vida en la sociedad estética no se corresponde con las imágenes de felicidad y belleza que difunde diariamente en abundancia. Es un *homo aestheticus* reflexivo, ansioso, esquizofrénico el que domina la escena de las sociedades hipermodernas. [...] consumimos cada vez más belleza, pero nuestra vida no es más bella»[5] (Lipovetsky-Serroy).

En una sociedad subordinada a lo estético, la imagen de la posfelicidad es totalizadora y omnisciente, y el ideal que asumimos precisa de una vida repleta de placeres y sensaciones que son estéticamente representables. No hay posfelicidad sin publicidad, de ahí la autoexigencia de hipermostrarse bajo los códigos que la configuran. El ensanche exponencial que ha sufrido el foco del deseo, sometido a las lógicas de una oferta ilimitada, imposibilita a este sujeto el reposo. Esto termina abundando en las insatisfacciones, las angustias y sobre todo las decepciones en torno a una vida que nunca nos parece lo suficientemente feliz, lo suficientemente divertida, interesante, curiosa, admirable...,[6] y ello provoca una eviterna dialéctica ánimo/desánimo que no deja espacio para nada más.

## El desprestigio intelectual de la posfelicidad

A lo largo de la historia, la felicidad siempre había caminado del lado del pensamiento, del análisis; era una felicidad que se sostenía en una actitud reflexiva. Aristóteles, en su *Ética a Nicómaco*, reivindica una felicidad como algo completo que se basta a sí misma por ser el fin de nuestras acciones, pero añade que está intrínsecamente relacionada con las funciones propias del hombre. La principal función, según el estagirita, consiste en la actividad del alma conforme a la razón, de modo que la felicidad y el uso de la razón se entienden coaligados. La felicidad en la antigua Grecia, sobre todo en el periodo helenístico, estaba relacionada con la figura del *sophós*, un erudito que revelaba una sabiduría práctica y teórica a la vez. Este sabio no se muestra como un investigador del ser, sino como un guía hacia la felicidad que parecía cobrar especial relevancia en los periodos convulsos de crisis políticas que se producían. En definitiva, un sabio que filtraba su sabiduría a través del órgano de la razón: «Se presenta como el experto en esa terapia anímica que trae remedio y cura de las angustias y pesares, no tanto porque persiga una doctrina teológica o metafísica, sino porque sabe dirigir la vida mediante la razón hacia el bien y la serenidad de ánimo»[7] (García Gual).

Pero la posfelicidad no busca que la balanza esté equilibrada entre la razón y la emoción. Abandona el enfoque de una vida estabilizada y virtuosa (término medio aristotélico) para dar paso a un culto desmedido de emociones efímeras, asequibles, representables y amparadas en las tendencias.

Esta posfelicidad se ve potenciada por un elemento novedoso en el ideario intelectual de nuestra época: se ha convertido en una cuestión menor para el mundo de la filosofía, un desprestigio para el academicismo filosófico que ha visto como la seudopsicología, el *coaching* y la autoayuda se han apoderado del terreno de juego, entre otras cosas porque la propia filosofía no parece haber mostrado interés alguno en jugar. La posfelicidad no recibe el beneplácito de los intelectuales, no recoge el amparo de los filósofos (salvo excepciones), quizá porque esta se ha impregnado de un tufo de cotidianeidad, o porque se ha convertido en sujeto *mainstream*, éxito de ventas o en elemento de tertulias mediáticas... El filósofo francés Comte-Sponville ha sido de los pocos pensadores que ha reivindicado el tema de la felicidad a nivel filosófico: «Este tema, que pertenece desde hace tiempo a la tradición filosófica, lo dejan más o menos completamente de lado la mayoría de los filósofos contemporáneos [...], como si de repente la felicidad hubiese dejado de ser un problema filosófico».[8]

La felicidad ha pasado de ser el trasfondo de las investigaciones filosóficas en torno a un modelo de buena vida (Antigüedad clásica) a convertirse en una obsesión contemporánea clara y distinta, al estilo cartesiano, y transformarse en una posfelicidad tan explícita que en apariencia no precisa ser pensada. Esta transparencia que evidencia, junto a su aparente obviedad, no parece haber sido objeto de interés de la comunidad filosófica. Ya no se considera que la felicidad sea un sesudo elemento de análisis envuelto en un aura intelectual que requiera erudición. No es ni un concepto mal definido ni un constructo especulativo con multitud de matices históricos y filosóficos.[9] Todo lo contrario, la posfelicidad parece presentarse como una noción objetiva, universal y susceptible de medirse.

Por ello, entre otras motivaciones, me he animado a escribir este libro.

# BIBLIOGRAFÍA Y REFERENCIAS

Adorno, T., y Horkheimer, M., *Dialéctica de la Ilustración*, Trotta, Madrid, 2001.

Agamben, G., *Desnudez*, Anagrama, Barcelona, 2011.

Aristóteles, *Ética a Nicómaco: tratados morales*, Aguilar, Madrid, 1982.

—, *Ética nicomaquea*, Gredos, Madrid, 1985.

—, *Física*, Gredos, Madrid, 1995.

—, *Obras completas*, Aguilar, Madrid, 1973.

—, *Política*, Alianza, Madrid, 1999.

—, *Retórica*, Gredos, Madrid, 2000.

—, *Retórica*, introducción, trad. y notas Arturo E. Ramírez Trejo, Ediciones UNAM, México D. F., 2002.

Aurell, J., «Los efectos del giro lingüístico en la historiografía reciente», *Rilce, Revista de Filología Hispánica*, vol. 20, 1 (2004), pp. 1-16.

Balzac, H. de, *Tratado de la vida elegante*, Impedimenta, Madrid, 2011.

Baudrillard, J., *De la seducción*, Cátedra, Madrid, 2005.

—, *El crimen perfecto*, Anagrama, Barcelona, 1996.

Bauman, Z., *Miedo líquido*, Paidós, Barcelona, 2010.

Bentham, J., *Falacias políticas*, Centro de Estudios Constitucionales, Madrid, 1990.

Bernal, A., Ferrando, M., y Sainz, M., «Un estudio sobre las relaciones entre creatividad y algunos aspectos sociodemográficos: la edad de padres y madres», *IV Jornadas Doctorales Escuela Internacional de Doctorado de la Universidad de Murcia*, Murcia, 2019, pp. 477-482.

Beytía, P., y Calvo, E., «¿Cómo medir la felicidad?», *Claves de Políticas Públicas*, 4 (octubre de 2011).
Blanco Laserna, D., *Las paradojas cuánticas*, Ciencia National Geographic, RBA Libros, Barcelona, 2017.
Brown, W., *El pueblo sin atributos: la secreta revolución del neoliberalismo*, Malpaso, Barcelona, 2017.
Burnet, J., *Plato's Euthyphro, Apology of Socrates and Crito*, Oxford University Press, Oxford, 1954.
Byung-Chul, H., *El aroma del tiempo*, Herder, Barcelona, 2015.
—, *El enjambre*, Herder, Barcelona, 2014.
—, *La sociedad del cansancio*, Herder, Barcelona, 2012.

Cabanas, E., e Illouz, E., *Happycracia: cómo la ciencia y la industria de la felicidad controlan nuestras vidas*, Paidós, Barcelona, 2019.
Camps, V., *Elogio de la duda*, Arpa, Barcelona, 2016.
—, *La búsqueda de la felicidad*, Arpa, Barcelona, 2019.
Casado, C., y Colomo, R., «Un breve recorrido por la concepción de las emociones en la filosofía occidental», *A Parte Rei, Revista de Filosofía*, vol. 47, septiembre de 2006.
Cederström, C., y Spicer, A., *The Wellness Syndrome*, Polity Press, Cambridge, 2015.
Choza, J., *Historia cultural del humanismo*, Plaza y Valdés, Madrid, 2009.
Christakis, D. A., Zimmerman, F., Giuseppe, D. L., *et al.*, «Early Television Exposure and Subsequent Attention Problems in Children», *Pediatrics*, 113 (4) (2004), pp. 708-713.
Cicerón, *Los deberes*, Gredos, Barcelona, 2014.
Comte-Sponville, A., *La felicidad, desesperadamente*, Paidós, Barcelona, 2001.
Concheiro, L., *Contra el tiempo*, Anagrama, Barcelona, 2016.
Cuervo Arango, M. A., «La calidad de vida. Juicios de satisfacción y felicidad como indicadores actitudinales del bienestar», *Revista de Psicología Social*, vol. VIII, 1 (1993), pp. 101-110.

Dai, D. Y., Tan, X., Marathe, D., *et al.*, «Influences of Social and Educational Environments on Creativity During Adolescence: Does SES Matter?», *Creativity Research Journal*, 24 (2-3) (2012), pp. 191-199.
Dalrymple, T., *Sentimentalismo tóxico*, Alianza, Madrid, 2016.
Davies, W., *Estados nerviosos*, Sexto Piso, Madrid, 2019.
—, *La industria de la felicidad*, Malpaso, Barcelona, 2014.

Debord, G., *La sociedad del espectáculo*, Pre-Textos, Valencia, 2012.
Didi-Huberman, G., *Cuando las imágenes toman posesión*, Antonio Machado Libros, Madrid, 2008.
Domínguez García, V., «El miedo en Aristóteles», *Psicothema*, 15 (4) (2003), pp. 662-666.
Doval, S. L., «Acercamiento etimológico al término "educación"», *Revista Española de Pedagogía*, 37 (146) (1979), pp. 115-122.

Ehrenreich, B., *Sonríe o muere*, Turner, Madrid, 2018.
Espejo, C., «Religión e ideología en Homero», *Studia Historica*, Historia Antigua, vol. 12 (1994), pp. 9-20.

Fernández Hernández, A., «Influencia de las palabras emocionales en el procesamiento sintáctico y semántico de la oración», tesis doctoral, Universidad Complutense, Madrid, 2013.
Ferrater Mora, J., *Diccionario de filosofía*, vol. I., Ariel, Barcelona, 1994.
Fontcuberta, J., *La furia de las imágenes*, Galaxia Gutenberg, Barcelona, 2016.
Foucault, M., «Des espaces autres», *Architecture, mouvement, continuité*, 5, octubre de 1984. [*De los espacios otros:* trad. P. Bilstein y T. Lima.]
—, *Vigilar y castigar*, Siglo XXI, México D. F., 1980.
Freud, S., *El malestar en la cultura*, Alianza, Madrid, 1970.
—, *La angustia. Conferencias de introducción al psicoanálisis*, vol. XVI, Amorrortu, Buenos Aires, 1993.

García Gual, C., «El sabio epicúreo y el sabio estoico», *Daimon, Revista Internacional de Filosofía*, 30 (2003), pp. 23-32.
Gelio, A., *Noches áticas*, I, Universidad de León, Secretariado de Publicaciones, León, 2006.
Gomá, J., *Dignidad*, Galaxia Gutenberg, Barcelona, 2019.
Grimal, P., *Diccionario de mitología griega y romana*, Paidós, Barcelona, 1991.
Guthrie, W. K. C., *Historia de la filosofía griega*, Gredos, Madrid, 1993.
Gutiérrez, B., Rodríguez, M. I., y Gallego, M. C., «El papel de los medios de comunicación actuales en la sociedad contemporánea española», *Signo y Pensamiento*, XXIX (57) (2010), pp. 268-285, disponible en: <https://www.redalyc.org/articulo.oa?id=86020052017>. [Consulta: 3 de diciembre de 2019.]

Harari, Y., *Sapiens*, Debate, Barcelona, 2015.
Heidegger, M., *Construir, habitar, pensar*, Ediciones Serbal, Barcelona, 1994.
—, *Preguntas fundamentales de la filosofía*, Comares, Sevilla, 2008.
—, *Ser y tiempo*, Trotta, Madrid, 2012.
Held, K., «Asombro, tiempo, idealización. Sobre el comienzo griego de la filosofía», *Estudios de Filosofía*, 26, Antioquía, 2002.
Hesíodo, *Teogonía*, Planeta, Barcelona, 1997.
Hobbes, T., *Leviatán*, Alianza, Madrid, 1999.
Homero, *Ilíada*, Gredos, Madrid, 2004.
Hume, D., *Sobre la norma del gusto*, Península, Barcelona, 1989.
—, *Tratado de la naturaleza humana*, Tecnos, Madrid, 2005.

Illouz, E., *Capitalismo, consumo y autenticidad*, Katz Editores, Buenos Aires, 2019.
—, *Intimidades congeladas. Las emociones en el capitalismo*, Katz Editores, Buenos Aires, 2007.
—, *Les marchandises émotionnelles*, Premier Parallèle, París, 2019.
Innerarity, D., *La sociedad invisible*, Espasa, Madrid, 2004.

Jameson, F., *Ensayos sobre el posmodernismo*, Imago Mundi, Buenos Aires, 1991.
—, *El posmodernismo o la lógica cultural del capitalismo avanzado*, Paidós, Barcelona, 1995.

Kant, I., *Crítica de la razón práctica*, Losada, Buenos Aires, 1961.
—, *Crítica de la razón práctica*, Alianza, Madrid, 2013.
—, *Crítica de la razón pura*, Alfaguara, Madrid, 1994.
—, *Fundamentación de la metafísica de las costumbres. Crítica de la razón práctica. La paz perpetua*, Porrúa, México D. F., 1995.
—, *¿Qué es la Ilustración? Y otros escritos de ética, política y filosofía de la historia*, Alianza, Madrid, 2013.
Kelly, T. L. J., y Trasler, J. M., «Reproductive epigenetics», *Clinical Genetics*, vol. 65 (4) (2004), pp. 247-260.
Kleint, C., y Wiemers, G. (eds.), *Werner Heisenberg in Leipzig 1927-1942*, Akademie Verlag, Berlín, 1993.
Knauss, B., *La polis. Individuo y Estado en la Grecia antigua*, Aguilar, Madrid, 1979.

Lacan, J., *El seminario. Libro 7: La ética del psicoanálisis*, Paidós Ibérica, Buenos Aires, 2009.

—, «Lo simbólico, lo imaginario y lo real», *De los nombres del padre*, Paidós Ibérica, Buenos Aires, pp. 11-64.
Lasso de la Vega, J., «Ideales de la vida antigua en Grecia», *Helmántica*, 13 (40-42) (1962), pp. 23-72.
Levinas, E., *De la existencia al existente*, Arena Libros, Madrid, 2000.
Lipovetsky, G., *De la ligereza*, Anagrama, Barcelona, 2016.
—, *El crepúsculo del deber*, Anagrama, Barcelona, 2000.
—, *El lujo eterno*, Anagrama, Barcelona, 2003.
—, *La era del vacío*, Anagrama, Barcelona, 1986.
—, *La felicidad paradójica*, Anagrama, Barcelona, 2007.
—, *Los tiempos hipermodernos*, Anagrama, Barcelona, 2008.
—, *Metamorfosis de la cultura liberal*, Anagrama, Barcelona, 2003.
Lipovetsky, G., y Serroy, J., *La estetización del mundo*, Anagrama, Barcelona, 2015.
—, *La pantalla global*, Anagrama, Barcelona, 2009.
Locke, J., *Ensayos sobre el entendimiento humano*, Fondo de Cultura Económica, México D. F., 2005.
López, F., «El giro lingüístico de la filosofía y la historiografía contemporánea», *Revista Mañongo*, 37, vol. XIX (2011), pp. 189-213.
Lyotard, J. F., *La condición postmoderna*, Cátedra, Madrid, 1987.

Machado, M., «La extraña aventura de la palabra "calma"», *Criticón* (96) (2006), pp. 181-186.
Maffei, A. M., «Fobia: su especificidad y abordaje psicoterapéutico», dir. A. Imbriano, Escuela de Psicología, Universidad Argentina John F. Kennedy, 2010.
Maquiavelo, N., *El príncipe*, El Aleph, Buenos Aires, 1999.
Marina, J. A., *Anatomía del miedo*, Anagrama, Barcelona, 2015.
Martín, L., *El mundo feliz*, Anagrama, Barcelona, 2018.
Martín-Cabello, A., «Ciudadanía global. Un estudio sobre las identidades sociopolíticas en un mundo hiperconectado», *Arbor*, 1 (93) (786) (2017).
Martínez-Hernáez, A., «La mercantilización de los estados de ánimo. El consumo de antidepresivos y las nuevas biopolíticas de las aflicciones», *Política y sociedad*, 43 (3) (2006), pp. 43-56.
Maslow, A. H., *Toward a Psychology of Being*, D. Van Nostrand, Nueva York, 1968.
Mauss, I. B., Tamir, M., *et al.*, «Can Seeking Happiness Make People Unhappy? Paradoxical Effects of Valuing Happiness», *Emotion*, 11 (4 de agosto de 2011), disponible en: <https://www.ncbi.nlm.nih.gov/pmc/articles/PMC3160511/>.

Mill, J. S., *El utilitarismo*, Alianza, Madrid, 2007.
Mirzoeff, N., *Una introducción a la cultura visual*, Paidós, Barcelona, 2003.
Moccia, S., «Felicidad en el trabajo», *Papeles del psicólogo*, 37 (2) (2016), pp. 143-151.
Monasterio Astobiza, A., Ausín, T., Toboso, M., *et al*., «Traducir el pensamiento en acción: interfaces cerebro-máquina y el problema ético de la agencia», *Revista de Bioética y Derecho*, 46 (2019) pp. 29-46.
Morgan, D. K., y Whitelaw, E., «The case for transgenerational epigenetic inheritance in humans», *Mamm Genome*, 19 (6) (2008), pp. 394-397.
Mourelle de Lema, M., «La lengua española y los medios de comunicación», *Primer Congreso Internacional de la Lengua Española*, I (1998), pp. 491-509.

Nandy, A., «Modernidad y búsqueda de la felicidad», *Anuario Asia-Pacífico*, 1, Casa-Asia, CIDOB y Real Instituto Elcano, 2009, pp. 295-303.
Nassif, R., *Pedagogía general*, Kapeluz, Buenos Aires, 1958.
Neff, W. S., «Socioeconomic Status and Intelligence, a critical survey», *The Psychological Bulletin*, 35 (10) (1938), pp. 727-757.
Nussbaum, M. C., *Upheavals of thought: the intelligence of emotions*, Cambridge University Press, Cambridge, 2001.

Ortega, R. Y., «Reflexiones a propósito de Sócrates», *De Amicitia et doctrina*, Colegio de México, México D. F., 2007, pp. 277-298.
Ortega y Gasset, J., *La rebelión de las masas*, Andrés Bello, México, 1996.
—, *Meditaciones del Quijote*, Cátedra, Madrid, 2005.
—, *¿Qué es filosofía?*, Alianza, Madrid, 1999.
Orwell, G., *1984*, Debolsillo, Barcelona, 2019.
Ovidio, P., *Metamorfosis*, Alianza, Madrid, 1996.

Parsasirat, Z., Foroughi, A., Yusooff, F., *et al*., «Effect of Socioeconomic Status on Emersion Adolescent Creativity», *Asian Social Science*, 9 (4) (2013), pp. 105-112.
Pinker, S., *El instinto del lenguaje*, Alianza, Madrid, 2012.
—, *Enlightenment Now: The Case for Reason, Science, Humanism, and Progress*, Penguin Books, Londres, 2018.

—, *Los ángeles que llevamos dentro*, Paidós, Barcelona, 2018.
Platón, *Critón*, *Diálogos*, vol. I, Gredos, Madrid, 1981.
—, *República*, *Diálogos*, vol. IV, Gredos, Madrid, 2003.
—, *Platón*, vol. II, Gredos, Madrid, 2011.
Punset, E., *Viaje a las emociones*, Destino, Barcelona, 2010.

Ramis, J. P., «Reflexiones sobre el trasfondo político en el juicio de Sócrates», *Atenea*, 491 (2005), pp. 57-69.
Ricoeur, P., *Freud: una interpretación de la cultura*, Siglo XXI, Buenos Aires, 2004.
Robin, C., *El miedo: historia de una idea política*, Fondo de Cultura Económica, México D. F., 2018.
Robinson, K., *Finding your element*, Penguin, Londres, 2014.
Rodríguez Donís, M., «La amistad de Cicerón. Crítica del utilitarismo», *Fragmentos de Filosofía*, 5 (2007), pp. 81-110.
Rodríguez González, J., «Las categorías de espacio y tiempo en el marco teórico de la posmodernidad», *Ensayos, Revista de la Facultad de Educación de Albacete*, 27 (2012), disponible en: <https://revista.uclm.es/index.php/ensayos/article/view/92/88>. [Consulta: 9 de diciembre de 2019.]
Rojas Osorio, C., «Giro lingüístico/giro hermenéutico/giro semiológico», *Revista de Filosofía*, 57 (2001), pp. 63-75.
Rousseau, J. J., *Discurso sobre las ciencias y las artes*, Alianza, Madrid, 2012.
Russell, B., *La conquista de la felicidad*, Debolsillo, Barcelona, 2016.

Saborit, P., *Vidas adosadas*, Anagrama, Barcelona, 2006.
*Sagrada Biblia, Nuevo Testamento*, Ediciones de la Universidad de Navarra, Pamplona, 2004.
Sarasqueta, G., «Postpolítica: ¿autopsia o metamorfosis del relato? El caso de Donald Trump», *Question 1*, 1 (55) (2017), pp. 118-135.
Schopenhauer, A., *Parerga y Paralipómena*, II, Trotta, Madrid, 2013.
Sevil Serrano, J., Abós Catalán, A., Aibar Solana, A., *et al.*, «¿Se deberían replantear las recomendaciones relativas al uso sedentario del tiempo de pantalla en adolescentes?», *Sport TK*, 7 (2) (2018), pp. 75-82.
Sloterdijk, P., «El imperio ausente y la hiperpolítica», *Paisajes después del muro*, I. de la Nuez (coord.), Península, Barcelona, 1999, pp. 179-192.
Spinoza, B., *Ética*, Sarpe, Madrid, 1984.

Spock, B., y Rothenberg, M., *El cuidado de su hijo del Dr. Spock*, Pocket Books, 1997.

Strömbäck, J., «Four phases of mediatization: an analysis of Mediatization of Politics», *The international journal of press/politics*, 13 (3) (2008), pp. 228-246.

Sutton, S., «El tiempo y el gemir de la subjetividad», *Revista de Filosofía*, 47 (137) (2014), pp. 211-229.

Touraine, A., *Crítica de la modernidad*, Fondo de Cultura Económica, Bogotá, 2000.

Ugalde, J., «El asombro, la afección originaria de la filosofía», *Areté*, 29 (1) (2017), pp. 167-181.

Vallet, A., *El lenguaje total*, Edelvives, Barcelona, 1980.

Vañó Vicedo, R., *Educar la mirada*, Tirant lo Blanch, Valencia, 2015.

Vendetti, T. (dir.), y Wehrheim, J. (guion), *Bhutan: Taking the Middle Path to Happiness*, 2007.

Verdú, V., *La ausencia. El sentir melancólico en un mundo de pérdidas*, La Esfera de los Libros, Madrid, 2011.

Viola, F. I., «La reiteración del inicio. Aportes para una nueva concepción del tiempo a partir de la filosofía de Emmanuel Levinas», *Franciscanum*, 165 (LVIII) (2016), pp. 119-143.

Virilo, P., *Estética de la desaparición*, Anagrama, Barcelona, 1998.

VV. AA., *Educación emocional*, R. Bisquerra (coord.), Desclée Brouwer, Bilbao, 2011.

Wittgenstein, L., *Los cuadernos azul y marrón*, Tecnos, Madrid, 1993.

—, *Tractatus logico-philosophicus*, Alianza de Bolsillo, Madrid, 2012.

Xu, G., Strathearn, L., Liu, B., *et al.*, «Twenty-Year Trends in Diagnosed Attention-Deficit/Hyperactivity Disorder Among US Children and Adolescents, 1997-2016», JAMA Network Open, 31 de agosto de 2018, disponible en: <https://jamanetwork.com/journals/jamanetworkopen/fullarticle/2698633>.

Zafra, R., *El entusiasmo*, Anagrama, Barcelona, 2017.

Zaoui, P., *La discreción*, Arpa, Barcelona, 2017.

# NOTA ACLARATORIA

Prácticamente todo de lo aquí escrito son textos inéditos respecto a mi obra publicada, pero para completar el perfil del sujeto hipermoderno he utilizado y adaptado tres artículos propios de reciente publicación:

«Taxonomía del miedo hipermoderno frente a la duda», revista *Inclusiones*, 6 (octubre-diciembre de 2019).

«Posverdad, escepticismo y pensamiento crítico: el ciclo de la vida pública», del libro *La posverdad a debate*, Ediciones Egregius, 2019.

«La crisis hipermoderna de la felicidad: posfelicidad», en el libro *Luces en el camino: Filosofía y Ciencias Sociales en tiempos de desconcierto*, coord. Manuel Bermúdez Vázquez, Dykinson, Madrid, 2021.

# NOTAS

## 1. Indigencia mental

1. Benítez Prudencio, J. J., «Eutopía y "pólis": el lugar de la inocencia y la felicidad en la imagen de los antiguos griegos», *Daimon, Revista Internacional de Filosofía,* 34 (2005), pp. 5-17.

2. Aristóteles, *Ética a Nicómaco*, Gredos, Madrid, 2014.

3. Kant, I., *Crítica de la razón práctica*, Alianza, Madrid, 2013.

4. Lipovetsky, G., *Los tiempos hipermodernos*, Anagrama, Barcelona, 2006.

5. Ver el comunicado del Grupo de Trabajo Multidisciplinar sobre Salud Mental en la Infancia y Adolescencia titulado: «La pandemia ha provocado un aumento de hasta el 47 % en los trastornos de salud mental de los menores», disponible en: <https://www.aeped.es/sites/default/files/20220407_np_salud_mental_infancia_y_adolescencia.pdf>.

6. Disponible en: <https://www.lasexta.com/constantes-vitales/causas/salud-mental/preocupante-aumento-casos-depresion-ansiedad-trastornos-conducta-alimentaria-ninos-adolescentes_2022011361e02f917c3dac0001ff6685.html>.

7. «Los datos de la salud mental en España, la pandemia detrás de la pandemia», disponible en: <https://www.rtve.es/noticias/20211215/datos-salud-mental-espana/2238590.shtml>. [Consulta: 23 de agosto de 2022.]

8. Ibídem.

9. La siguiente noticia hace referencia a numerosos estudios que testimonian esta problemática (la usamos como compendio de dichos estudios para facilitar las referencias de cada uno): «Déficit de atención, ansiedad o depresión: los efectos en los niños del

uso inadecuado de los dispositivos electrónicos», por Ana Camarero, en *El País*, 27 de mayo de 2022.

10. «La simplificación del lenguaje y la pérdida del pensamiento complejo», disponible en: <https://www.cambio16.com/la-simplificacion-del-lenguaje-y-el-desvanecimiento-del-pensamiento-complejo/>. [Consulta: 24 de marzo de 2022.] «El hablante de español utiliza cada vez menos palabras», disponible en: <https://cincodias.elpais.com/cincodias/2005/06/06/sentidos/1118024839_850215.html>.

11. En lo referente a la búsqueda del término *felicidad* en internet, a nivel global y haciendo uso de Google Trends, el resultado muestra que en 2004 se situaba en 20 puntos sobre 100, llegando a alcanzar picos de 100 puntos en 2015, y en 54 puntos en el año 2021. Para completar esta información ver el libro *Happycracia*, de E. Illouz y E. Cabanas, Paidós, Barcelona, 2019.

12. Davies, W., *La industria de la felicidad, op. cit.*

13. Lacan, J., *El seminario. Libro 7: La ética del psicoanálisis, 1959-1960*, Paidós, Buenos Aires, 2009.

14. Illouz, E., *Intimidades congeladas. Las emociones en el capitalismo*, Katz Editores, Buenos Aires, 2007, p. 18.

15. Illouz, E. (Comp.), *Capitalismo, consumo y autenticidad. Las emociones como mercancía*, Katz Editores, Buenos Aires, 2019, p. 16.

16. Illouz, E., *Intimidades congeladas, op. cit.*, p. 159.

17. Kelly, T. L. J., y Trasler, J. M., «Reproductive epigenetics», *Clinical Genetics*, 65 (4) (2004), pp. 247-260.

18. Las modificaciones que se producen a través de la epigenética suelen ser relativamente estables de cara a las siguientes generaciones. Morgan, D. K., y Whitelaw, E., «The case for transgenerational epigenetic inheritance in humans», *Mamm Genome*, 19 (6) (2008), pp. 394-397.

19. Nassif, R., *Pedagogía general*, Kapeluz, Buenos Aires, 1958, p. 6.

20. Aristóteles, *Ética nicomaquea*, Gredos, Madrid, 1993, p. 132.

21. Aristóteles, *Ética a Nicómaco, op. cit.*

22. Gomá, J., *Dignidad*, Galaxia Gutenberg, Barcelona, 2019.

23. Esto trae a colación el experimento del gato del físico Erwin Schrödinger, en el que se introducían un gato y un aparato de gas venenoso en una caja. El aparato de gas tenía un 50 por ciento de probabilidad de activarse y matar al gato. Según la física

cuántica, los electrones pueden estar en dos lugares distintos al mismo tiempo, por lo que el gato puede estar vivo y muerto a la vez. En física cuántica se denomina un «efecto de superposición de los estados»; solamente se eliminará esta superposición una vez que el sujeto abra la caja y modifique, por medio de su percepción, esta superposición. El sujeto es el que perturba el estado de superposición cuando interviene, y su papel es clave para determinar el estado del gato. Para familiarizarse con los principios de la física cuántica, ver: Blanco Laserna, D., *Las paradojas cuánticas*, Ciencia National Geographic, RBA Libros, Barcelona, 2017. Y para profundizar en el tema: *Werner Heisenberg in Leipzig 1927-1942*, (eds. C. Kleint y G. Wiemers), Akademie Verlag, Berlín, 1993.

24. Gomá, J., *Dignidad*, *op. cit.*

25. Freud, S., *Más allá del principio del placer*, Alianza Editorial, Madrid, 1997.

26. Freud, S., *El malestar en la cultura*, Alianza Editorial, Madrid, 1970.

27. Ibídem, p. 20.

28. Baudrillard, J., *El crimen perfecto*, Anagrama, Barcelona, 1996, p. 156.

29. Byung-Chul, H., *La sociedad del cansancio*, Herder, Barcelona, 2012.

30. Innerarity, D., *La sociedad invisible*, Espasa, Madrid, 2004, p. 65.

31. Zaoui, P., *La discreción*, Arpa, Barcelona, 2017, p. 27.

32. Merleau-Ponty, M., *Fenomenología de la percepción*, Península, Barcelona, 1975.

33. Saborit, P., *Vidas adosadas. El miedo a los semejantes en la sociedad contemporánea*, Anagrama, Barcelona, 2006, p. 13.

34. Baudrillard, J., *De la seducción*, Cátedra, Madrid, 2005.

35. Kohut, T., Fisher, W. A., y Campbell, L., «Perceived Effects of Pornography on the Couple Relationship: Initial Findings of Open-Ended, Participant-Informed, "Bottom-Up" Research», *Arch Sex Behav*, febrero, 46 (2) (2017), pp. 585-602.

36. «Crece el uso de aplicaciones para ligar», 9 de julio de 2020, disponible en: <https://www.gipuzkoa.eus/es/web/gazteria/-/ligatzeko-aplikazioen-erabilerak-gora-egin-du>. [Consulta: 22 de octubre de 2022.]

37. Ortega y Gasset, J., *Obras completas*, Revista de Occidente, vol. VI (347), Madrid, 1964.

38. Ehrenreich, B., *Sonríe o muere*, Turner, Barcelona, 2018.

## 2. Vive con elegancia

1. Agamben, G., *Desnudez*, Anagrama, Barcelona, 2011.

2. Séneca, *Epístolas morales a Lucilio*, vol. I, Gredos, Madrid, 2000.

3. Verdú, V., *La ausencia. El sentir melancólico en un mundo de pérdidas*, La Esfera de los Libros, Madrid, 2011.

4. Machado, M., «La extraña aventura de la palabra "calma"», *Criticón*, 96, 2006, pp. 181-186.

5. Homero, *Ilíada*, Gredos, Madrid, 2004.

6. Séneca, *Epístolas morales a Lucilio*, *op. cit.*

7. Ortega y Gasset, J., *Obras completas*, *op. cit.*

8. Ortega y Gasset, J., *La rebelión de las masas*, Alianza Editorial, Madrid, 2014.

9. Balzac, H. de, *Tratado de la vida elegante*, Impedimenta, Madrid, 2011.

10. Brown, W., *El pueblo sin atributos: la secreta revolución del neoliberalismo*, Malpaso Ediciones, Barcelona, 2017.

11. Ortega y Gasset, J., *Obras completas*, vol. II, *op. cit.*

12. Ortega y Gasset, J., *España invertebrada*, Austral, Madrid, 2011.

13. Schopenhauer, A., *Parerga y Paralipómena*, II, Trotta, Madrid, 2013.

14. Cicerón, *Los deberes*, Gredos, Barcelona, 2014.

15. Balzac, H. de, *Tratado de la vida elegante*, *op. cit.*

16. Platón, *Diálogos*, *Gorgias*, Gredos, Madrid, 2000.

17. Gelio, A., *Noches áticas*, I, Universidad de León, Secretariado de Publicaciones, León, 2006.

18. Aristóteles, *Retórica*, Gredos, Madrid, 2000.

19. Quintiliano, F., *Sobre la formación del orador*, Departamento de Ediciones y Publicaciones, Universidad Pontificia de Salamanca, Salamanca, 1996.

20. Thompson, M., *Sin palabras. ¿Qué ha pasado con el lenguaje de la política?*, Debate, Barcelona, 2017.

21. «El español aumenta sus hablantes, pero "se empobrece"», Europa Press, 19 de enero de 2016, disponible en: <https://www.europapress.es/cultura/exposiciones-00131/noticia-espanol-aumenta-hablantes-empobrece-20160119141505.html>.

22. Balzac, H. de, *Tratado de la vida elegante*, *op. cit.*

23. Ortega y Gasset, J., *Obras completas*, vol. I, *op. cit.*

24. Ortega y Gasset, J., *Obras completas*, vol. VI, *op. cit*.
25. Balzac, H. de, *Tratado de la vida elegante*, *op. cit*.

### 3. Epigenética de las categorías

1. Christesen, P., «Luxury, Lost in Translation: τρυφή in Plutarch's Sparta», en *Luxury and Wealth in the Archaic to Hellenistic Peloponnese*, C. Gallou y S. Hodkinson (eds.), Classical Press of Wales, Swansea, 2020.
2. Lipovetsky, G., y Roux, E., *El gran lujo*, Anagrama, Barcelona, 2004.
3. Ferrater Mora, J., *Diccionario de filosofía*, vol. I, Ariel, Barcelona, 1994.
4. Aristóteles, *Obras completas*, Aguilar, Madrid, 1973.
5. Kant, I., *Crítica de la razón pura*, Alfaguara, Madrid, 1978.
6. Hume, D., *Tratado de la naturaleza humana*, Tecnos, Madrid, 2005.
7. Kant, I., *Prolegómenos a toda metafísica futura*, Librería El Ateneo, Buenos Aires, 1950.
8. Kant, I., *Crítica de la razón pura*, *op. cit*., p. 65.
9. Ibídem.
10. El problema surge cuando el entendimiento realiza una unión estrecha y cerrada entre lo dado (intuición-sensibilidad) y lo puesto (concepto), procurando la máxima literalidad posible del concepto y constriñendo así el campo definitorio del mismo. Ferrater Mora, J., *Diccionario de filosofía*, *op. cit*., p. 616.
11. Davies, W., *La industria de la felicidad*, Ediciones Malpaso, Barcelona, 2014.
12. Christakis, D. A., Zimmerman, F., Giuseppe, D. L., *et al*., «Early Television Exposure and Subsequent Attention Problems in Children», *Pediatrics* 113 (4) (2004), pp. 708-713, disponible en: <https://pubmed.ncbi.nlm.nih.gov/15060216>.
13. Levinas, E., *De la existencia al existente*, Arena Libros, Madrid, 2000, p. 105.
14. Viola, F. I., «La reiteración del inicio. Aportes para una nueva concepción del tiempo a partir de la filosofía de Emmanuel Levinas», *Franciscanum*, 165, vol. LVIII, 2016, p. 121.
15. Sutton, S., «El tiempo y el gemir de la subjetividad», *Revista de Filosofía*, 137 (2014), p. 213.

16. Levinas, E., *De la existencia al existente*, *op. cit.*, pp. 132-133.

17. Aristóteles, *Física*, Gredos, Madrid, 1995.

18. Heidegger, M., *Ser y tiempo*, Trotta, Madrid, 2012.

19. Concheiro, L., *Contra el tiempo*, Anagrama, Barcelona, 2016, p. 12.

20. Para el filósofo coreano, uno de los rasgos más destacables de la temporalidad contemporánea es que el tiempo ya no posee el rasgo ordenador de antaño porque ha perdido el compás. Sin embargo, la particularidad de este pensador es que no considera que la aceleración, como postuló Concheiro, sea un elemento definitorio del tiempo, sino más bien una consecuencia de este proceso. Byung-Chul, H., *El aroma del tiempo*, Herder, Barcelona, 2015, p. 9.

21. Lipovetsky, G., *Los tiempos hipermodernos*, Anagrama, Barcelona, 2008.

22. Lyotard, J.-F., *La condición postmoderna*, Cátedra, Madrid, 1987, p. 20.

23. Debord, G., *La sociedad del espectáculo*, Pre-textos, Valencia, 1999.

24. Ibídem, p. 137.

25. Jameson, F., *Ensayos sobre el posmodernismo*, Imago Mundi, Buenos Aires, 1991, p. 28.

26. Rodríguez González, J., «Las categorías de espacio y tiempo en el marco teórico de la posmodernidad», *Ensayos, Revista de la Facultad de Educación de Albacete*, 27 (2012), p. 22, disponible en: <https://revista.uclm.es/index.php/ensayos/article/view/92>.

27. Foucault, M., «Des espaces autres», *Architecture, mouvement, continuité*, 5, octubre de 1984. [*De los espacios otros*: trad. P. Bilstein y T. Lima.]

28. Ibídem.

29. Foucault, M., *op. cit.*

30. Corominas, J., *Breve diccionario etimológico de la lengua castellana*, Gredos, Madrid, 1983, p. 248.

31. Jameson, F., *El posmodernismo o la lógica cultural del capitalismo avanzado*, Paidós, Barcelona, 1995, p. 108.

32. Virilo, P., *Estética de la desaparición*, Anagrama, Barcelona, 1998, p. 26.

33. «En las dos últimas décadas casi se duplicó el número de niños con trastornos de atención», disponible en: <https://khn.org/news/en-las-ultimas-dos-decadas-casi-se-duplico-el-numero-de-ninos-con-trastorno-de-atencion/>.

34. Xu, G., Strathearn, L., Liu, B., *et al*., «Twenty-Year Trends in Diagnosed Attention-Deficit/Hyperactivity Disorder Among US Children and Adolescents, 1997-2016», en JAMA Network Open, 31 de agosto de 2018, disponible en: <https://jamanetwork.com/journals/jamanetworkopen/fullarticle/2698633>.

35. Sloterdijk, P., «El imperio ausente y la hiperpolítica», *Paisajes después del muro*, (ed. Iván de la Nuez), Península, Barcelona, 1999, p. 189.

36. Heidegger, M., *Construir, habitar, pensar*, Ediciones Serbal, Barcelona, 1994, pp. 133-134.

## 4. *Dýnamis* o muerte

1. *Sagrada Biblia. Nuevo Testamento*, Ediciones Universidad de Navarra (EUNSA), Pamplona, 2004.

2. Zafra, R., *Fragilidad*, Anagrama, Barcelona, 2022.

3. Ruiz Castro, M., «España lidera el consumo mundial de benzodiacepinas», *El Periódico de España*, 2 de abril de 2022. [Consulta: 1 de octubre de 2022.]

4. En España, la prescripción de antidepresivos no para de crecer desde el año 2012 y en 2021 se produjo su mayor incremento interanual. «Los datos tras una década de "cultura del medicamento" en España: el consumo de antidepresivos ha crecido un 40 %», disponible en: <https://www.rtve.es/noticias/20220305/datos-medicamentos-consumo-antidepresivos-crece-40/2291907.shtml>. [Consulta: 31 de agosto de 2022.]

5. Corominas, J., *op. cit.*

6. Ehrenreich, B., *op. cit.*

7. El índice de divorcios en España aumentó un 12,5 por ciento en 2021 con respecto del año anterior, y el de separaciones creció un 32 por ciento. Sobre el número de nacimientos de niños/as, este artículo de la BBC: «El dramático descenso de los nacimientos en el mundo», disponible en: <https://www.bbc.com/mundo/noticias-53417504>. [Consulta: 31 de agosto de 2022.]

8. Baumgarten, A., *Estética breve*, Centro de Investigaciones Filosóficas, Buenos Aires, 2014.

9. Platón, *Platón II*, Gredos, Madrid, 2011.

10. Lipovetsky, G., *La era del vacío*, Anagrama, Barcelona, 1986.

11. Butler, J., *Los sentidos del sujeto*, Herder, Barcelona, 2016.

12. Merleau-Ponty, M., *Signos*, Seix Barral, Barcelona, 1964.

13. Merleau-Ponty, M., *Fenomenología de la percepción*, Planeta, Barcelona, 1993.

14. Ibídem.

15. Bauman, Z., *Modernidad y ambivalencia*, Anthropos, Barcelona, 2005.

16. Bauman, Z., *Community: Seeking Safety in an Insecure World*, Polity Press, Cambridge, 2001.

17. Kunda, Z., «The Case for Motivated Reasoning», en *Psychological Bulletin*, 108 (3), pp. 480-498, 1990, disponible en: <https://fbaum.unc.edu/teaching/articles/Psych-Bulletin-1990-Kunda.pdf>.

18. Ruiz, J. C., *El arte de pensar para niños*, Toromítico, Córdoba, 2019.

19. No podemos olvidar que, en la *República,* de Platón, los esclavos de la caverna vivían entre sombras y solo el sobresalto de la luz, en forma de deslumbramiento, podía provocarles la actitud de asombro, como inicio del proceso de desvelamiento.

20. Heidegger, M., *Preguntas fundamentales de la filosofía*, Comares, Sevilla, 2008.

21. Para conocer más a fondo la problemática, se puede leer el artículo de Held, K., «Asombro, tiempo, idealización. Sobre el comienzo griego de la filosofía», *Estudios de Filosofía*, 26, Antioquía, Colombia, 2002, disponible en: <https://bibliotecadigital.udea.edu.co/dspace/bitstream/10495/12714/1/Escobar_2002_AsombroTiempoIdealizacion.pdf>.

22. Bauman, Z., *Miedo líquido*, Paidós, Barcelona, 2010. Para Bauman, el espíritu moderno surge bajo este signo de la búsqueda de una felicidad cada vez mayor que no cesa de crecer. En la sociedad moderna líquida de consumidores, cada sujeto, de modo independiente, recibe formación para que busque la felicidad de manera individual.

23. Bauman, Z., *El arte de la vida*, Paidós, Barcelona, 2009.

## 5. Sin palabras

1. Wittgenstein, L., *Tractatus logico-philosophicus*, Madrid, Alianza de Bolsillo, 2012.

2. Esta manipulación del concepto de límite, asociado este a la relación lenguaje-pensamiento-realidad, se está viendo progresiva-

mente afectada por los nuevos avances científicos en el campo de la neurotecnología. Si bien de momento se enlazan por medio de algoritmos señales neuronales (pensamiento) con una función motriz, no es menos cierto que por primera vez en la historia se consigue interpretar el pensamiento y transformarlo en acción sin necesidad de articular palabra. La neurotecnología de los interfaces cerebro-máquina funciona por medio de la implantación de electrodos en el área de la corteza motriz del cerebro: «Los sensores detectan la información (actividad eléctrica del cerebro) que puede ser actividad local de neuronas individuales o la actividad agregada de cientos, miles o millones de neuronas simultáneamente. El decodificador es un algoritmo matemático que procesa, filtra el ruido y amplifica la señal para operar el efector o actuador. La decodificación de la señal es clave para el funcionamiento efectivo del interfaz cerebro-máquina. Finalmente, el efector o actuador viene a reflejar el tipo de aplicación del interfaz cerebro-máquina. [...] La neurotecnología de las interfaces cerebro-máquina [...] puede usarse para tratar de aumentar las capacidades cognitivas o el control sobre el entorno, como tecnologías para el mejoramiento humano». Monasterio Astobiza, A., Ausín, T., Toboso, M., *et al.*, «Traducir el pensamiento en acción: interfaces cerebro-máquina y el problema ético de la agencia», *Revista de Bioética y Derecho*, 46 (2019), pp. 29-46, disponible en: <https://scielo.isciii.es/scielo.php?script=sci_arttext&pid=S1886-58872019000200003>.

3. El triunfo del liberalismo económico y el progreso de la tecnociencia han logrado estrechar el mundo y unificarlo. Ambas entidades nos conducen a percibir un estrechamiento del concepto de mundo a través de elementos como la cibercultura, que intercomunica a millones de personas sin necesidad de compartir sesgos microculturales o geográficos. También podemos percibirlo por medio de la llamada «ciudadanía global», que no encuentra la necesidad de adherirse a identidades étnicas o nacionales, sino más bien a valores democráticos. Ver: Martín Cabello, A., «Ciudadanía global. Un estudio sobre las identidades sociopolíticas en un mundo hiperconectado», *Arbor*, vol. 193, 786 (2017).

4. Especialmente relevante es la introducción de palabras con fuerte connotación emocional en los más jóvenes. Consultar tesis doctoral de Sabater Gálvez, L., «Aparición y desarrollo de palabras con carga emocional en distintos grupos de edad de niños y adolescentes», dirs. Miguel Ángel Pozo García y José Antonio Hinojosa Poveda, Universidad Complutense, Madrid, 2022.

5. Una muestra de ello es el auge de la llamada «educación emocional». La importancia que están tomando las emociones en la realidad actual ha forzado la necesidad de educar emocionalmente al sujeto hipermoderno: «La educación emocional es una respuesta a las necesidades sociales que no están suficientemente atendidas en el currículo académico ordinario. Entre estas necesidades están la presencia de ansiedad, estrés, depresión, violencia, consumo de drogas, suicidios, comportamientos de riesgo, etc. Todo ello es, en gran medida, consecuencia del analfabetismo emocional», VV. AA., *Educación emocional*, coord. Bisquerra, R., Desclée Brouwer, Bilbao, 2011, p. 11.

6. López, F., «El giro lingüístico de la filosofía y la historiografía contemporánea», *Revista Mañongo*, 37, vol. XIX, 2011, p. 191.

7. Para Jaume Aurell, el giro lingüístico fue acuñado por Gustav Bergman en 1964, si bien sería Richard Rorty quien popularizaría el concepto y, por lo tanto, al que suele citarse como referente. Ver: Aurell, J., «Los efectos del giro lingüístico en la historiografía reciente», *Rilce, Revista de Filología Hispánica*, vol. 20, 1 (2004), pp. 1-16.

8. Si bien Rorty popularizó la expresión «giro lingüístico», existen distintas atribuciones en torno al iniciador de la corriente. Foucault, por un lado, se centra en la figura de Nietzsche como el precursor, pero Lyotard verá en Wittgenstein al primer pensador que puso en el centro de la investigación filosófica el problema del lenguaje; por otro lado, no podemos olvidar la figura del lingüista Saussure, a quien el estructuralismo presenta como inspirador del movimiento. Rojas Osorio, C., «Giro lingüístico/giro hermenéutico/giro semiológico», *Revista de Filosofía*, vol. 57 (2001), pp. 63-75, 330-336.

9. Castellanos, L., *La ciencia del lenguaje positivo*, Paidós, Barcelona, 2016.

10. Eva Illouz defiende la existencia de un capitalismo emocional que ha configurado el surgimiento del que ella denomina «homo sentimentalis». Para la autora, los grandes relatos que estructuran la sociedad llevan en su interior una clave interpretativa, aparentemente menor, que consiste en el papel relevante de las emociones para poder realizar una teorización sobre la misma sociedad. Ver: *Intimidades congeladas*, *op. cit.* Para profundizar más a este respecto es muy recomendable consultar otro libro de Illouz, E., *Les marchandises émotionnelles*, Premier Parallèle, París, 2019.

Reseñable es también una publicación reciente que realiza un análisis exhaustivo sobre cómo las emociones se han adueñado de la sociedad: Davies, W., *Estados nerviosos*, Sexto Piso, Madrid, 2019.

11. La disminución del léxico local está influenciada, entre otras cuestiones, por lo que viene llamándose la «España vaciada» y el auge de la vida en la urbe. Aparte de esto, podemos tomar como ejemplo puntual la regresión del léxico rural en algunas zonas, tal y como se expone en el artículo de Collantes, M. C., «Léxico rural en regresión. Sondeo entre estudiantes de Aranda y la Ribera», *Biblioteca Estudio e Investigación*, 7 (1992), Aranda del Duero, pp. 135-146.

12. Lacan, J., «Lo simbólico, lo imaginario y lo real», *De los nombres del padre*, Paidós, Buenos Aires, 2005, pp. 11-64.

13. Nussbaum, M. C., *Upheavals of thought: the intelligence of emotions*, Cambridge University Press, Cambridge, 2001.

14. Illouz, E., *Intimidades congeladas*, *op. cit*., p. 16.

15. Ver la tesis doctoral de Fernández Hernández, A., «Influencia de las palabras emocionales en el procesamiento sintáctico y semántico de la oración», Universidad Complutense, Madrid, 2013.

16. Touraine, A., *Crítica de la modernidad*, Fondo de Cultura Económica, Bogotá, 2000, p. 201.

17. Definición de Wikipedia.

18. Aliste, M. E. R., Real, D. L., y Bravo, I. L., «¿Eres visual, auditivo o kinestésico? Estilos de aprendizaje desde el modelo de la Programación Neurolingüística (PNL)», *Revista Iberoamericana de Educación*, 38 (2) (2006), pp. 1-10.

19. Representantes de las Academias Hispanoamericanas de la Lengua se reunieron en el monasterio de San Millán de la Cogolla, en La Rioja, para tomarle el pulso al castellano. En opinión de los expertos allí reunidos, la reducción de palabras está acelerándose a pasos agigantados, especialmente entre los más jóvenes. Ver: «El hablante de español utiliza cada vez menos palabras», *Cinco Días* (*El País Economía*), 6 de junio de 2005, disponible en: <https://cincodias.elpais.com/cincodias/2005/06/06/sentidos/1118024839_850215.html>.

20. Mourelle de Lema, M., «La lengua española y los medios de comunicación», *Primer Congreso Internacional de la Lengua Española*, vol. I, 1998, p. 492.

21. «Instagram y TikTok, las aplicaciones que más crecen en

España», *El Correo*, 18 de mayo de 2022, disponible en: <https://www.elcorreo.com/tecnologia/internet/instagram-aplicaciones-crecen-20220518141210-ntrc.html>.

22. Pinker, S., *El instinto del lenguaje*, Alianza, Madrid, 2012.

23. Orwell, G., *1984*, Debolsillo, Barcelona, 2019, p. 315.

24. Lakoff, G., *No pienses en un elefante*, Península, Barcelona, 2017.

25. Orwell, G., *1984*, *op. cit.*, p. 315.

26. Ibídem, p. 316.

27. Vallet, A., *El lenguaje total*, Edelvives, Barcelona, 1980.

28. Gutiérrez, B., Rodríguez, M. I., y Gallego, M. C., «El papel de los medios de comunicación actuales en la sociedad contemporánea española», *Signo y Pensamiento*, XXIX (57) (2010), pp. 268-285, disponible en: <https://www.redalyc.org/articulo.oa?id=8602005 2017>. [Consulta: 3 de diciembre de 2019.]

29. Bono, E. de, *Lateral Thinking: A Textbook of Creativity*, Penguin Books, Londres, 2016.

30. Lieberman, N. J., «Alegría y pensamiento divergente: una investigación de su relación a nivel de jardín de infantes», *El diario de psicología genética*, 107, 1965.

31. Lipman, M., *Investigación filosófica*, La Torre, Madrid, 1988.

32. Neff, W. S., «Socioeconomic Status and Intelligence, A Critical Survey», *The Psychological Bulletin*, 35 (10) (1938).

33. Bernal, A., Ferrando, M., y Sainz, M., «Un estudio sobre las relaciones entre creatividad y algunos aspectos sociodemográficos: la edad de padres y madres», *IV Jornadas Doctorales Escuela Internacional de Doctorado de la Universidad de Murcia*, Murcia, 2019, pp. 477-482, disponible en: <https://dialnet.unirioja.es/servlet/articulo?codigo=6892325Z>.

34. Dai, D. Y., Tan, X., Marathe, D., *et al.*, «Influences of Social and Educational Environments on Creativity During Adolescence: Does SES Matter?», *Creativity Research Journal*, 24 (2-3) (2012).

35. Parsasirat, Z., Foroughi, A., Yusooff, F., *et al.*, «Effect of Socioeconomic Status on Emersion Adolescent Creativity», *Asian Social Science*, 9 (4) (2013).

36. Pinker, S., *Los ángeles que llevamos dentro*, Paidós, Barcelona, 2018.

37. González-Ramírez, M. T., y Landero-Hernández, R., «Diferencias en tolerancia a la frustración entre Baby Boomers, Gene-

ración X y Millennials», *Ansiedad y Estrés*, vol. 27, 2-3, 2021, pp. 89-94, disponible en: <https://www.ansiedadyestres.es/sites/default/files/rev/2021/anyes2021a12.pdf>.

## 6. Posfelicidad

1. Lipovetsky, G., *El crepúsculo del deber*, Anagrama, Barcelona, 2000, p. 156.
2. Lipovetsky, G., *La era del vacío*, *op. cit*.
3. Lipovetsky, G., *El crepúsculo del deber*, *op. cit*., p. 12.
4. Ibídem, p. 16.
5. Martín, L., *El mundo feliz*, Anagrama, Barcelona, 2018.
6. Kant, I., *Crítica de la razón práctica*, *op. cit*.
7. Lipovetsky, G., *Los tiempos hipermodernos*, *op. cit*., pp. 21-22.
8. Lipovetsky, G., *La felicidad paradójica*, Anagrama, Barcelona, 2007, p. 148.
9. *The Objective*: «España es el país donde más ansiolíticos se consumen: el 11 % de la población los toma», Lidia Ramírez, 22 de mayo de 2022, disponible en: <https://theobjective.com/sociedad/2022-05-22/consumo-ansioliticos-espana-valium-orfidal/>.
10. Fernández, M., «Cuando la soledad mata», *El País*, 13 de enero de 2018, disponible en: <https://elpais.com/politica/2018/01/13/actualidad/1515873186_409536.html>. [Consulta: 1 de octubre de 2022.]
11. Choza, J., *Historia cultural del humanismo*, Thémata y Plaza y Valdés, Sevilla y Madrid, 2009, pp. 194 y ss.
12. Adorno, T., y Horkheimer, M., *Dialéctica de la Ilustración*, Trotta, Madrid, 2001.
13. Ver: Rodríguez Donís, M., «La amistad de Cicerón: crítica del utilitarismo», *Fragmentos de Filosofía*, 5 (2007).
14. Lipovetsky, G., y Serroy, J., *La pantalla global*, Anagrama, Barcelona, 2009.
15. Dalrymple, T., *Sentimentalismo tóxico*, Alianza, Madrid, 2016.
16. Cabanas, E., e Illouz, E., *op. cit*.
17. Beytía, P., y Calvo, E., «¿Cómo medir la felicidad?», *Claves de Políticas Públicas*, 4, octubre de 2011.
18. «Cómo ser feliz y otras aspiraciones que buscamos los españoles en Google», VV. AA., *La Información*, 25 de diciembre de 2016, disponible en: <https://www.lainformacion.com/asuntos-sociales/fe-

liz-aspiraciones-buscamos-espanoles-google_0_984201619/>. [Consulta: 30 de diciembre de 2019.]
19. Martín, L., *op. cit.*, p. 97.
20. Ibídem.
21. Ibídem, p. 98.
22. Aristóteles, *Ética a Nicómaco*, *op. cit.*
23. Aristóteles, *Política*, Alianza, Madrid, 1999.
24. Harari, Y., *Sapiens*, Debate, Barcelona, 2015.
25. Rojas Estapé, M., *Cómo hacer que te pasen cosas buenas*, Espasa, Madrid, 2018.
26. Pinker, S., *Enlightenment Now: The Case for Reason, Science, Humanism, and Progress*, Penguin Books, Londres, 2018, p. 4.
27. Guthrie, W. K. C., *Historia de la filosofía griega*, Gredos, Madrid, 1993.
28. Punset, E., *Viaje a las emociones*, Destino, Barcelona, 2010, p. 15.
29. Camps, V., *Elogio de la duda*, Arpa, Barcelona, 2016.
30. Ricoeur, P., *Freud: una interpretación de la cultura*, Siglo XXI, Buenos Aires, 2004, p. 33.
31. Camps, V., *La búsqueda de la felicidad*, Arpa, Barcelona, 2019, p. 10.
32. Russell, B., *La conquista de la felicidad*, Debolsillo, Barcelona, 2016, p. 15.
33. Para profundizar más sobre este tema, ver: Nandy, A., «Modernidad y búsqueda de la felicidad», *Anuario Asia-Pacífico*, 1, Casa-Asia, CIDOB y Real Instituto Elcano, 2009.
34. Davies, W., *La industria de la felicidad*, Malpaso, Barcelona, 2014, p. 10.
35. Ibídem, p. 17.
36. Cabanas, E., e Illouz, E., *op. cit.*
37. Davies, W, *op. cit.*, pp. 16-17.
38. Ortega y Gasset, J., *¿Qué es filosofía?*, Alianza, Madrid, 1999.
39. Séneca, *Epístolas morales a Lucilio*, *op. cit.*
40. Esta teoría la defiende el pensador coreano Byung-Chul Han en su obra *El enjambre*, Herder, Barcelona, 2014.
41. Concheiro, L., *op. cit.*, p. 19.
42. Ehrenreich, B., *op. cit.*, p. 16.
43. Ver: Martínez-Hernáez, A., «La mercantilización de los estados de ánimo. El consumo de antidepresivos y las nuevas biopolíticas de las aflicciones», *Política y sociedad*, 43 (3) (2006), p. 43.

44. Davies, W., *op. cit.*, p. 9.

45. Dalrymple, T., *Sentimentalismo tóxico*, Alianza, Madrid, 2016, p. 68.

46. Kant, I., *Crítica de la razón práctica*, *op. cit*, p. 26.

47. Moccia, S., «Felicidad en el trabajo», *Papeles del psicólogo*, 37 (2) (2016).

48. Sánchez Vázquez, J. F., y Sánchez-Ordóñez, R., «"Happiness Management": Revisión de literatura científica en el marco de la felicidad en el trabajo», Retos, *Revista de Ciencias de Administración y Economía*, 9 (18) (2019), pp. 259-271, disponible en: <https://doi.org/10.17163/ret.n18.2019.05>. [Consulta: 27 de octubre de 2022.]

49. Zafra, R., *El entusiasmo*, Anagrama, Barcelona, 2017.

50. Debord, G., *La sociedad del espectáculo*, Pre-Textos, Valencia, 1999, pp. 42-43.

51. Robinson, K., *Finding your element*, Penguin Books, Londres, 2014.

52. Cuervo Arango, M. A., «La calidad de vida. Juicios de satisfacción y felicidad como indicadores actitudinales del bienestar», *Revista de Psicología Social*, VIII (1) (1993).

53. Maslow, A. H., *Toward a Psychology of Being*, D. Van Nostrand, Nueva York, 1968.

54. Bentham, J., *Falacias políticas*, Centro de Estudios Constitucionales, Madrid, 1990.

55. Mill, J. S., *El utilitarismo*, Alianza, Madrid, 2007, p. 53.

## 7. Miedo y posfelicidad: taxonomía del miedo hipermoderno

1. Maffei, A. M., «Fobia: su especificidad y abordaje psicoterapéutico», dir. A. Imbriano, Escuela de Psicología, Universidad Argentina John F. Kennedy, 2010.

2. Grimal, P., *Diccionario de mitología griega y romana*, Paidós, Barcelona, 1991.

3. Hesíodo, *Teogonía*, Planeta, Barcelona, 1997.

4. En esta versión de la *Ilíada* de la editorial Planeta, Phobos se traduce por «Fuga», sin embargo, en la traducción que de la misma obra publica Gredos, supervisada por Carlos García Gual, se traduce por «Huida», la esforzada e intrépida hija que acompaña en combate a Ares y que pone en fuga incluso al guerrero más contumaz. Homero, XIII, pp. 298 y ss.

5. Camps, V., *Elogio de la duda*, Arpa, Barcelona, 2016.
6. Kant, I., *¿Qué es la Ilustración? Y otros escritos de ética, política y filosofía de la historia*, Alianza, Madrid, 2013.
7. Spock, B., y Rothenberg, M., *El cuidado de su hijo del Dr. Spock*, Pocket Books, 1997.
8. Para profundizar más en este cambio, ver: Doval S. L., «Acercamiento etimológico al término "educación"», *Revista Española de Pedagogía*, 37 (146) (1979).
9. Locke, J., *Ensayos sobre el entendimiento humano*, Fondo de Cultura Económica, México D. F., 2005.
10. Ramis, J. P., «Reflexiones sobre el trasfondo político en el juicio de Sócrates», *Atenea*, 491 (2005).
11. Ortega Ortiz, R. Y., «Reflexiones a propósito de Sócrates», *De Amicitia et doctrina*, México, Colegio de México, 2007, p. 288.
12. Burnet, J., *Plato's Euthyphro, Apology of Socrates and Crito*, Oxford University Press, Oxford, 1954.
13. Sarasqueta, G., «Postpolítica: ¿autopsia o metamorfosis del relato? El caso de Donald Trump», *Question 1*, 1 (55) (2017), p. 128.
14. Ibídem.
15. Para profundizar en las variaciones terminológicas del concepto, ver: Domínguez García, V., «El miedo en Aristóteles», *Psicothema*, 15 (4) (2003).
16. Especial importancia tendrá la noción de asombro en lo referente a la actitud filosófica. Para profundizar en el tema, ver: Ugalde, J., «El asombro, la afección originaria de la filosofía», *Areté*, 29 (1), 2017.
17. Aristóteles, *Retórica*, Ediciones UNAM, México D. F., 2002, pp. 21-22.
18. Robin, C., *El miedo: historia de una idea política*, Fondo de Cultura Económica, México, D. F., 2018, p. 5.
19. Casado, C., y Colomo, R., «Un breve recorrido por la concepción de las emociones en la filosofía occidental», *A parte rei, Revista de Filosofía*, 47 (septiembre de 2006).
20. Hobbes, T., *Leviatán*, Alianza, Madrid, 1999.
21. Spinoza, B., *Ética*, Sarpe, Madrid, 1984.
22. Castany Prado, B., *Una filosofía del miedo*, Anagrama, Barcelona, 2022.
23. Marina, J. A., *Anatomía del miedo*, Anagrama, Barcelona, 2015.
24. Maquiavelo, N., *El príncipe*, El Aleph, 1999.
25. Sigmund Freud, *La angustia. Conferencias de introducción al psicoanálisis*, vol. XVI, Amorrortu, Buenos Aires, 1993.

26. Muchos han sido los análisis sobre los nuevos cambios y adaptaciones que la política ha tenido que realizar en torno a los nuevos mecanismos de expansión e influencia de los medios de comunicación actuales, pero aquí destacamos el análisis de Jesper Strömbäck, que postulaba una última fase de la mediatización de la comunicación política en la que los políticos, perdida la influencia en los medios, se han visto en la necesidad de adaptarse a la lógica mediática. Strömbäck, J., «Four phases of mediatization: an analysis of Mediatization of Politics», *The International Journal of Press/Politics*, 13 (3) (2008).

27. Espejo, C., «Religión e ideología en Homero», *Studia Historica*, Historia Antigua, 12 (1994).

28. Para investigar más a fondo esta cuestión relacionada con los modelos de vida en la Grecia antigua, ver: Lasso de la Vega, J., «Ideales de la vida antigua en Grecia», *Helmántica*, 13 (1962), pp. 40-42.

29. Knauss, B., *La polis. Individuo y Estado en la Grecia antigua*, Aguilar, Madrid, 1979.

30. Se considera que el diálogo de *Critón* se escribió conjuntamente con el de la *Apología de Sócrates*, de modo que existe una fuerte correlación entre el sentido de la justicia, la condena y la aceptación del deber cívico. No en vano en el *Critón* se expone la importancia de la ley por encima de todo y se alega que escapar de prisión sería ir en contra de las leyes, saltándose el argumento de que lo importante es vivir bien, es decir, conforme a la idea de justicia. Platón, *Critón*, *Diálogos*, vol. I, Gredos, Madrid, 1981.

31. Kant, I., *Fundamentación de la metafísica de las costumbres. Crítica de la razón práctica. La paz perpetua*, Porrúa, México D. F., 1995, p. 39.

32. Foucault, M., *Vigilar y castigar*, Siglo XXI, México D. F., 1980.

33. Lipovetsky, G., *Metamorfosis de la cultura liberal*, Anagrama, Barcelona, 2006, p. 33.

34. Ibídem, p. 27.

35. Este control por medio de las imágenes al que alude Platón en la alegoría de la caverna se produce desde el momento en el que los guardianes son plenamente conscientes de que ellos están manipulando el sentido de la realidad de los prisioneros, que miran las sombras en una pared, pero son unas sombras que los propios guardianes se encargan de proyectar por medio de objetos y de un fuego que hace las veces de foco, ver: Platón, *Diálogos*, *República*, vol. IV, Gredos, Madrid, 2003.

36. Sevil Serrano, J., Abós Catalán, A., Aibar Solana, A., *et al.*, «¿Se deberían replantear las recomendaciones relativas al uso sedentario del tiempo de pantalla en adolescentes?», *Sport TK*, 7 (2) (2018).

37. En este sentido, existe una correlación entre el espectáculo que es el instrumento con el que se transmite la ilusión, que se vende cual mercancía, y entre sus aliados, donde la imagen es una de las partes esenciales. Debord, G., *La sociedad del espectáculo*, Pre-Textos, Valencia, 2012.

38. Ovidio, P., *Metamorfosis*, Alianza, Madrid, 1996.

39. Fontcuberta, F., *La furia de las imágenes*, Galaxia Gutenberg, Barcelona, 2016.

40. Didi-Huberman, G., *Cuando las imágenes toman posición*, Antonio Machado Libros, Madrid, 2008.

41. En Fontcuberta, J., *op. cit.*

42. Lipovetsky, G., y Serroy, J., *La pantalla global*, Anagrama, Barcelona, 2009.

43. Vañó Vicedo, R., *Educar la mirada*, Tirant lo Blanch, Valencia, 2015.

44. Ver la película documental *Bhutan: Taking the Middle Path to Happiness* (2007), Tom Vendetti (dir.).

45. Mirzoeff, N., *Una introducción a la cultura visual*, Paidós, Barcelona, 2003.

## Conclusión

1. «Ministerios de la Felicidad: Iniciativas estatales para que la gente sea más feliz», RT actualidad, 23 de marzo de 2017, disponible en: <https://eju.tv/2017/03/ministerios-de-la-felicidad-iniciativas-estatales-para-que-la-gente-sea-mas-feliz/>.

2. Cederström, C., y Spicer, A., *The Wellness Syndrome*, Polity Press, Cambridge, 2015.

3. Los investigadores del artículo que aquí se cita defienden que desde el momento en el que una persona persigue la felicidad de manera literal su decepción es mayor. Con dos grupos de control, llegan a argumentar que en el grupo uno, donde las participantes habían dado mucha importancia a la felicidad, no terminaban de sentirse tan felices bajo las condiciones del experimento, pero en el grupo dos, las participantes, que de inicio habían demostrado tener en menos estima el tema de la felicidad, eran menos infeli-

ces que las primeras. De este modo los investigadores concluyen que conceder una valoración importante a la felicidad puede hacer que las personas sean menos felices, justo cuando la felicidad está al alcance. Ver: Mauss, I. B., Tamir, M., *et al.*, «Can Seeking Happiness Make People Unhappy? Paradoxical Effects of Valuing Happiness», *Emotion*, 11 (4) (agosto de 2011), disponible en: <https://www.ncbi.nlm.nih.gov/pmc/articles/PMC3160511/>.

4. Cabanas, E., e Illouz, E., *op. cit.*

5. Lipovetsky, G., y Serroy, J., *La estetización del mundo*, Anagrama, Barcelona, 2015, p. 25.

6. Lipovetsky, G., *De la ligereza*, Anagrama, Barcelona, 2016, p. 15.

7. García Gual, C., «El sabio epicúreo y el sabio estoico», *Daimon, Revista Internacional de Filosofía*, 30 (2003), p. 24.

8. Comte-Sponville, A., *La felicidad, desesperadamente*, Paidós, Barcelona, 2010, p. 12. También de reciente publicación en España: Camps, V., *La búsqueda de la felicidad*, *op. cit.*

9. Cabanas, E., e Illouz, E., *op. cit.*